主　编：葛文双　陕西师范大学
参　编：赵菁晶　陕西师范大学
　　　　王兴华　陕西师范大学
　　　　陈康梅　陕西师范大学
　　　　陈　茜　陕西师范大学
编　委：闫寒冰　华东师范大学
　　　　朱生营　北京师范大学
　　　　王　红　华南师范大学
　　　　李瑾瑜　西北师范大学
　　　　王志彬　华中师范大学
　　　　陈　欣　东北师范大学
　　　　程　龙　西南大学
　　　　周增为　上海市师资培训中心
　　　　陈　霞　上海市师资培训中心
　　　　刘文华　山东省中小学师训干训中心
　　　　魏　非　华东师范大学
　　　　李树培　华东师范大学
　　　　罗容海　北京师范大学
　　　　梁红梅　东北师范大学
　　　　李铁绳　陕西师范大学附属中学

中国教育学会教师培训者协作体

2023 年度实践案例与论文集

葛文双　主编

陕西师范大学出版总社　西安

图书代号　ZZ24N1747

图书在版编目(CIP)数据

中国教育学会教师培训者协作体 2023 年度实践案例与论文集／葛文双主编. -- 西安：陕西师范大学出版总社有限公司, 2024.9. -- ISBN 978-7-5695-4649-1

Ⅰ. G451.2

中国国家版本馆 CIP 数据核字第 202404FM00 号

中国教育学会教师培训者协作体 2023 年度实践案例与论文集
葛文双　主编

特约编辑	张　曦
责任编辑	王东升
责任校对	孙瑜鑫
封面设计	金定华
出版发行	陕西师范大学出版总社
	（西安市长安南路 199 号　邮编 710062）
网　　址	http：//www.snupg.com
印　　刷	西安报业传媒集团
开　　本	720 mm×1020 mm　1/16
印　　张	20.25
字　　数	422 千
版　　次	2024 年 9 月第 1 版
印　　次	2024 年 9 月第 1 次印刷
书　　号	ISBN 978-7-5695-4649-1
定　　价	99.00 元

读者购书、书店添货或发现印装质量问题，请与本社高等教育出版中心联系。
电话：(029)85303622（传真）　85307864

Contents 目录

~ 案 例 ~

基于敏捷理念的教师数据素养课程开发与实践 ……… 魏 非 吴 昭等(1)

AID敏捷课程开发模式助力自主选学培训课程精准供给

……………………………… 莫鸿谱 月 朱 茜等(7)

"四环节·四中心"共建·共享·共赢

——陕西省基础教育教学名师培养案例 …… 赵菁晶 陈 茜 葛文双(12)

营造数智研修生态 激发自主学习活力

——教育数字化转型背景下教师队伍建设的区域行动

……………………………………… 秦莉萍 王萍萍(20)

建构点面结合整区培训机制,助力区域教育质量整体提升

………………………………… 朱生营 张 丽 秦晓虹等(27)

"以学为主"的"一线五式六环"整体研修模式探索

……………………………… 王 静 胡焱红 吴海涛(34)

指向微团队"精准培训"能力提升的进阶式研修

……………………………… 罗 滨 申军红 刘 锌等(43)

"三协同·三支持"助力职初教师专业发展
　　——以上海市静安区为例 …………………………………… 程书丽（49）
基于场域的乡村教师"教研训评"整合研修培训模式探索
　　………………………………………………… 刘赣洪　项国雄（55）
PEACE助力评价　循证透视标本
　　——上海市教师校本评价制度建设专题研修实践
　　………………………………… 郭　婧　陈　鹏　闫引堂等（62）
基于供给侧结构性改革的"六位一体"教师培训协同发展机制建设与实践
　　——以南宁市为例 ………………… 卢明珠　梁学毅　邓才习等（70）
基于积极心理学的中西部乡村校长在线培训的"三环自主模式"
　　………………………………… 朱生营　张　丽　秦晓虹等（76）
构建立体培训体系，提升教师网络与信息安全素养
　　………………………………… 张怀浩　薛　川　黄俊杰等（83）
能力导向的区域大规模教师研训平台及研训模式创新
　　………………………………… 李玉顺　马　凡　王佩霞等（89）
赋能教学与教研提质：数字技术助力的"一体化联研"和"双师课堂"海淀实践
　　………………………………… 罗　滨　林秀艳　杨智君等（97）
"四位一体、三级联动"的区域教师发展体系建设创新探索
　　——以"国培计划"示范性综合改革项目实施为例
　　………………………………… 陈　睿　王莹莹　邹天鸿等（104）
指向育人成效的区域班主任学习与发展项目设计
　　………………………………… 胡霞丹　刘　博　陈敬宏等（109）
助力优秀教学成果推广的精准培训模式探索
　　——基于"智库专家工作坊"的贵州实践 ………… 张晓明　吕传汉等（116）

"两步入手、三级施训、四道研磨"实施国培计划"一对一"精准帮扶培训
.... 刘金枝　申丽霞　陈　勇(124)
基于表现性评价的素养教育教师精准研训模式 .... 陶　潜(131)

论　文

精准培训高质量实施关键模型的建构与应用 .... 张晓明(138)
以学习者为中心的混合式精准研训模式的实践探索
.... 肖雨欣　陈康梅　赵菁晶等(147)
基于CBET模型的"交互生成型幼儿园教师培训课程体系"构建
.... 朱生营　喻本云(155)
新时代优秀校长的基本特征及培养路径 ...... 李铁绳　陈　茜　王兴华等(159)
乡村教师专业发展基地学校建设策略与运行机制的研究
.... 王　辉　汪文华(165)
"学—研—训—用—评"
——新时代背景下区域"五环递进"研训模式的创新与实践 ... 谢　鹃(174)
分层分类思想指导下区域师训品牌课程建设实践探索 ... 金振威　朱亚芹(181)
"互联网+自主学习"的教师区域性发展模式的探索与实践
.... 严晶鑫　陈康梅　赵菁晶等(188)
基于成人学习理论的教师培训项目设计理念更新探微 .... 徐英俊(196)
依托课例研修进行精准培训，提升教研组长领导力
——海淀区初中语文教研组长培训实践探索 .... 迟淑玲(203)
精准研修　提质增效
——构建跨学科教师"学·研·教"主题研修新样态 .... 陈　琳(209)
指向"强师计划"的教师培训"三部曲"
——以一次区域教师教育论文写作培训为例 .... 石　莉(217)

探索过程性评价,促进教师深度学习
　　——以海淀区高中语文新任教师培训为例 ………… 迟淑玲(222)
项目式教师培训助力农村英语教师专业发展的实证研究 ………… 冯少民(228)
研学促教学　精准提成效
　　——中学地理教师"研学+培训"新模式 … 王　勇　温仪霞　范天兰等(235)
新课程背景下对高中教师专业发展的需求调研报告 ………… 张　华(243)
探研式培训模式的凝练与实践
　　——以福建教育学院文科研修部培训项目为例 ……… 曾呈进　陈秀鸿(251)
"名师课堂"视域下乡村小学智慧研训的实践探索 ……… 郑小林　龙鹏飞(257)
基于国培实践反思的幼儿园教师"微培训"模式建构 ……………… 李　菊(263)
指向内生力的教师发展"自我决定"管理模式校本实践 ………… 娄森锋(271)
新课标背景下教师专业发展学校支持体系的构建
　　……………………………………………… 罗婷婷　罗欣媛　巫林娟(279)
"双新"背景下教研训一体融合机制的实践路径 ………… 杨　艺　黄　珊(284)
乡村九年义务教育学校教师科研培训探索
　　——以成都市新津区泰华学校为例 …… 刘　维　李曦苗　陈　静等(291)
探索在线培训策略,为语文新教师成长赋能
　　——以海淀区高中语文新任教师培训为例 ………………… 迟淑玲(297)
三问寻需、四方合力、五路践行
　　——幼儿园研训"精准化管理"模式实践研究 …………… 胡子轲(304)
人工智能时代的教育
　　——高中教师培训的新挑战与机遇 …………………………… 何建军(310)

后记 ………………………………………………………………………… (316)

基于敏捷理念的教师数据素养课程开发与实践

华东师范大学开放教育学院　魏　非　吴　昭等

背景与问题

2022年,《教育部2022年工作要点》明确提出,实施教育数字化战略行动,强化数据挖掘和分析,构建基于数据的教育治理新模式。

教师数据素养是数据资源与教育深度融合的时代需要,也是实现数据驱动精准教学的关键力量。同时,提升教师数据素养是教育数字化转型下教师专业发展的必然趋势,也是需要应对的时代挑战。

问题解决思路

一、基本思路

数据素养强调教师运用数据分析技术,实现教学决策的精准化和科学化,实现教学过程和教学结果可量化、可监测、可调控。培养适应教育数字化转型需求、具备数据思维意识与能力的未来教师尤为必要。基于此,华东师范大学开放教育学院历时2年倾力研发了"教师数据素养提升"系列课程,以期更好地支撑中小学教师教育教学的优化与变革。

（一）明确敏捷开发理念

敏捷理念是一种快速响应与调整变更的理念。应用于课程开发中,指能够在短周期内根据实际评估情况迭代调整,提供课程的阶段性版本,以便及时改进和完善课程。研发团队秉持敏捷课程开发理念,保持可持续的开发速度和迎接变化的心态,通过理论研究与实践调研敏锐感知并精准把握学习者需求,通过团队成员的鼎力合作和优势互补快速高效完成课程开发,在实践中不断灵活便捷地调整优化课程。

（二）组建多元研发团队

为了提升中小学教师数据收集、管理、分析、处理、解释等构成数据素养内核的关键能力，华东师范大学开放教育学院组建涵盖高校研究者、一线教研员和学科教师的多元研发团队，成员均有教育技术、计算机科学、教师教育的专业背景，长期从事教师培训、教育信息化、数据分析等方面的研究和实践，有丰富的理论研究与实践探索积累。多样化的视角让课程既能面向理论前沿，又能聚焦实践热点，更加贴近一线教师教育教学的实际情况。

（三）确定课程目标及设计原则

经过前期充分的文献研究与实践调研，研发团队聚焦教师数据素养的实践性、情境性与灵活性特质，明确了课程的目标追求和设计原则。

1. 课程目标

从真实的教育教学情境出发，帮助中小学教师转变依据经验教学的思维定式，着力培养透过数据表象探究潜在问题的数据思维意识，提升对教学数据收集、管理、分析、处理、解释的能力，从而更好地开展学生学习的设计、实施、评价及指导活动，为实现个性化、精准性、创新型教学夯实基础。

2. 设计原则

（1）情境性：基于教师教育教学实际问题和真实需求，提炼和设计数据应用分析的多个真实情境，使数据统计分析结果的应用价值更有的放矢和直观可见。

（2）体验性：参与式体验学习活动贯穿课程设计，融理论、知识、方法和技术为一体，便于教师的实践迁移。

（3）模块化：在保证内容系统性、完整性的同时，又保持模块间相对灵活和独立，可根据不同学校、不同培训对象需求动态调整，按需定制。

（4）支架化：设计了常用统计量表及可视化图表卡片、操作指南等学习支架，便于教师在培训过程中的持续理解和练习操作。

二、研发过程

课程研发经历了准备阶段、迭代设计阶段和迭代开发阶段，包括理论研究、需求调研、框架设计、内容设计、课程开发、实施试用、评估反馈等多个环节（图1）。

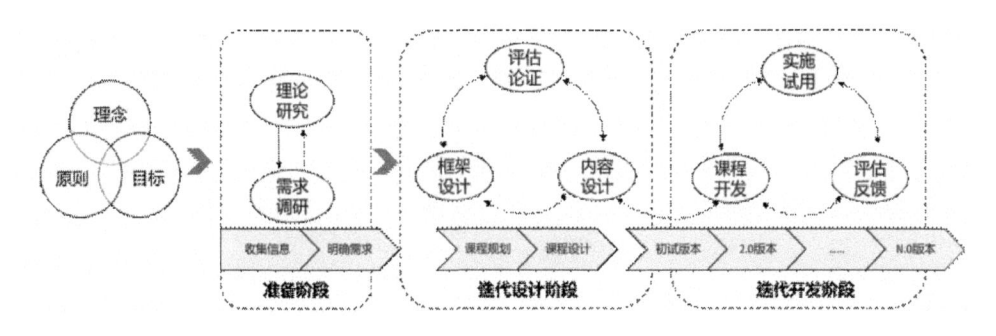

图 1　课程研发过程图

1. 理论研究与需求调研

明确课程开发理念和原则后，研发团队首先开展了教师数据素养理论研究和需求调研。理论研究系统梳理了当前国内外关于数据素养的文献，明确了教师数据素养的定义及六大能力维度（数据收集、数据管理、数据分析、数据理解和解释、数据应用、数据伦理）。需求调研旨在全面了解当前一线教师在教育教学中使用和分析数据的场景、需求及能力素养的基础水平。研发团队面向参与"数据素养教师工作坊"项目的山东、云南、上海的骨干教师开展了细致的访谈调研。

2. 框架设计与课程开发

在此基础上，研发团队构建了以学习成绩分析、学习成果分析、学习行为分析和数据可视化分析为主的课程框架及模块内容，每个课程模块分别体现了数据素养六大能力维度的相关要求，以及学习价值（表1）。随后课程团队分工合作开发模块内容，每一模块的内容均由一位高校研究者和一位一线教师合作完成，高校教师负责内容框架设计和教学活动设计，一线教师负责实践情境提炼和实践案例开发。同时课程中还开发了学习工具和指南，为一线教师学习和操作提供指导。

表 1　课程框架

模块	内容	价值
学习成绩分析	成绩的基本分析、成绩的进阶分析	发现临界生、波动生、偏科生等，找准失分点、疑难点、薄弱点，让教学更具针对性
学习成果分析	学习成果的类别、学习成果的获取与评价、成果数据的分析	评价成果品质，挖掘学生能力短板与发展异常，让教学更有成效

续表

模块	内容	价值
学习行为分析	学习行为的观察与分析、学习行为数据的洞悉	确定有效干预,识别异常行为及影响因素,让教学更有效率
数据可视化的工具与策略	数据可视化的意义、方法和技巧	确定合适的可视化图示,提供可视化表达技巧,让教学更有反馈性

3. 敏捷迭代与试点优化

在整个课程框架设计、内容研发过程中,研发团队组织了多次由相关领域专家、教研员、一线中小学校长、教师等参与的课程研发与论证活动,既保障课程内容的科学严谨,又关照课程的实践价值。

数据素养课程初步研发完成后,2021年4月29日—30日,研发团队在山东荣成三中率先展开课程培训(图2),培训后与教师进行充分深入的座谈,了解教师们学习后的真实感受、未解决的困惑、想要进一步学习的内容等。经过首轮试用,研发团队对课程模块内容进行了重新梳理调整,对部分问题情境进行了重新编写,使其更贴近教学实践,同时补充了概念卡与工具操作手册,大幅提升了课程与教师需求的契合度。

图2 课程研发团队展开课程培训

2022年3月1日—4月26日研发团队针对上海市不同区域的510名骨干教师开展了全程在线的课程培训。为兼顾学员能力的差异,课程研发团队专门研制了培训前数据素养能力测试与需求调研工具,针对调研发现的具有普适性的核心问题开展有针对性地培训并据此对原有课程进行二次开发。多轮试用和迭代使课程内容越来越丰富、实用,之后在各省份培训中均取得了良好的成效,充分证明了课程内容的可行性和科学性。

案例创新点

教师数据素养培训课程的成功研发与实践应用,体现了教师培训者始终关注时代发展与教师教育教学需要,并不断迭代完善的专业理念与经验。

(1)面向前沿,引领发展。教师数据素养提升培训课程立足大数据时代教育变革与我国教育数字化转型需求,关注教师的数字技能与数据素养提升,着力培养教师的教育数据采集、分析、挖掘能力,引领教师顺应教育数字化变革与转型新局面。

(2)敏捷理念,动态更新。研发团队秉持敏捷开发理念,通过理论研究与实践调研敏锐感知、精准把握学习者需求,通过学习型研发团队的鼎力合作、优势互补,快速高效完成课程开发。课程定稿后即投入应用,充分吸收学员教师的反馈建议,迭代完善课程内容和组织形式。

(3)聚焦实践,关照问题。课程从教学实际出发,回归实践问题的解决,凸显课程的实用性;从应用工具的提供到大量典型案例的分析,凸显课程的易学性;从课堂互动交流到实操任务的组织,凸显课程的参与性;从真实教学问题的研讨,到可用于实践工作的研修任务,凸显课程学习成果的迁移性。落地实践的系统化课程设计有效促成了高质量研修成果的生成。

思考与展望

在课程内容开发上,未来研发团队将进一步丰富课程内容,开发兼顾多学科、多场景教育数据分析与应用的问题情境与驱动性任务,提高数据素养培训课程的实用性、实践性、灵活性,贴合不同学科背景、不同起点水平教师的日常教学实践问题与发展性学习需求。

在课程应用实践上,研发团队会在更多培训实践中依托数据素养课程进一步拓展、深化与辐射。此外,未来研发团队将尽力支持华东师范大学设置与实践数据驱动教学微专业,助力更多师范生转变经验教学的思维定式,构建透过数据表象探究潜在问题的数据思维意识与能力,推动教育教学决策科学化,培养可充分胜任精准化、个性化、智能化教育教学的未来教师。

案例实践情况

1. 应用项目

培训课程自2021年研发完成后已在山东、四川、上海等多地的中小学校组织多次培训实施活动(表2),还面向华东师范大学本科生举办了"数据素养提升"训练营,参与的师范生和中小学教师共计1276人,参训学员对课程内容与学习方式、学习成效均表示高度认可。

表2　应用项目概况

培训项目	培训日期	人数	满意度
山东荣成三中教师数据素养提升研修	2021年4月29日—30日	45	94%
昌乐一中教师数据素养提升研修	2021年5月14日—15日	42	96%
杨浦区新秀教师数据素养提升培训	2021年5月25日—6月29日	50	96%
山东省名师名校长数据素养专项能力提升研修	2021年7月5日—8日	320	96%
上海市班主任带头人工作室通识培训	2021年7月7日—8日	190	97%
西部教师数据素养能力提升研修	2021年12月18日—20日	50	98%
上海市中小学骨干教师数据素养提升培训	2022年3月1日—4月26日	510	97%
华东师范大学师范生数据素养训练营	2022年3月—6月	69	97%

2. 应用方式及成效

以2022年3月1日—4月26日举办的上海市中小学骨干教师数据素养提升培训为例。

通过2个月形式多样、内容充实的在线研修,有效提升了教师对教学数据收集、管理、分析、处理、解释的能力,为实现个性化、精准化、创新型教学奠定了基础。参加培训的学员学习积极性高、投入度高、任务完成质量高,在培训结束后学员对课程各模块也给予了高度认可,学员满意度高达97%。无论是教师培训的过程体验、学习收获,还是研修成果均达到了预期目标。

AID 敏捷课程开发模式
助力自主选学培训课程精准供给

西南大学继续教育学院　莫鸿谌　月朱茜
河南师范大学　李社亮
河南省濮阳市教育局　王章喜

背景与问题

相较于传统的教师培训,自主选学培训把选择培训课程的权利交给了学习者,在尊重学习者的学习需要和提高培训精准性上有了显著的效果。2021 年,西南大学承担了河南省濮阳市"国培计划 2021"中小学教师自主选学培训项目,该项目涉及濮阳市 60 名一线教研员、培训专家、学科名师组成的自主选学指导团队,以及 1000 名小学语文、小学数学、初中语文、初中数学、初中英语青年教师组成的选学教师。在项目实施准备阶段,我们发现项目申报阶段准备的选学课程与濮阳市参训学员的实际需要之间出现供给匹配度的问题,为满足濮阳市自主选学指导团队与选学教师群体个性化学习需要,增加选学课程的可选数量,推动教师自主选学培训向高质量、精准化发展,探索自主选学课程建设新模式,项目团队采用 AID 敏捷课程开发模式针对教师自主选学课程的主题确定、课程结构、课程制作等方面进行了探索与实践。

问题解决思路

AID 敏捷课程开发模式是基于快速迭代理念,开发团队在标准流程下进行课程共创的一种形式。核心思想是"减法",是在保留 ADDIE 课程开发模式优点的同时通过"目标需求→小范围实验→反馈修改→产品迭代→获得核心认知→完善"的技术路径,最大程度简化课程开发的工序、难度和专业深度,减少不必要的精力、时间和财力上的浪费,在 2 个月内经历方向聚焦、内容开发、教学设计、材料完善四个阶段(图1),增补开发了42个主题的自主选学课程。

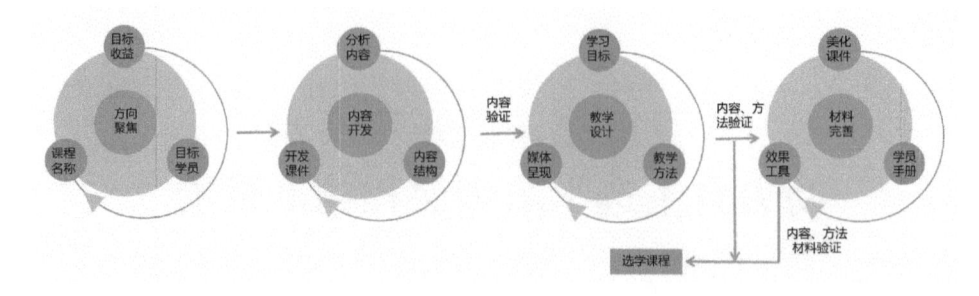

图 1　AID 敏捷课程开发的四个阶段

1. 方向聚焦阶段

(1)项目组按学段、学科组建五支由问题解决组、课程开发组、课程交付组构成的"铁三角"课程开发团队。

(2)问题解决组通过问卷调研、实地访谈、下校课堂问诊等方式诊断参训学员的学习需要及能力现状,初步确定学员需要的课程主题,然后再与学员所在学校、县(区)的年度教育教学发展规划做对比,找到学员现实需要与发展规划之间的差距,最后在各利益相关方的深度研讨与论证下将差距聚焦为本次自主选学的增补课程主题,并按照区域发展规划需求和学员个性学习需要分类开发限定性选学课程与自由选学序列课程(表1)。

表 1　小学语文自主选学课程主题增补建设规划表

学段	学科	学员需要的课程主题	自主选学课程主题增补建设规划	
			限定性选学课程主题	自由选学序列课程主题
小学	语文	1. 跟着课文学表达 2. 阅读策略单元的整体教学 3. 阅读力的发现 4. 优化课堂结构 5. 单元整体视域下语文要素的有效落实 6. 指向提升阅读力的教学设计	1. 指向提升阅读力的教学设计 2. 语文核心素养下真实写作课型及教学设计 3. 小学作文教学备课	1. 课标理解序列课程 2. 教材使用序列课程 3. 教学设计序列课程 4. 教学实施序列课程 5. 课堂观察序列课程 6. 学业评价序列课程 7. 教学反思序列课程

2. 内容开发阶段

（1）增补课程主题确定后，问题解决组按照西南大学中小学教师自主选学主题分析表从对象分析、问题分析、影响分析、方案分析、效果分析五个方面分析在真实的教育教学场景下学员掌握该主题所需的知识和技能，在此基础上确定选学课程的内容结构，并开发相应课件。

（2）问题解决组、课程开发组、课程交付组一起针对课程内容的价值性、完整性和新颖性进行第一轮验证和迭代修改，如果达到交付标准，结束内容开发阶段工作。

3. 教学设计阶段

（1）课程相关内容开发完成以后，问题解决组按河南省中小学教师自主选学培训项目实施要求设定集中培训、网络学习、校本实践各阶段的学习目标、教学方法和媒体呈现工具。按照"诊—引—训—战—复—建"六环节完成课程线上线下一体化的混合初装工作。

（2）问题解决组、课程开发组、课程交付组进行第二轮验证和迭代修改。主要验证课程内容和学习体验的匹配，如果达到交付标准，结束教学设计工作。

4. 完善材料阶段

（1）教学设计工作完成以后，问题解决组美化PPT、录制理论讲授视频、编写讲师手册。

（2）问题解决组、课程开发组、课程交付组进行第三轮验证和迭代修改。主要验证学习的迁移效果。如果达到要求交付标准，结束课程开发工作。

案例创新点

1. 基于敏捷理念建立"混合制"课程资源开发保障平台

课程的建设需要多个部门联动，才能调齐课程建设所需的资源，为保障此次自主选学课程的建设工作，项目组一方面从内部考核角度硬性规定；另一方面通过内部一些灵动的调配完成了学院内部事业制与项目混合制的资源开发保障平台建设工作，使用混合制资源保障平台以后，缩短了课程开发业务流程与开发时间，对课程开发保障资源进行最合理的配置，相关部门也明晰了各自部门在选学课程开发工作中的权责，特别是责任部分，什么事情对应什么人一目了然，杜绝了课程开发工作中的推诿现象。

2. 构建"学习者本位"的敏捷课程开发共同体

前方打仗，后方提供资源与支持，建立由问题解决组、课程开发组、课程交付组三位一体的选学课程开发团队，让听得见炮声的人呼唤炮火，这里的"炮声"，是指来自濮阳市一线的教师需求、研训现状、区域教育发展方向等；"炮火"，是指西南大学的各种研训资源，包括师资资源、培训课程资源、支撑人员资源等；"听得见炮声的人"是指濮阳市教育行政部门人员、自主选学指导团队成员、选学教师代表等。三条线共同服务于此次濮阳市中小学教师自主选学培训项目，一切课程建设工作以濮阳市教育发展需要和参训教师个性化专业发展需求为中心，这样保证三条线火力往一处使，直达核心。

思考与展望

本次课程开发不仅是自主选学培训项目课程供给模式的新尝试，也是濮阳市自主选学指导团队实现个人教育教学优秀经验萃取为选学课程建设的新体验，得到了濮阳市教育行政机构与参训教师的高度认可，但项目中仍有一些方面值得深入思考及探索研究。

1. 课程开发：标准引领、因地制宜、精准供给

区域间教育发展的差异使得不同区域教师的专业发展需求有较大的差异，这些差异使得承训单位已有的课程资源没有办法在所有区域自主选学项目中照搬照用，同一主题的课程资源的开发，课程开发团队应当在《中小学幼儿园教师培训课程指导标准》的指导下，结合项目实施区域教师的真实需要对原课程资源进行本土化的加工或重新设计，进而保障该区域内教师自主选学课程资源的精准供给，切实有效地推动教师专业素养的提升。但本次项目时间较为紧迫，针对现有课程资源二次开发还有待进一步的细化。

2. 实施策略：常态跟进、动态更新、个性满足

项目以教师个性化专业素养提升为培训目标，为保障培训目标的实现，项目设计了"诊—引—训—战—复—建"六个环节，并在各个环节中布置了阶段性的任务。同时，项目实施过程中，受学员的初始水平、学习态度、知识领悟程度等因素的影响，学员在培训中再次出现新的需求，指导教师在此阶段结合平台的监测数据常态化地对学员进行跟进指导，并依据不同的学习需要及时推送相关课程资源，动态更新学员的课程资源库，精准供给学员学习需要，助力教师专业素养的提升。这要求指导教师具备较强的信息素养与专业素养，能够及时从平台数据与教师课堂教学行为数据中洞察教师的学习需要,进而优化培训内容、打造高水平课程资源,充分发挥自主选学指导教师的辐射引领价值。

案例实践情况

该项目为濮阳市整校、整县、整市推进中小学教师自主选学培训项目提供了解决方案,更取得了良好的培训效果,通过培训提升了60名自主选学指导团队学员的自主选学培训项目需求诊断能力、课程主题分析能力、课程设计能力,更是在较短的时间内为1000名学科教师开发了匹配其个性化学习需要的选学课程,为教师自主选学项目培训资源的精准供给提供了很好的参考价值。项目具体成果如下:

1. 生成了一个专业的自主选学课程资源开发指南

项目生成了一个成熟且具备推广应用价值的教师自主选学课程资源开发指南及课程资源DEMO。课程开发指南包括课程选题分析、教师授课教案制作标准、AID敏捷课程开发方法、课程开发案例集。这套指南具备在同类型项目中迁移应用的现实价值,更能直接应用于区域教师自主选学课程资源的建设工作,指导区域课程建设者通过精细化管理、小步调开发、集体论证、群智共创等方式解决由教育变革转型加速背景下的教师专业成长动态需求造成的"选课菜单"不够的难题。

2. 赋能了本土自主选学指导专家团队的引领能力

项目在混合研修形式中融合了专题讲座、任务驱动、案例研究、互动交流等方式对本土自主选学指导专家团队开展培训,让本土选学指导专家团队在学中用,用中研,研中化,选学指导专家团队现已具备信息技术支持下的学科选学能力、选学课程开发能力、混合式研修活动设计能力、教师教学行为数据分析能力、线上与线下混合式教学实践指导能力等,为濮阳市打造了一支"用得上、干得好"的本土化自主选学指导专家团队。

3. 辐射引领了区域内薄弱学校的混合式教研发展

项目中混合研训模式与课程资源在濮阳市的多个培训项目中得到推广应用,突破了区域内薄弱学校教研难的现实问题,特别是为濮阳市的"首批河南省基础教育教师培训出彩项目"提供了宝贵的借鉴经验,100名乡村学校语文教师、数学教师初步掌握了远程数字化观课评课技术、课堂教学行为数据分析技术,具备了在乡村学校实施与参与混合研训活动的能力,薄弱学校在技术的支持下实现了与优质学校的同步教研,为其他优质学校带动薄弱校发展提供了案例参考与借鉴。

"四环节·四中心"共建·共享·共赢[*]
——陕西省基础教育教学名师培养案例

陕西师范大学教师干部培训学院　赵菁晶　陈　茜　葛文双

背景与问题

(一)案例提出的背景

为贯彻落实国家关于教师队伍建设的有关要求,提升陕西基础教育教学质量,陕西省教育厅、人社厅决定开展基础教育教学名师培养工作。通过2年时间,为陕西省基础教育打造一支具有良好师德修养、先进教学理念、厚实专业素养、广阔国际视野的教师队伍,该队伍具有教育研究和创新能力,是教育理论的建设者、教育事业的探索者、教育实践的改革者、教师发展的引领者,引领全省基础教育高质量发展。

(二)研究解决的主要问题

1. 省级教学名师的专业素养提升

一个教师从走出师范院校的大门到成为一名符合现代教育要求的优秀教师,再到成为职业个性成熟并且独树一帜、具有独特教学风格和教学思想的教学名师,需要一个漫长的过程。在此期间,不仅要符合教师专业发展的规律性和周期性,还需要教师有强大的内驱动力,更需要有适当的外部支持,帮助教师实现专业发展阶段的跃升。结合省内国家级教学名师的成长发展以及通过前期的问卷调研和个人访谈,发现名师在精神力量、专业素养和教育艺术、个性风格等方面具有明显的差异性,名师的素养也是多元动态的,但是其中共性的专业素质和专业品质主要有以下几个方面:一是崇高的精神力量,即对教育事业的无限热爱和对教育事业社会历

---

[*] 教育部产学合作协同育人2023年项目"双一流"高校教师培训智能化评价系统研究(课题号:230803924015113);2023年度陕西省教师教育改革与教师发展研究项目一般项目(项目编号:SJS2023YB020)。

史价值的深刻体会与认同;二是精深的专业知识,即广博深厚的文化知识、全面准确的教育知识、系统精深的专业知识;三是扎实的教学功底,即教师卓越的教学艺术、创造性的教学能力、独特的教学风格;四是精湛的研究水平,即有较高的学术素养和研究能力;五是较强的示范引领能力,即通过带教、带学、带研等形式传授教学经验和教学理念,指导其他教师不断成长;六是强烈的合作意识,博采众长,能够实现多学科教育功能的整合,能够促进学生的综合素养与全面发展。

对标以上名师的专业素质和专业品质,从新入职教师到优秀教师再到教学名师需要通过周期性的培养、模块化的课程和个性化的指导。

2. 省级教学名师成长的专业路径

在名师的培养过程中,需要以教师个人为能动主体,以不断强化名师培养对象的主观进取心为目的,以促进名师培养对象的自身素养与能力为方向,以教育思想和教学风格凝练为成果,为名师培养对象提供清晰的发展目标,需要积极探索名师培养对象针对性、专业化的发展路径,需要研制搭建全方位的支架工具,为名师培养对象的专业发展提供支持。

问题解决思路

在名师培养过程中,围绕信念坚定、思想先进、实践创新和社会担当等基本职责,遵循"理念构建+能力提升+课堂实践+价值塑造"的培养思路,通过通识培养与专业培养、理论研习与返岗实践、名著研读与课题研究、集中研修与自主研习、线上研修与线下研修、团队研修与个人成长相结合,提升名师的理论素养和实践技能。

1. 建立"STEP"四环节培养机制

在培养过程中从理论素养提升与规划发展、教学经验反思与课题研究、教育理念凝练与实践创新、成果总结交流与示范引领等领域出发,建立了"学习理解—实践改进—课堂创新—专业引领"四个层级的专业发展机制,在每个发展层级都进行"导师负责(supervisor responsibility system)—团队培养(team training)—跟踪评价(evaluation of tracking)—专业发展(professional development)"的逻辑进阶的培养模式,简称"STEP"四环节培养机制(图1)。

导师负责(S)。即为名师培养对象配备"理论导师+实践导师"双导师进行个性化指导。选派品德高尚、理论扎实、精于学科、科研能力强的高校专家担任理论导师,基础教育教师(省教学名师、特级教师或正高级教师)或教研员担任实践导师,在课题研究、在岗研修、工作室建设、个人专业发展等方面实现"一对一"指导。

团队培养(T)。即组建通识教育团队(传统文化、人文素养、科学素养、审美素养等)、学科教学指导团队、教育学指导团队、心理学指导团队、现代教育技术指导团队、班级管理团队等六支高水平的专家与管理团队,和导师团队一起为名师培养对象进行全方位、全过程、专业化、多元化的理论提升和实践指导。

跟踪评价(E)。即通过任务驱动、考核评价来激发名师培养对象学习的内驱力,定期进行阶段汇报和中期考核,反馈学习效果。坚持"立足过程、促进发展"的评价理念,通过过程性评价与终结性评价相结合的方式对名师培养对象的进阶过程及其效果进行跟踪考核。

专业发展(P)。即通过库伯学习圈"具体经验—反思性观察—抽象概念化—主动实践"的学习规律,帮助名师培养对象在日常教学活动中积极开展教学实践,大胆尝试教学实验,开展系统性反思和行动研究,将实践经验上升到理论知识,从行动中归纳出经验,把经验升华为规律,用规律再指导行动,实现个人的专业发展和专业引领。

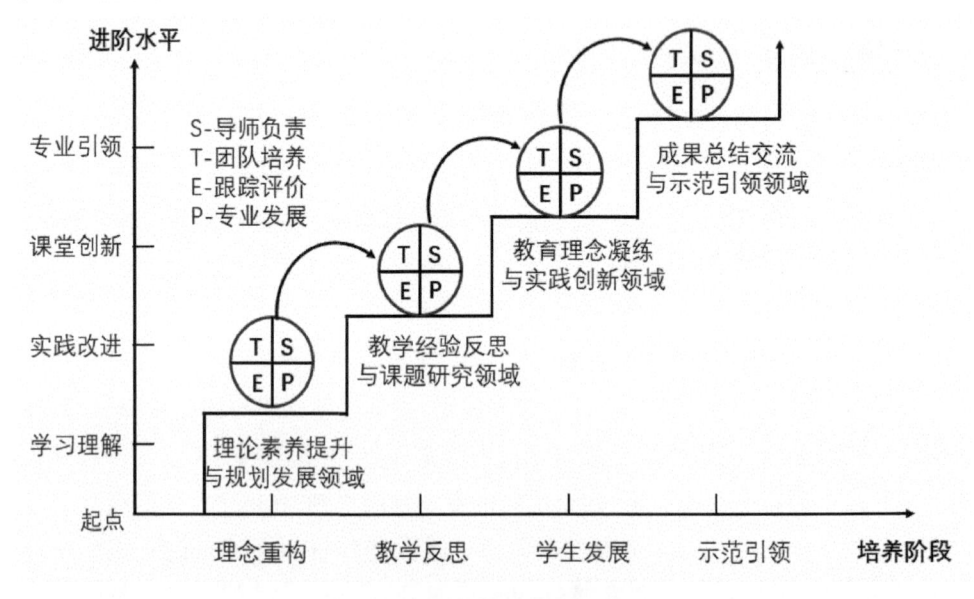

图1 "STEP"四环节培养机制

2. 建立"UGIS"校内外协作培养机制

如图2所示,构建"UGIS"校内外协作培养机制,即"高校(university)—政府(government)—教研机构(institution)—中小学校(school)"的协同培养机制,将

"选、育、评、用、管"有机融合，统筹兼顾，形成合力。充分发挥高校的教育资源优势，帮助名师培养对象系统学习教育理论知识，提升教育教学实践技能；协调名师所在的行政部门资源，建设管理名师工作室，提供经费待遇和支持政策，为名师培养提供坚强的组织保障；利用教研机构的资源优势，协助名师培养对象开展课题研究，进行教育实践，提升教育教学研究水平；协同中小学校优质资源，为名师培养对象的课堂改革和示范引领提供有力支撑，同时为其凝练教育理念和提升教学领导力提供鲜活的实践经验。

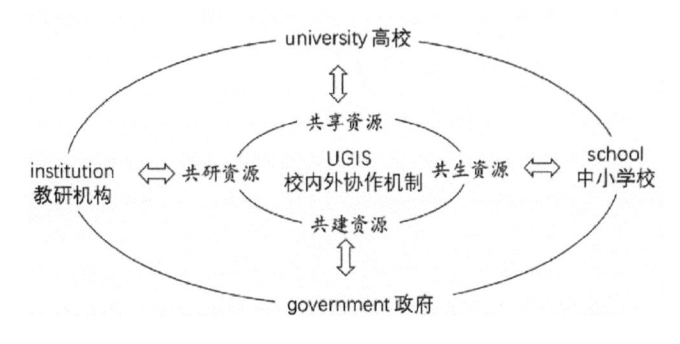

图2 "UGIS"校内外协作培养机制

3. 梳理凝练教育理念的基本路径

教育理念是名师开展教育实践活动的指导思想，为帮助名师培养对象凝练教育理念和教学思想，在培养过程中按照"专业阅读—经验反思—创新实践—行动研究—专业写作"的基本路径和逻辑结构，安排专题学习课程，开展专家团队指导，进行教育思想实践。

专业阅读，奠定教育理念的理论基础。通过研制中小学教师经典名著必读书目，开发经典著作导读课程，培养名师阅读经典的习惯和能力，提升其理论素养。经验反思，升华教育管理的日常经验。提高名师培养对象反思教学实践的意识和能力，促进实践知识理论化。创新实践，厚植教育理念的实践土壤。坚持实践导向，关注课堂改革，培养其发现、分析、解决课堂实际问题的能力。行动研究，构建教育理念的理论体系。提升名师培养对象将教学与研究相结合的能力，引导其围绕教育教学实践问题开展课题研究，构建基于教育理念的实践体系。专业写作，彰显教育理念的专业品质。提高名师培养对象的专业写作能力，为名师培养对象发表学术论文、出版教育专著、系统表达其教育理念搭建平台。

4. 建立课堂行为改进的行动研究机制

在名师培养过程中,积极开展学习共同体建设,建立名师工作室,全面激活教师专业成长的内驱力。名师工作室聚焦课堂行为改进的实践问题,以项目式学习为主要形式,在理论导师和实践导师的指导下,各工作室确定研究问题,在名师培养对象的带领下,工作室成员按照"分析问题—收集资料—找到症结—分析资料—寻找对策—实施对策—反思总结评估"的行动研究路径,通过工作室成员的集体智慧,针对教学实践的痛点、难点,持续进行课堂行为改进,通过多轮次的改进,在提升教师课堂教学能力的同时,也积累了丰富的案例资源和支持工具资源。

5. 建立名师示范引领的精准帮扶机制

将名师培养与农村地区薄弱学校教师成长相关联,充分发挥名师培养对象的示范引领和社会担当的责任和使命,组建"省级名师+乡村种子教师"的城乡学习共同体,实现名师"手把手"的教,乡村种子教师"一对一"的学。城乡学习共同体建设坚持目标导向、问题导向、任务驱动、精准培养,通过"名师问诊、名师视导、名师领航、成果展示"多轮次任务驱动,聚焦课堂教学改进,构建"搭建一个平台、实行双向考核、四步多轮驱动、形式多样融合"的实施机制。坚持"四个融合",即线上活动与线下活动相融合,有组织活动与自发活动相融合,送课送培教学指导与跟岗学习示范引领相融合,名师培养与乡村教师帮扶相融合,营造良好环境,实现城乡教师双促进、双提升。

案例创新点

1. 以课堂教学为本,强调教学创新能力

在名师培养过程中,注重提升培养对象的教育教学理念,拓宽名师课程改革思路。坚持"在学校中发展""在教学中发展"的理念,坚持以课堂教学为抓手,以提高学生学习效果为基本目标,将名师培养对象在校课时工作量、示范课数量、精品课数量以及听评课数量作为名师考核的重要指标,引导名师培养对象始终站在基础教育课堂一线,研究实践问题,解决教学痛点、难点,在课堂上、在教学中促进学生发展,提高教学创新能力。

2. 以素养提升为先,推动基础教育研究

在名师培养过程中,为强化教育名著导读环节,研制了中小学教师教育经典名著必读书目,按照通识类别和学科类别进行分类推荐,通过名师导读、小组共读和个人研读等方式,开展专家指导、读书笔记分享、工作坊研讨等活动,提升名师的教育理论素养;强化基础教育研究方法、课题申报、学术论文撰写等专题训练,通过专家指导、任务驱动、成果考核的形式,提升名师的教育科研素养,推动全省基础教育研究工作发展。

3. 以团队培养为主,注重教育思想凝练

在名师培养过程中,充分贯彻专家团队指导,坚持因材施教的培养理念,为每位名师培养对象配备理论导师和实践导师。理论导师由学科教学论教授担任,实践导师由正高级教师或特级教师担任,通过项目合作、发表成果、反思实践、名师论坛等形式,对名师培养对象的教育理论研究和教育教学实践进行指导,凝练教育理念,助推其成长为具有深厚教育教学功底和独特教育思想理念的教学名师。

4. 以示范引领为重,带动区域教育整体提升

在名师培养过程中,充分发挥培养对象的示范引领作用,为名师搭建名师工作室,提供对口支援、搭建协作帮扶平台,通过名师引领行动建立城乡教师学习共同体,充分发挥名师培养对象的理论优势和实践特长,指导青年教师专业成长,帮扶薄弱学校发展,示范引领学科教学实践,带动区域基础教育高质量发展。

思考与展望

1. 存在问题

(1)名师内驱力的调动缺乏有效措施。名师培养过程中,要求名师培养对象有极强的自我发展的内在驱动力。名师培养对象要特别重视育己、主动发展、内在发展和创造发展,能够对标发展目标及时进行自我规划、自我探究、自我反思和自我创新。在培养过程中,出现了部分培养对象内驱力不足、发展懈怠等状况,如何更好地激发名师培养对象的自我发展的内驱力,形成制度化、规范化的外部机制和有效措施还需要进行多方探究。

(2)名师影响力的发挥尚未形成合力。目前,名师影响力的发挥,是以培养对象个人为中心,引领带动辐射周围教师群体的发展。在名师培养对象之间缺少横向链接,未能形成合力,从而影响区域教师队伍的整体发展。需要为名师培养对象之间的横向合作搭建平台,通过设立合作课题,举行相关活动,让教学理念相近或者研究课题内容相近的名师培养对象之间通力合作,推动基础教育课堂教学改革和教研发展。

2. 未来发展设想

(1)建立名师的定期考核机制。成为省级教学名师,不能一劳永逸,需要这些

有丰富教学教育理论和实践经验的教学名师,在一线课堂教学中继续深耕,不断研究,成为塑造学生品格、品行、品位的"大先生"。通过建立省级名师的定期考核机制,将名师的培养与使用相结合,让省级名师始终站在课堂一线,研究教育实践问题,解决课堂难点、痛点,对考核不合格的省级教学名师,实行警告或者退出机制,保障省级教学名师队伍的引领示范作用。

（2）为省级名师专业成长提供更高平台。需要对省级教学名师的专业发展进行更精细的规划和区分,一方面要让省级教学名师成长为省内教师队伍建设、培养培训的专家,更大程度地发挥省级教学名师在青年教师发展和区域教师队伍建设中的示范引领作用;另一方面为省级教师名师专业成长提供更广阔的平台,为省级名师向国家级名师发展提供外部支持,为省级名师教育思想和教育理念推广提供更多的机会。

案例实践情况

通过该模式,截至目前共培养了57名高中和学前教育学段教师,在培养过程中,这些名师培养对象在个人发展、成果凝练和区域教育发展方面都取得了丰硕的成果。

1. 培养了一批理论功底深厚、实践能力强的学科引领者

通过项目的实施,各位名师培养对象都取得了长足的进步。他们既有系统的教育理论知识,又有丰富的教育实践经验,更掌握了能够使理论知识和实践经验相互转化、互相支持的思维方式和思维工具。通过教育思想的凝练,名师培养对象的学科引领力和辐射影响力持续增强,有的名师培养对象实现了职称的进阶和职务的晋升,有的名师培养对象实现了从一线教师到教研员的身份转变,成了本校乃至本地区基础教育发展的引领者。

2. 生成了一批教育教学理论成果和实践成果

项目实施过程中,坚持成果导向,对每位名师培养对象都有严格的成果产出要求。截至目前,共积累优质精品课程500余节,申报基础教育研究课题60余项,发表教育科研论文200余篇,主编、参编教育教学专著70余本,组织开展校本研修活动千余次,指导青年教师200余名,其中部分青年教师已经成长为区域骨干教师或学科带头人,这些丰硕的教育理论成果和实践成果也必将成为区域教师专业发展的优质资源,帮助更多的青年教师成长。

3. 探索了一种省内名师培养的基本模式

在名师培养过程中,探索了"STEP"四环节递进循环的名师培养机制和"以课堂教学为本、以理论素养为先、以团队培养为主、以示范引领为重"的四中心培养模式。强调教育名著导读,研制了中小学教师的教育经典名著必读书目,提升教师的教育理论素养;强调基础教育研究,开展基础教育研究方法、课题申报、学术论文撰写等精品课程,提升名师的科研素养与能力;强调教学创新能力,开展同课异构活动,促进名师交流研讨,提升教学实践创新能力;强调教育思想凝练,通过项目合作、发表成果、反思实践、名师论坛等形式,帮助名师形成个人教学思想和教学风格;强调辐射示范作用,通过名师工作室、对口支援、协作帮扶等形式,辐射带动基础教育高质量发展。

4. 引领了区域教育教学质量的整体提升

名师培养对象在实现自我专业发展的同时,发挥示范引领作用是考核评价的重要指标之一。通过承担教师培训任务,示范课、听评课指导,主持教研活动,指导青年教师成长,帮扶薄弱学校及其青年教师等任务,实现辐射引领区域教师队伍建设。在名师培养对象指导的青年教师中,共有20人成长为省级学科带头人,34人成长为省级教学能手,23人成长为市级学科带头人、35人成长为市级教学能手,区域教育教学质量得到了整体提升。

营造数智研修生态
激发自主学习活力
——教育数字化转型背景下教师队伍建设的区域行动

上海市宝山区教育学院　秦莉萍　王萍萍

背景与问题

高素质教师是高质量教育发展的中坚力量,站在"十四五"这一国家教育发展新的历史方位和历史起点,上海市宝山区认真审视了高质量教师队伍建设的时代要求与教育数字化转型背景下区域教师现状之间的落差,就"如何通过教育教学模式变革及育人方式转型,培养师德高尚、专业自觉、协同发展的具有智能教育素养的高素质专业化创新型的未来教师"做出思考与行动。

1. 面向未来的高质量教师队伍建设的时代召唤

随着国家关于教师队伍建设的相关文件的发布及"双新""双减"的到来,加强师德师风建设,以信息技术应用为抓手、提升教师数智专业素养,是面向未来高质量教师队伍建设的时代呼唤。

2. 教育数字化转型背景下区域教师队伍建设的现实需求

2021年7月,上海市教委正式批复宝山区率先试点推进教育数字化转型,同年9月,宝山区成功申报为教育部"第二批人工智能助推教师队伍建设试点区",需要立足数字化转型新阶段,深入贯彻落实国家"三个课堂"改革和"双减"政策,聚焦人工智能技术赋能教师培养、教学创新、教学管理等重点内容,创新教育治理新基座、教育教学新形态、教师专业发展新模式,深入推进信息技术与教育教学的深度融合创新。

> 问题解决思路

(一)明确目标,系统设计

1. 行动目标

抓住宝山区教育数字化转型契机,利用现代信息技术,营造多元、智能的研修生态,创设沉浸、交互的研修形态,形成自主、互动的研修样态,培养师德高尚、专业自觉、协同发展且具有智能教育素养的高素质专业化创新型教师队伍。

2. 系统设计

打造智能化平台工具,为教师实践体验学习筑基;营造多样化研修环境,满足教师泛在、自如的学习需求;建构自主共融学习范式,促进教师主动学习,实现同侪共进;创新画像模式学习评价,激活教师实践、反思的内生动力(图1)。

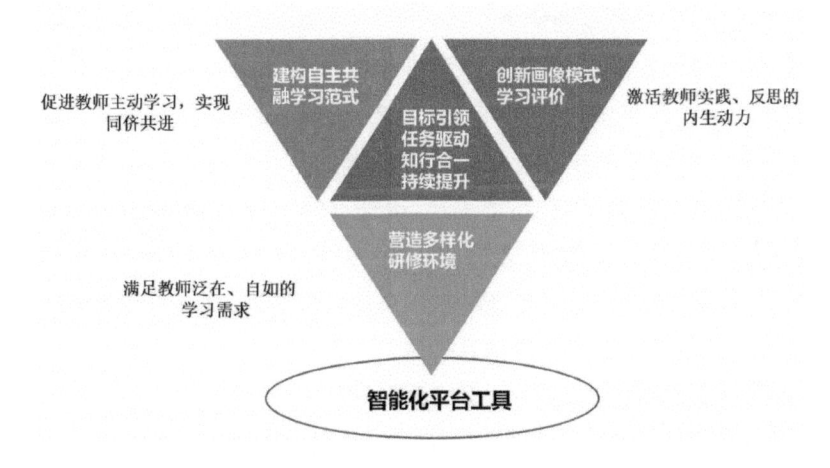

图1 教育数字化转型背景下宝山区教师队伍建设整体框架图

(二)创新实践,行动探索

1. 建设数字环境智能化,拓展时空激发动力

针对教师信息化教学创新能力不足,薄弱学校教师应用能力水平低,教师机械性、事务性工作繁重,支持服务体系不够健全等问题,宝山区建设了教育"未来宝"数字基座,依托基座组织中心、应用中心、数据中心、消息中心、物联中心的五大核心能力,通过信息技术实现多模态数据的全方位感知,结合知识图谱、数字画像等技术,深入推进信息技术与教育业务的深度融合创新,探索教师教育"新环境、新体系、新平台、新模式、新评价"建设,缩小校际数字鸿沟,优化数字化教学环境,在整体提升全区教师信息素养的同时激发教师学习实践的内生动力和活力。

2. 打造研修社群网格化，分层分类精准培训

关注不同教龄、不同层级教师发展的需求，结合新课改对教师提出的专业能力要求，搭建线上线下、纵横交互的网格化社群，创生孵化区域教师研修品牌。

纵向建构以教师"成长阶梯"为轴线的学习社群。在宝山区原有"十百千万"教育人才培养工程的框架下，创建教师专业发展项目，形成针对见习教师、2—5年教师、骨干教师、卓越教师的学习社群。

横向建构以教师"关键能力"为基点的学习社群，如：青年教师荟社群、硕博联盟社群、跨学科学习社群、"心家源"心理教师社群、教学资源建设社群、知识图谱建构社群等。

每一个社群都有具体明确的研修目标与实践任务，教师在社群中通过共同承担学习责任、协作研究探索、积极互动分享、主动贡献智慧、集体建构经验激活专业自信，实现专业认同、提升专业能力。

3. 赋能生涯规划精准化，数字画像科学导航

依托"宝山教育未来宝"数字基座，宝山区逐步构建教师数字画像和智能导航系统，探索教师专业素养的精准评价和职业生涯的科学导航。目前区域主要通过实验校开展教师数字画像研究，系统采集、梳理、建模基础性数据和实践研修的生成性数据，包括研修行为、研修足迹、研修成果等，形成"个人""学校""区域"三类教师画像。为教师提供全面、有效、实时、动态的智能诊断，给予个性化的专业发展导航与学习课程、研修社群等资源信息推送。

4. 实现深度研修自主化，因材施教实践循证

聚焦优质高效，宝山区在"教学三个助手"单元教学资源与学科知识图谱建设基础上，研发基于"宝山教育未来宝"的学科智适应学习系统与教师教学策略数据分析循证平台。在数字化专业资源和智能化技术工具加持赋能下，教师通过教学流程再造，积极开展因材施教的个性化教学实践，并通过科学精准的观察，反思提升自身改进教学的能力。

课前：选择资源学习与备课、推送资源给学生自主学习。

课中：运用技术工具协助教学、利用平台指导学生智适应学习。

课后：收集数据分析"教"与"学"，利用资源设计作业并个性化推送给学生。

基于课堂循证分析与学生作业评测，精准锚定问题并及时反思优化与跟进教学，实现数字技术支持课堂教与学的改进与相应策略资源的生成。

5. 探索同侪研修常态化，智慧共享协同共进

聚焦公平均衡，针对优质师资不足、薄弱学校教师教学水平不高、区域内校际差距大等现实难题，宝山区立足"双新""双减"，在"三个课堂"的基础上，利用5G、大数据、人工智能等新技术创生"智慧同侪课堂"。

"智慧同侪课堂"是美国"合作教学模式"在数字化转型背景下的新发展，打造了"1+N"教育网络合作共同体，实现了教师"智能手拉手"：同步备课、同步上课、同步教研、同步研训以及同步课后延时服务，创造了跨物理空间的线上线下融合式教学教研新形态，扩大优质师资的辐射范围，促进教师在真实的任务情境中深度实践研修，通过同伴间的智慧共享，提升教师教学实践与创新能力。

经过近2年的深耕实践，宝山区逐步梳理出"智慧同侪课堂"有效开展的"3124"实施路径：

"3"指"三情"匹配，是"智慧同侪课堂"有效实施的实践基础。面对多所学校的N个班级，在实施前教师必须了解校情、学情并据此确定教情。关注学生差异，选择适切的教学方法与策略；按需创生学习资源、设计学习支架、缩小学生的最近发展区。

"1"指"教研"伴生，是"智慧同侪课堂"有效实施的专业支撑。团队"协同教研"贯穿"智慧同侪课堂"始终，包括前置教研和后续教研。"前置教研、智慧同侪课堂、后续教研"三个环节可形成教学伴生教研、教研促进教学的螺旋发展。

"2"指两个"交互"，是"智慧同侪课堂"有效实施的必要条件。信息与资源需要实现跨物理空间的双向无障碍交互，信息交互内容主要指在直播课堂中主会场与分会场之间音频、文本、图像、视频的异地双向无障碍交流，资源交互主要是指教学课件、课堂分层练习、学习反馈、课后分层作业等学习资料与学习评价的即时异地双向反馈。

"4"指"四者"协同，是"智慧同侪课堂"有效实施的核心保障。"智慧同侪课堂"的实施需要设计者、讲授者、陪伴者以及支持者四种角色的支撑，设计者发挥组织、协调以及教学设计的职能；讲授者在主课堂开展教学，同时与云端分课堂的师生互动；陪伴者在分课堂有序参与课堂教学，组织指导师生、生生深度学习；支持者指隐身于后台的平台技术方，通过技术实现对课堂的支撑及对教师的无痕支持。

"智慧同侪课堂"既是教学方式的探索，又是教师研修模式、教研方式的创新。在同侪课堂与研修中，教师通过多个角色的轮换担任，协同发展信息技术运用、线上线下融合教学设计与实施、课堂管理以及分层作业设计等能力。

案例创新点

1. 建设数字基座,助力教师专业发展

建设宝山区教育"未来宝"数字基座,一方面探索教育大数据和人工智能等技术手段在改进教学、优化管理、提升绩效方面的创新应用;另一方面探索本区教育信息化发展过程中一些问题的解决路径,打破信息孤岛,推进系统化应用。

2. 依托研修社群,支持教师协同发展

任务驱动全区647名骨干教师在"教学资源建设社群"中基于学生素养发展,探索情境化、结构化的大单元教学,结合区"教学三个助手"平台功能,分学科、分学段合作建设全区教师共享的"备课、上课与作业"单元教学资源;105名骨干教师在"知识图谱建构社群"以高中生物学科知识图谱开发典型样例学习为基础,全面展开全学段、多学科知识图谱构建,助力基于学科知识图谱的数字化资源建设与智能化改造。

3. 构建教师画像,促进教育评估数字化

围绕普通基层教师与"骨干校长(书记)、首席教师(首席教研员)、学科带头人(骨干教研员)、教学能手、教坛新秀"五级骨干梯队这两类群体,形成具有本区特色的教师评价与数字画像顶层设计和初步案例;基于教师群体画像,开发区域教师流动方案、人事招聘方案等智能应用;推进基于多维度数据的教育评估,让"有温度"的评估数据服务师生发展,加快构建智能时代的教育评价新范式。

4. 创生"同侪课堂",创新智慧培育范式

"智慧同侪课堂"能促进教育数字化转型背景下教师教研模式的创新、教师培养范式的重塑、学生学习方式的转变,达成公平均衡、资源辐射等效能。

(1)跨区域的智慧同侪帮扶。开展与江苏、安徽、新疆、云南、湖南等地的联合教研活动,体现优质教育资源的辐射作用。

(2)校际的智慧同侪发展。依托在线学习资源平台组建紧密型集团资源库,加大集团品牌课程、特色课程的研发力度,实现集团学校"教、研、培"一体化,在教育理念、管理水平、队伍素质和教学水平等方面全面同步提升。

(3)教师间的智慧同侪协同。通过创建良好的"智慧同侪课堂"运行机制,通过分工合作:设计者精心设计、主讲者精彩实施、助教者精心组织、支持者精准支持,实现智慧共享、扬长补短。

(4)师生间的智慧同侪共生。通过课堂数据分析,形成教学相长的数据模型,为教师制订合理教学策略、教育管理者决策提供有效的数据支持，推进基于数据驱动的教师队伍建设的新生态发展。

（5）生生间的智慧同侪合作。提供沉浸式的课后延时服务，借助市 MOORS 研究型课程自适应平台指导学生开展自主、合作、探究学习，基于学段与探究主题智能帮助学生组建团队、推送资源，助力学生碰撞思维，合作走向深度学习。

思考与展望

经过全面分析、系统设计与创新实践，宝山区欣喜地看到教师在人工智能助推下都能找到有归属感、使命感的实践研修社群，在"真实性、交互性、沉浸性"的研修生态与环境中，围绕着"运用智能工具支撑教与学变革、'互联网＋'条件下课堂教学新模式探索"等数字化教育内核，主动作为、活力生长！

这几年来在数字化转型背景下，借助人工智能助推教师队伍建设的区域探索与实践，目前还处于初步探索阶段，为了能更快接近培养目标，亟须解决的问题有：

一是硬件瓶颈有待突破。尤其是"智慧同侪课堂"，其所需的硬件设施尚未大规模覆盖，"5G＋VR/AR""5G＋全息投影""5G＋远程直播"等技术仍未在校内普及，导致教学中教师的协同感和学生的沉浸感无法得到保障。

二是软件融合有待深化。信息技术与教育教学业务融合还需要继续深化，更多贴合教育教学环节、有效服务"双减""双新"的应用场景还未成形。

三是业务流程有待改造。部分业务及管理流程尚未完成信息化改造，仍处于线下纸质材料流转中，后续试点转型工作亟须对相关业务机制进行升级。

案例实践情况

1. 数字化环境创建已成一定规模

宝山区教育"未来宝"数字基座已对接应用厂家 35 家，上架生态应用 41 个，为生态应用提供 221 项调用接口，初步构建应用生态雏形。2022 年年底，共计注册教育"未来宝"学校 330 所，认证/互动教师 9555 人，注册学生 10.3843 万人，其中激活家长 13.7188 万人，日均家校互动人数达到 10 万余人，日均家校互动消息 1.4 万条，逐步落实一校一案。上海在线教学期间，两大工程有效支撑全区中小学校使用教育"未来宝"在线课堂教学及直播教学，上课日均人数 4.8 万人，搭建中小学有效班级 2028 个，日均活跃班级 1700 余个，使用教育"未来宝"作业发布功能日均 4.7 万人。

2. 数字资源建设与使用点面推进

完成了中小学36个团队31门学科教学资源建设与20个团队16门学科知识图谱建设第一阶段推进任务，在"开发—运用—反思—优化"循环中不断生成与优化教学资源。基于信息技术2.0平台，全区192所中小学7500名教师自主完成了"教学三个助手"使用培训；遴选并组建了区域内51所"知识图谱"项目实验学校，其中高中生物14所，小学和初中数学37所，服务学生超9878人，覆盖教师超456人。

3. 课堂观察与循证分析已建模型

完成了200多名教师数字化课堂分析循证工作，帮助教师精准定位自身教学风格特点、课堂教学师生互动特征、班级学生思维发展状态等情况；探索了"双新"背景下，对标课程目标，形成融会贯通的学科核心问题系统，从共建共学的学科提问追问视角进行数据积淀，以发展学科关键能力；构建了教学思维分析模型，借鉴国内外经典，形成具有本区特色的教育教学思维分析模型，从而促进了教学分析循证工作从单一、模糊、依赖个人的经验模式走向系统、精准、客观的数据模式，为教师专业发展打下坚实的基础。

4. 数字画像与专业导航架构成型

依托教育"未来宝"数字基座，构建教师队伍建设的数字化支撑体系，建立了"促、跨、融"一体的教师专业发展生涯导航模式，从教师画像、发展规律算法、师训资源三个方面探索精准培训。目前，宝山区正在整合教师专业背景、教学、教研和专业培训经历等数据，构建动态教师画像，重塑教师评价。基于教师群体画像开发的智能应用已在9所学校进行试点。

5. 智慧同侪课堂促进教育公平均衡

自2021年9月以来，宝山区实施了多学段、多学科几十场"智慧同侪课堂"区级大型展示研讨活动，参与学校近百所、教师近万人，实现了跨校、跨区、跨省的共建、共研、同侪发展，进一步促进教育走向公平均衡。"中国网""第一教育""上海教育新闻网"等多家主流媒体对此有过报道。

建构点面结合整区培训机制，助力区域教育质量整体提升

北京师范大学继续教育与教师培训学院
朱生营　张　丽　秦晓虹　高子涵　王琳琳　徐田文　王建亮
北京师范大学教育学部　宋　萑

背景与问题

区域教育均衡发展是我国基础教育发展的根本目标，是我国教育协调发展的重要保障。社会评价视角下，义务教育发展不均衡，"择校"体现出社会群体对均衡与优质教育的追求。家长通过各种途径为学生寻求优质教育，一般主要考虑学校发展、师资配备和生源质量三个方面。合理配置教育资源，全面提升教师整体素质，缩小学校、城乡、区域间教育发展水平的差距是促进区域教育均衡发展的主要方式。

各地政府高度重视教育均衡发展，采用引进合作名校、吸纳优质师资、骨干教师轮岗等方式，以点带面来提升本地教育质量。输血固然重要，但加强内部造血功能才是根基所在，重点在于提高本区域现有的教育资源的质量。

一是培植本土特色老牌名校。这些学校拥有地域文化的丰厚底蕴，但曾经的辉煌不再，亟须在办学理念、办学目标、课程建设、校园文化建设、内部管理、质量评价等方面开展系统改革，如何培植"本土"好学校成为各地方面临的问题。

二是打造现有师资队伍。根据调研显示，区域内现阶段在编教师中年龄偏大的人群，普遍存在学历偏低或转岗进入教师行业等专业问题，而且是越远离市区的地域所占比例越高，如何全面提升教师整体素质是各区域面临的难题。

三是注重区域教育资源协调发展。在5年一轮的中小学教师全员培训大背景下，各类教师群体散点培训层出不穷，这类培训极大地开拓了教师的视野、提升了教师的专业能力。但是如何实现学校、校长、教师系统化专业发展，唤醒教师继续

教育培训的积极性和内驱力,形成"学校—校长—教师"区域内联动的培训体系,是各个区域培训要解决的基本问题。

问题解决思路

(一)基本思路

依托北京师范大学在教师教育、教育服务和教育科研上的优势力量,旨在发挥"高校、政府、学校"合作的"UGS"区域提升模式优势,培育学高身正的"好老师"、培养德能兼备的"好校长"、培植区域本土的"好学校",构建区域教育新模式,促进区域教育均衡、高质量发展。

项目整体设计:点面结合,系统设计,带动教育质量整体提升(图1)。

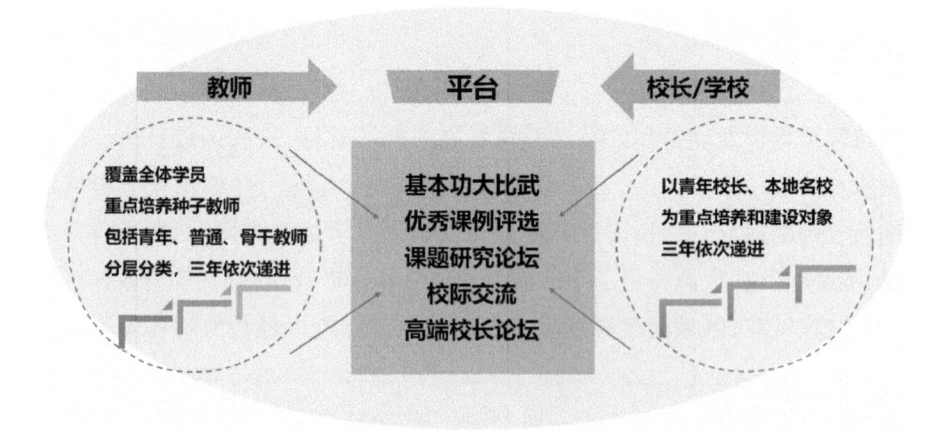

图1　项目整体设计

根据培养目标设计"好老师""好校长""好学校"三个子项目,各子项目既独立运行,又互相搭建成长与展示平台。全体学员采用线上通识培训,分学科培养;选取15%种子教师采用混合式培训模式,分层、分类设计课程重点培养。全体学员搭建学科间、学校间学习共同体,点面结合推进共同发展。

(二)案例实施理念

以"逆向设计"为理论依据,在对教师队伍专业发展现状和区域基础教育发展现状进行深入调研的基础上,量身定制具体的项目实施目标和评价标准,并以此为切入点设计适切的课程内容,逐年推动项目落地。

(三)案例实施方式

1."好教师"子项目

项目目标:关注教师专业素养提升和引领作用的发挥,促进教师课堂教学行为的转变,整体提升教师的教育教学水平,培育一批"好教师"。

学员构成:全体教师,及按照每个学科15%的比例选拔出的种子学员。种子学员来源于三类人群——青年教师(入职1—3年)、智慧教师(入职5年以上非骨干)和骨干教师(区级骨干、市级骨干)。其中青年教师占30%、智慧教师占30%、骨干教师占40%。

全体教师:针对全区域内所有在职教师,在3年内,按学科学段分批次完成30学时培训。其中包括:线上网络研修,教师职业素养类通识培训及学科教学培训;返岗实践,研修心得及教学设计打磨;学科测评,学科素养试卷问答与能力测评。

青年教师:以集中培训+导师带教培养模式,理论与实践相结合,全面提升青年教师综合素养,保证教师基本功考核达标率达到100%。其中集中培训采用专题讲座、课例观摩、案例分析、工作坊等形式展开,充分调动学员参与度;导师带教,按学科市级骨干学员与青年教师1:2配比,每月进行一次线上指导,持续3个月完成一节优质课例打磨。

智慧教师:以课例研究为主线,通过课例研究理论和课例研究学科案例的学习,在促进学员改革课堂教学模式、提高课堂教学效率的基础上,逐步形成研究意识,完成向骨干教师的转化。并在学习过程中挖掘潜力学员组成课例研究小组,匹配实践与理论导师,通过线上指导完成课例研究实践并形成相应课例研究成果。

骨干教师(区骨+市骨):聚焦核心素养"三精课"实施模式,引领教师开展主题式教学,创新课堂教学模式;聚焦教师教科研,引领教师开展论文撰写与课题研究活动。建立学科首席专家制,按1:3.5的比例配备学科导师,在学科首席专家引领下,每月开展主题集中培训及线上指导。

2."好校长"子项目

项目目标:平稳度过新任校长的职初过渡期,并能够在过渡期后进入专业发展的平稳期和爆发期,实现从管理者向领导者的转变,带领学校发展,打造成为优质学校。

学员构成:区域内新任校长。

以校长教育领导力提升为实施主题,以学校系统变革为行动载体,采取系统设计、主题推进的项目设计思路,阶梯式提升校长的教育领导力。项目3年分别以基于价值观引领的学校文化领导力学习、基于学校课程建设的教师与团队领导力学习、基于学校教师专业发展的团队与关系领导力学习为项目实施重点内容。

3."好学校"子项目

项目目标：打造一批特色优质学校，充分发挥其教育教学优势和品牌效应，促进各协作区的均衡发展。

学员构成：区域内本土特色老牌名校。

采取以校为本的变革思路，因校制宜打造特色。对于发展较均衡的学校，项目着重系统提升品牌打造，将学校已有课程打造为特色品牌课程；对于有传统优势的学校，项目将以体育、艺术、活动课程等传统优势项目作为切入点，挖掘学校的潜力点，优化课程群，凸显学校特色。

案例创新点

1.种子学员遴选机制

促进"培训机会公平"和"提高培训质量"，项目本着全员培养、重点培养、自愿参与的原则，建立了规范的学员遴选机制。由区域教育委员会与北京师范大学共同组成遴选专家组，区域教委负责学员报名、组织，北京师范大学负责方案制定、面试专家培训及结果评估。不仅保证了种子学员的质量，也在面试过程中培养了学员的现场应变能力、激发了学员的学习动力，为3年的培训打下了良好的基础。

2.分层分类设计课程

项目学员数量众多，怎样才能保证按需所学、学有所获，这是在项目设计之初的重点问题。项目采用"以点带面，系统设计"的理念，青年教师、智慧教师、骨干教师分层、分类设计课程，其他学科教师线上通识培训，既满足了每个群体的个性化学习需求，也完成了全体教师质量提升的目标。

3.学科首席导师制下的学员个性化培养

建立项目专家团队机制，与学校各院系形成合作关系，建立"项目负责人+首席专家+专家团队"的项目运营管理机制，保证项目从设计到组织管理的规范性与科学性。

4.构建学习共同体

本项目活动设计中，将学科导师、学科教研员及相应学科的骨干教师、智慧教师、青年教师构建成学习共同体。他们拥有共同的目的、期望、知识、志趣和情感。在学习过程中进行沟通、交流、分享各种学习资源，共同完成一定的学习任务。

5. 助力区域教研团队整体提升

教研工作在推进课程改革、指导教学实践、促进教师发展、服务教育决策等方面，发挥了十分重要的作用，本项目在设计之初，充分考虑如何借助、发挥教研团队的力量促进项目质量的整体提升。纳入团队，共同培养，将有学习意愿、有发展潜力的教研员纳入学员队伍，教研员本身的教育教学水平有很大提升；借力专家，增长技能，采用理论与实践相结合方式共同促进教研员专业能力提升。

思考与展望

项目模式取得了良好的实施效果。通过对项目整体设计和培训工作的总结复盘，对后续项目实施有以下思考和展望。

1. 促进教师整体发展是培训的目标所在

基于当前对教育高质量发展的要求，各级教育主管部门应时而动，把教育培训目标定位于知识更新与技能提升上，这在某种程度上导致了大部分培训只是追求功利性，要求培训立竿见影，在参与培训后能立即解决课堂教学中遇到的问题，能对评职晋级起到作用。而真正培训的目标是关注教师的内在需求，使其具有创新精神与实践能力，有批判意识、追求自主发展，作为教师培训者要关注教师的思维和情感，激发教师对教育事业的热情，循序渐进地陪伴教师成长，为他们点燃一盏明灯，只有这样，教师培训才能发生整体形态的变化，让教师们终身受益，从而实现教师整体发展、全面发展。

2. 建立完善培训评价机制

现阶段教师培训考核一般仍采取单一量化的评价方式，即活动出勤率与活动参与度、所学课程的书面考试与成绩评定、研修成果提交与任务完成度，这种只重结果的僵化评价不符合中小学教师的职业特点，不能全面准确地反映教师参与整个培训过程的实际情况和相应的学习成效，难以激发教师参与培训的主动性和对待培训的热情，更难将学习动力延伸到培训结束后自身的持续学习与发展中。建立完善的培训过程评价机制是我们要进一步思考的问题，希望能够以评价总结成效，以评价弥补不足，以评价促进发展。

3. 统筹规划区域内教育培训资源

各区域在完成全员培训的任务时，为了满足教师个性化的发展需求，引进了各类的教师培训机构与培训资源，教师虽开阔了视野，拥有了选择权，但是也增加了培训负担，削弱了培训的系统性。很多教师不但要参加学校的校本研修，还要参与区级培训、省级培训、国家级培训等，多种研修任务不但增加了工学矛盾，也使培训演变成了"为了完成培训任务而参加培训"。同时，原有的系统性培训安排也随之被打乱，各种培训在抢学员空余时间中做出取舍。因此，有必要将教育培训资源进行整合规划，使区域内教师人人可以量力选择适合自己专业成长的培训，使教师培训成为为教师提供成长动力的"能量供给站"。

案例实践情况

1. 应用区域/项目

北京市大兴区基础教育（小学段）质量整体提升项目、贵州省遵义市教育系统高端领军人才培养计划、天津市滨海新区中小学名师名校长培养工程、江西省抚州市临川区基础教育质量整体提升工程、江西省抚州市广昌县基础教育质量整体提升工程。

2. 应用人数

应用人数超过 5000 人。

3. 应用方式及成效

基于区域调研的培训模式设计，学员研修过程具有系统性、连贯性，与学员个性化发展需求相匹配，与区域整体教研工作相结合，学员认为研修内容和形式较为满意。

（1）导师指导制助力学员个性化发展。学科首席导师制下的学员个性化培养，不但提升了学员的综合素养，也满足了学员的个性化发展需求。导师组在对学员的情况进行调研后，发现学科写作是普遍的弱点，通过写作促进教师多读书，"以读促写，以写促读"的培训理念贯彻整个培训过程。导师通过专题讲座介绍论文素材的积累、论文写作技巧、论文发表渠道；通过微信群推荐阅读书目、鼓励学员写作；利用每月线上指导帮助学员修改论文。最终多位教师的论文在期刊上发表，并集结成优质论文集出版。

（2）培训活动带动全区教育教学改革。骨干教师课堂实践活动，不仅帮助骨干教师打磨了教学设计、课堂教学，也通过全员的课堂教学展示、听评课活动带动了全区教育教学活动，达到了促进整体教育质量提升的目标。将项目内活动与区教研活动相结合是项目的又一大特色，不仅直接辐射了全区教师，更是滋养了项目学员。

（3）学校科学规划初显成效。如何科学地、客观地、全面地了解一所学校,这是新手校长非常重要的一项工作,也是所有校长探索学校发展方向的第一步。"好校长"和"好学校"子项目中,我们把如何科学分析学校现状、找准定位、明确方向作为第一年度最核心的任务,通过导师一对一指导、项目组开发的系列引桥课程,项目学校和项目校长都带领学校,在北师大项目组的指导下,进行了学校的科学规划,并组织撰写、修改、完善了学校中长期发展规划文稿,完成率达100%,有效地推动了学校各项工作的前瞻性开展。

（4）校长综合能力显著提升。通过综合的课程和培养内容,校长治校办学的理念在不断更新,对于个人办学思路有了更高层次的理解,在学校文化体系建设、核心价值观理解、课程建设以及教师队伍建设方面,具有比较全面和深层的分析和理解,项目校校长逐步出现风格形成的趋势。

"以学为主"的"一线五式六环"整体研修模式探索

华中师范大学培训中心　王　静　胡焱红　吴海涛

背景与问题

1. 项目背景

为了对接云南省"义务教育青年教师培训计划"项目实施要求及"课堂革命：'以学为主'的课堂教学改革"培训主题要求，本案例围绕推进"以学为主"课堂教学改革这个主题任务和课堂教学组织模式、教学设计、教学环境、教学策略、课堂决策、教学评价等核心内容，对 200 名初中英语青年骨干教师进行为期 42 天的培训。

2. 培训拟解决的问题

（1）培养一批"能教书""会教书""教好书"的初中英语青年骨干教师。通过语言技能和教学基本功的强化训练，提高参训教师语言的规范性、示范能力和教学基本功，实现"能教书"的培养目标；通过"以学为主"课堂的理论学习和课堂示范，强化"以学为主"的理念和意识，切实提高他们的教学实践和教学改革能力，实现"会教书"的培养目标；通过各种课型的理论讲解、模拟实践和名师示范等活动，帮助他们潜移默化积累和习得"以学为主"的课堂教学知识、技能与经验等，实现"教好书"的培养目标。

（2）建成一批义务教育课堂教学改革基地。打造以域外专家和精品课程资源为支撑、以本土"种子"为主体的区域校本研修支持服务体系，以骨干教师所在学校为依托，发挥骨干教师的"种子"效应，建设一批"以学为主"的课堂教学改革基地，推进义务教育的整体变革。

（3）培育一支本土化一线指导专家团队。整合本地一线教师、校长和教研员队伍深度参与项目实施与培训成果推广应用，推动"以学为主"的课堂教学革命在云南的落地,育用结合,兼顾"输血与造血"。

总之,在这次培训过程中,参训学员带着"问题"来,带着"任务"回去:一方面,通过培训活动让他们提高"问题意识",在培训过程中反思和提出问题,并尝试在专家指导和同伴互动中解决问题;另一方面,培训结束后,明确与强化"责任意识",带着学习成果返岗,在实践中进一步提高课堂教学质量和自身专业能力,同时发挥"种子"效应,深度参与本地区课程教学改革实践和探索,为本地区教育教学质量的提升持续贡献力量。

问题解决思路

一、需求分析

为了更精准掌握参训学员的现状和需求,根据项目的要求和云南省基础教育教师的实际状况,结合相关文献和"双减""双升"背景,项目组精心设计和组织了需求调研。调查结果显示,参训学员有以下需求:

(一)改变传统"以教为主"的教学模式

部分教师意识到满堂灌、不注重师生互动、大量的知识练习和繁重的作业导致教育教学低效率等问题,需要以科学的教育教学理念促进课堂教学变革。

(二)参加"以学为主"的主题式培训

课堂革命的推进需要在理念、技术和制度层面进行深度变革,教师需要深度学习才能获得相应的知识与能力,并通过在岗实践与应用迁移才能改变已有固化的教学观念,建构新的教育理念。教师期盼分层次、分阶段参加主题式培训。

(三)参加多种形式的教师培训

相比专题讲座等培训形式,教师希望加大课例研究、主题研讨、教学实操、跟岗实践、语言技能训练等参与式培训的力度,获得推进改革的直观体验,从而提升改进教育教学实践的技能。

(四)关注结果更关注过程

改变以往过分关注结果的评价方式,需要将理论知识应用于实践,不断"尝试→反思→改进→再尝试",以项目式学习、探究式学习等方式,在实践过程中提高教师的协作、学习和反思能力等,掌握"以学为主"的课堂实操方法。

二、方案设计

"以学为主"的"一线五式六环"整体研修模式。

基于需求分析和培训目标定位,项目组构建了"以学为主"的"一线五式六环"

整体研修模式(图1)。

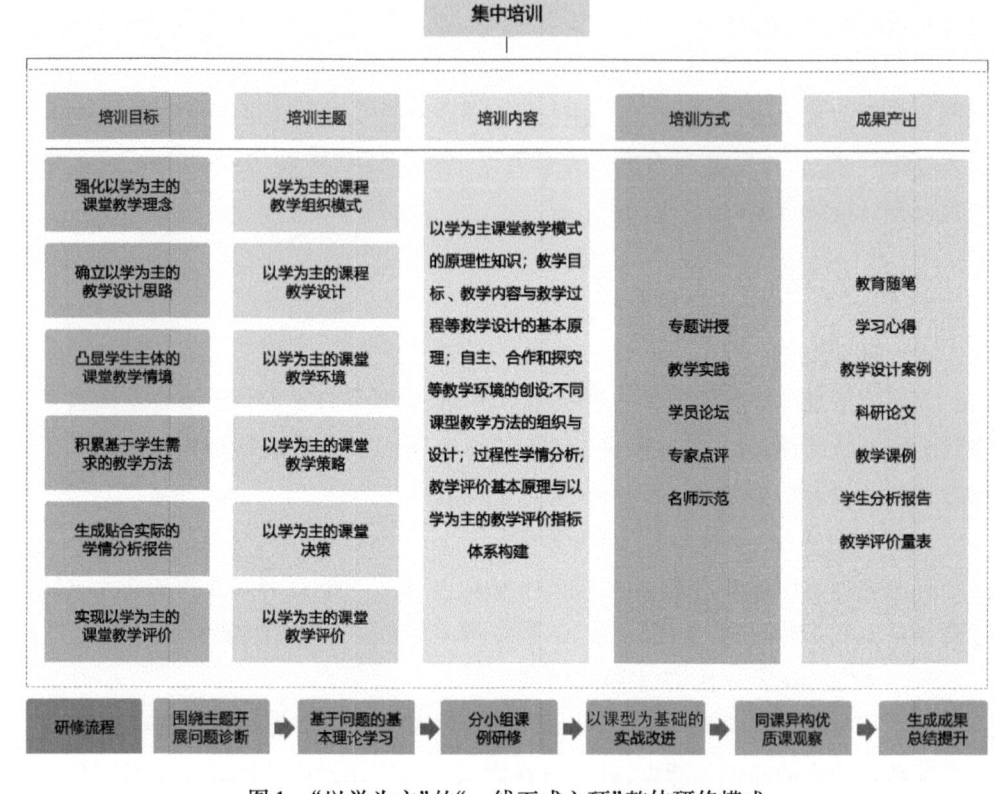

图1 "以学为主"的"一线五式六环"整体研修模式

"以学为主"指培训主题、培训目标和成果产出都以学生为中心,坚持学生主体地位。

"一线"指以《义务教育英语课程标准(2022年版)》为主线设计培训内容。培训内容聚焦新课标理念,落实"以学为主"课堂教学模式的理论素养。

"五式"指培训的五种形式。根据不同培训内容的性质与特点,针对性确定并选择专题讲授、教学实践、学员论坛、专家点评、名师示范五种培训形式。

"六环"指研修流程的六个环节。为了提升主题式培训的效果,每个主题指定六个环节的推进流程。具体包括:围绕主题开展问题诊断;基于问题的基本理论学习;分小组课例研修;以课型为基础的实践改进;同课异构优质课观察;生成成果、总结提升。

三、组织实施：训前、训中、训后逐步推进落实

（一）训前——选配学员，创建专业团队

1. 遴选有潜力的青年教师

青年教师是教师团队的中坚力量，也是学校发展和教学改革的核心骨干。遴选有一定基础、有上进心和改革创新精神的青年教师参加培训，是实施高质量培训的保障。

2. 创建专业化团队

项目组创建了四个专业化团队，为本次培训提供全方位支持：首席专家团队、授课专家团队、管理团队、助教团队。首席专家团队由近年来聚焦"学习中心教学改革"理论研究和实践指导的高校知名专家团队、英语学科教学论专家、省市级学科教研员和一线学科名师项目首席专家团队组成，确保项目设计和课程设置的科学性和专业性。授课专家团队包括高校理论专家、知名教研员、一线教师。本项目中，"有能力自己面向中小学生组织开展完成'以学为主'的课堂教学任务"的一线优秀教师担任主讲教师的培训课程不少于80%，同时，为确保培训过程的高质量，各班配备两位生活班主任和助教，为学员提供生活和学习上的支持。项目管理团队由培训专家、课程专家和保障人员组成。四个团队相互支持配合，确保项目顺利实施。

（二）训中——精准培训，以学为主，重视实践

1. 设置任务驱动的教学实践活动

本次培训课程分为四个板块——通识理论课、听说课型、读写课型、复习课型。通识理论课以讲座、案例分享的形式围绕"以学为主"的教学理念、课程标准、核心素养等内容开展。听说课型、读写课型、复习课型围绕"以学为主"的课堂教学，理论和实践高度结合：从授课教师示范课开始，通过分析讲解，让学员自主设计、模拟课堂实践，最后由名师再次示范。课程整体安排和每个专题课程的活动安排，都深入贯彻"以学为主"的理念，给参训学员示范了"以学为主"是什么和怎么做，让学员接受和理解"以学为主"的课堂理念和改革成果。

同时，在培训过程中，四个团队相互配合，根据学情及时调整，确保本项目的实施过程就是一次"以学为主"的完美示范。

2. 搭建丰富的课程资源平台

根据本次培训要求，结合项目目标和培训实际需求，项目组开发了丰富的文本资源、信息化资源、课例资源等各类预设和生成性资源。

（1）文本类资源：优秀课堂教学案例，包括教学设计、课件等；专家教学课件以及针对每个专题的教学评价量表。

（2）信息化资源：针对学员实际需求，建设能够运用于"以学为主"的课堂教学信息化工具类资源；在培训实施过程中，组织专家参与开发了多门培训课程资源，主要包括专家授课视频资源、活动组织策略和方法视频资源及优秀教学视频资源，供学员观摩学习。

（3）生成性资源：在培训实施过程中形成的项目成果资源，主要包括学员提交的学习心得、个人教案、小组教学设计、学习成果总结、未来工作计划等。

3. 采取过程与结果并重的考核评价方式

培训考核采取过程性考核与结果性考核相结合的形式进行。过程性考核主要聚焦集中培训期间学员的出勤率、课堂参与度、任务完成情况等；结果性考核主要针对培训成果生成的质量和目标达成度。培训成果考核指的是评估学员个人课堂实录、教学设计、观摩反思、课例生成等培训生成性资源的质量，目标达成度考核指标基于项目培训目标，通过问卷调查和访谈的形式，调研参训学员在本次培训中教育理念转变、教学活动的组织与实施、专业成长等方面取得的进步。

4. 提供具有人文关怀的培训保障

为期6周的培训时间较长，学习负担重，远离家庭，不可避免给学员带来了较大的心理压力。项目组充分认识到相关问题的重要性，在学习和生活方面提供全方位周到服务和保障：一方面，安排培训专家和助教参与专题学习、交流研讨、研课磨课等培训全过程，适时给予指导和帮助；另一方面，生活班主任全天候陪伴，在饮食、健康、心理等方面提供周到服务与及时关怀，同时定期开展班组团建活动，帮助学员舒缓压力，保持良好状态。

（三）训后——跟踪培养，持续提升

学员在培训结束时撰写学习成果总结和未来教学工作计划。学习成果在"'以学为主'的课堂教学改革"培训主题下，围绕"问题"展开反思：通过通识理论课、听说课、读写课、复习课四个板块的学习和实践，总结和反思过去工作中存在问题，本次研修活动又解决了哪些问题，哪些问题还需要后期通过继续学习和研讨去解决。

同时，要求学员在总结和反思的基础上，带着"任务"返回工作岗位：制订未来教学工作计划，包括个人教学计划，年级备课组、教研组或整个学校的英语学科教研计划；此外，学员返岗后还需发挥"种子"作用，组建团队，推进课堂教学模式改革,组织实施校本研修工作等。通过带着"问题"意识的反思总结和"任务"驱动的实践应用计划,让"学以致用"落到实处。

学员返岗后,培训过程并没有结束。一方面,培训期间搭建的学习交流平台会长期存在,学员能够利用这个平台继续交流研讨和分享,项目专家则会对学员未来在工作和学习过程中碰到的问题给予持续指导,并参与学员的研讨交流,可以说"培训虽已结束,但培养刚刚开启";另一方面,项目组会协助遴选出的实践基地校,为参训教师返岗提供课堂改革实施平台和合作研修平台,并负责指导相关学校推进课堂教学模式改革,开展二级培训以及"课堂教学改革"校本研修工作,并组织区域示范课研修展示活动。

案例创新点

1. 一体设计,分阶段螺旋推进

本项目以《义务教育英语课程标准(2022年版)》为主线设计培训内容。第一阶段是通识理论课。从第二阶段开始,围绕初中英语不同课型的专题课堂自主学习等任务,通过名师理论引领、教学实践演练到与名师同课异构,最后生成成果,帮助学员掌握"以学为主"的课堂实操方法。

2. 任务驱动,促进自主发展

每周都确定一个主题任务,组织开展基于主题的综合教学实践活动。研修过程围绕掌握"以学为主"的课堂教学理论以及不同课型的教学任务,分阶段开展专题学习和教学教研实践:每周的专题围绕主题任务进行设计;实践活动也围绕相应主题任务进行个人与小组集体备课、同课异构、专家点评、名师示范和集中教研;同课异构和集中教研活动以螺旋上升和名师示范相结合的方式进行,即首先按照教学环节进行教学片段备课及展示,经过专家点评及集中讨论后对教案和教学设计进行再加工,最终推选一名参训学员将两次讨论和磨课的观点和建议融入一堂完整课程,并与名师就同一个内容同台展示。整个活动安排循序渐进,逐步深入,让学员感受到基于任务学习的效用和魅力,以及在课程中融入集体智慧的显著益处。

3. 坚持问题取向,彰显学科特色

为突出研修实效,切实解决教师发展和教育变革中的"真问题",项目专家团队深入诊断问题的根源,精准把握培训需求,同时在研修过程中及时把握学员的最新问题与需求,在整体框架基础上对部分专题和实践任务进行动态调整,将问题解决贯穿于项目设计、课程开发、项目实施和跟踪服务全过程,以实践性问题驱动初中英语教师专业发展和课堂教学改革创新。

4. 名师引领,强化教学实践

本项目的首席专家和授课专家团队均由高校知名学科教学理论专家、优秀学科教研员和一线名师组成;在理论专家授课的基础上,安排了基于示范课的讲评与分析,更有在同课异构基础上的名师示范;既有专家的理论引领,也有基于主题的小组实践。理论与实践的结合贯穿了整个培训过程,让学员在名师引领下开展教学实践。贴近一线的教学实践和案例学习当然重要,但名师引领下的实践活动能帮助学员在知其然的同时知其所以然,帮助他们在积累经验和提升能力的同时融合创新,从而有效促进教师专业发展和"以学为主"的课堂教学改革。

5. 成果导向,体现多维评价

改变以往过分关注结果的评价方式,采取过程性考核与结果性考核相结合的形式进行。培训成果考核综合评估学员个人课堂实录、教学设计、观摩反思等培训生成性资源的质量,重点关注参训学员在本次培训中教育理念的转变,在教学活动的组织与实施、专业成长等方面取得的进步。注重学员的成果产出,以成果为导向开展研训活动;坚持从实践中诊断、提炼优秀成果和优秀案例,让培训成果指向返岗后的行为改进。

思考与展望

本项目从培训效果和学员满意度来看,总体上是成功的,初步达到了培训目的,但也存在较多问题。

1. 存在的问题

(1)学员遴选不够严谨。精心选派学员是达成培训目标的基础。本次培训的学员遴选初期出现了各种问题:比如有不少参训学员是非英语学科的教师;部分怀孕教师或者生病教师被安排来学习,体力与精力不足以完成培训任务,影响了项目实施的效果。

(2)问题导向执行不坚决。课程模块基本上都是以问题为导向,每个模块都试图解决一个主要问题。但在实施过程中,因为受授课专家时间或者其他条件限制,部分专题不能在既定模块实施时间期限内完成,出现一些错乱安排,导致问题导向清晰度有所欠缺。

(3)实践环境欠缺真实性。真实的课堂能给教学实践活动带来更真实的体验和更直观的感受。由于项目在暑假开展,同课异构、名师示范等都只能通过模拟课堂来完成。虽然学员临时化身为初中生,和授课教师开展真实的互动,但毕竟这样的"学生"和真正的初中生在语言水平上存在差异,这种差异性让"真实"的课堂变得不那么"真实"。因此,实际效果还是打了一些折扣的。

2. 未来展望

本项目的实施有很多成功之处,也有需要改进的地方,而这些不足之处正是未来努力的方向。

首先,任何培训项目要取得成功,一定不能缺少学员求知欲的配合。学员的求知欲固然与项目设计和问题取向等密切相关,但学员本身的来源也非常重要。需要学习、愿意学习、能学以致用的学员是培训目标达成的基础条件。因此,学员的遴选非常重要。有关各方在遴选时应该尽量与培训实施单位协同,并做好各种保障,以确保培训的精准性和有效性。

其次,教师培训项目需要更加明确问题意识,坚持任务驱动和问题取向,让所有学员带着问题来,带着任务回去:培训实施方需要在训前通过精准调研掌握问题,明确任务,并通过课程设置和内容设计与实施,有效解决问题;同时带着任务回去,并在任务完成过程中遇到问题时及时与专家交流,保证集中培训,成为培养的起点,真正做到学为了用,学以致用,一旦开始,终身持续!

最后,培训实施环节会出现各种变化,包括课程设计与授课内容的匹配,学员问题和兴趣的调整,等等。这些变化需要培训实施方及时掌握,有效应变,确保培训的精准性和成果的有效性。

案例实践情况

1. 应用方式

针对不同培训内容的性质与特点有针对性地确定并选择专题讲授、教学实践、集体研讨、专家点评与学员论坛五种培训形式。其中,在专题讲授方面,聘请长期从事初中英语学科教学或研究的名师、教研员和高校专家进行专题讲座,通过应用示范,有针对性地从理论层面和优质实践经验上关注、指导学员的课堂教学;教学实践、集体讨论和专家点评融为一体,解决"以学为主"课堂教学中的实际问题,提升培训效果。

2. 实施成果

(1)生成了大批内容丰富的课堂教学资源。培训过程中,通过有意识、有计划地对课堂内容和课后任务成果进行整理与提炼,积累了大量丰富可回顾、可复用的教学资源。一方面,对专家讲座进行了录制存档,并收集了讲座课件;另一方面,在每周的综合教学实践活动中每人提交的教案和每组提交的教学设计以及课件形成了内容丰富的同课异构资源库(表1)。

表1 生成的教学资源

资源内容	数量
专家授课课件	36份
同课异构教案	涉及两个版本教材的六个单元和一节时态复习课,共800份
同课异构教学设计	涉及两个版本教材的六个单元和一节时态复习课,共160份

(2)实现了参训教师教学理念的切实转变和能力的有效提升。项目全程所有参训教师均提交了三次心得体会、一份总结报告和一份"学以致用"的工作计划,它们直观地呈现学员们的转变与收获。在教育观念与理念方面,学员深刻认识到教学中学生的主体地位,表示应该培养学生的思维品质而非只教授知识技能,同时对"以学为主"的课堂有了系统的理论认知。在课堂设计方面,学员收获了多种实现"以学为主"的具体操作方法,包括教材处理、资源运用、活动设计、学习评价、作业设计以及课堂形式创新等。

指向微团队"精准培训"能力提升的进阶式研修

北京市海淀区教师进修学校　罗　滨　申军红
刘　锌　张　晓　李琳琳　闫梦菲　李　珂

背景与问题

1. 政策导向：基于《培训课标》开展培训是国家要求

2017年，教育部印发了《中小学幼儿园教师培训课程指导标准》(义务教育语文、数学、化学学科教学)(以下简称《培训课标》)，旨在规范和指导各地区分层、分类、分科组织实施教师培训，提高教师培训的针对性和实效性。《培训课标》体现了国家对教师培训的导向和要求，强化培训工作的专业性，大力提升培训的针对性和实效性。根据要求，各级教育行政部门、教师培训机构、中小学校要按照《培训课标》要求，组织实施教师培训项目，促进教师专业发展。

2. 实际需求：教师培训者在学习和应用《培训课标》中面临的突出困难与问题

北京市海淀区教师进修学校承担的教育部2019年、2020年"国培计划"示范性综合改革项目"《中小学幼儿园教师培训课程指导标准》应用能力提升研修"项目，针对全国20个地区100名研修机构管理者、教研员和培训者的调研数据结果表明，在学习《培训课标》的过程中遇到的主要困惑和问题有：内容过多、专业术语较多，不理解、吃不透；在应用《培训课标》的过程中遇到的主要困惑和问题有：如何有效设计并实施基于《培训课标》的学科培训方案？如何开发教师教学能力诊断工具？如何有效诊断教师教学能力？

因此，通过培训使教师培训者深入理解《培训课标》的内涵，掌握基于《培训课标》的教师教学能力诊断方法以及具备运用《培训课标》设计与实施培训的能力至关重要。

问题解决思路

1. 研修课程设计的理念

本项目的关键是要用好《培训课标》,实现"精准培训"。通过学科教学能力诊断确定培训的起点,合理规划,设计针对性强的课程内容,高效实施培训课程,解决教师的实际问题,并通过测评学科教学能力发展水平确定培训目标的达成度,满足教师的个性需求,体现教师专业发展进阶。

基于此,北京市海淀区教师进修学校整体创新研修课程的设计与实施,体现出"五新":一是学员组成新——以区域为单位组成五人结构化微团队;二是需求诊断新——基于标准进行学科教学能力诊断;三是课程结构新——开展基于标准的、五大模块内容、四单元进阶实施、凸显行为改进的实践课程;四是研修方式新——开展体验式、输出型、研究型工作坊研修,实现跨地区、跨学科互动;五是研修成果新——促进理念的变革,形成各地的区域培训方案、诊断工具。

研修课程的设计遵循目标导向、问题导向和实践导向,具体包括需求分析、主题和目标确定、课程设计、课程实施、效果评估、持续跟进等六个环节。

2. 确定研修主题与目标

研修课程聚焦"基于《培训课标》的区域教师培训规划与实施"主题,研修目标为:

第一,提升教师培训者的政治素养,增强其职业责任感与使命感,从更高的站位理解《培训课标》的重要意义,更专业地理解教师培训。

第二,提升教师培训者基于地域现状、依据《培训课标》规划与实施培训的专业能力——"精准培训"。

第三,提升教师培训者利用现代教育技术开展更精准、更高效的需求分析和教师行为诊断,支持教师培训的能力。

第四,探索基于标准的、指向行为改进的微团队、传导式培训者能力提升新范式。

3. 设置五大研修课程模块

研修课程设计坚持政治素养和师德修养提升,坚持国家课程标准和《培训课标》双标准引领,坚持理论学习与教育实践相结合、学习输入与经验输出相结合、现场体验和观摩学习相结合、专家指导和同伴研修相结合;突出"按需定制、问题导向、任务驱动、交流互动、成果引领、示范辐射"的特点。

研修课程包括五大课程模块：师德引领、课改解读、标准理解与应用、工具研发、技术支持(图1)。其中师德引领和课改解读重在方向性引领，主要以专题讲座和讨论的方式开展；标准理解与应用、工具研发是核心内容，综合运用专题讲座、专题工作坊和现场观摩等方式实施；技术支持模块围绕《培训课标》的实践和诊断工具的开发展开，以专题讲座方式进行集中学习，并在日常实践中不断交流经验。以五大研修课程模块以及研修过程中形成的资源为基础，探索、总结基于《培训课标》的培训者专业能力提升的新范式。

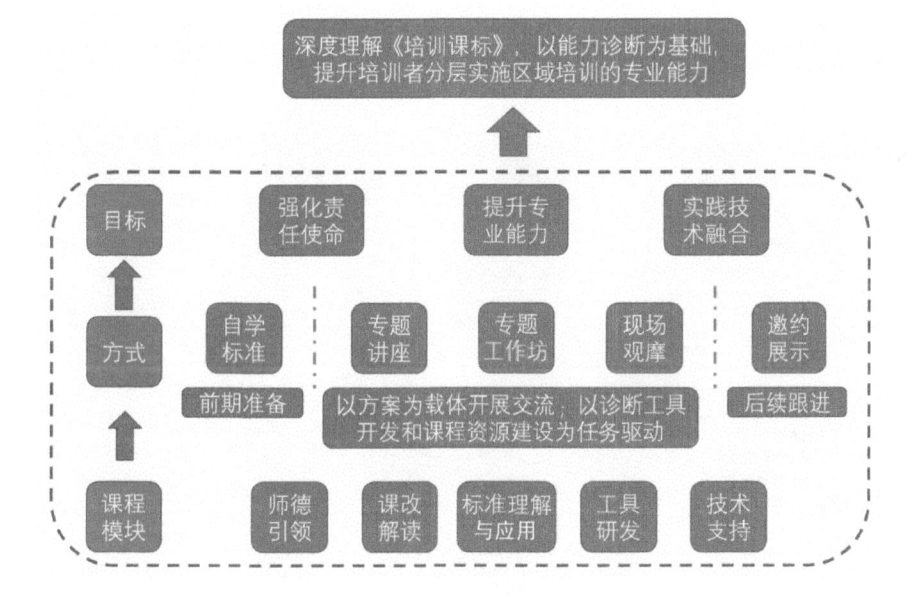

图1 五大研修课程模块

在课程设计上，凸显学员主体和"传导式培训"，在扎实做好每一期学员的实践跟进、总结提升的基础上，发挥上一期学员的引领作用，关注培训资源和学员经验的传导，关注学员和授课教师角色的转换，发挥学员的主体作用，重视每次培训后学员实践智慧的挖掘、转化与共享，关注学员学习成果的跟进与落实，通过学科方案跟进、案例打磨，形成新的课程资源，使课程内容迭代创新。

4. 实施四单元进阶式研修

实施四单元进阶式研修(图2)，不断深化对《培训课标》理解，提升专业追求、开阔专业视野、增强培训者的责任感与使命感。在集中研修后设网络研修，跟进学员每一个研修单元后的研修成果固化与实际应用，充分利用互联网、大数据等信息技术，以异步、同步、同步与异步相混合的方式开展培训。学员通过网络平台展示过程性研修成果,与其他学员和导师互动,共建专业学习资源,导师答疑解惑,同伴互助学习。其中:实践性课程占80%,理论性课程占20%。研修实施分为:现场集中研修(标准学习)36学时,线上网络研修(理解深化)30学时,后续跟进(实践跟进+案例交流+总结提升)30学时。

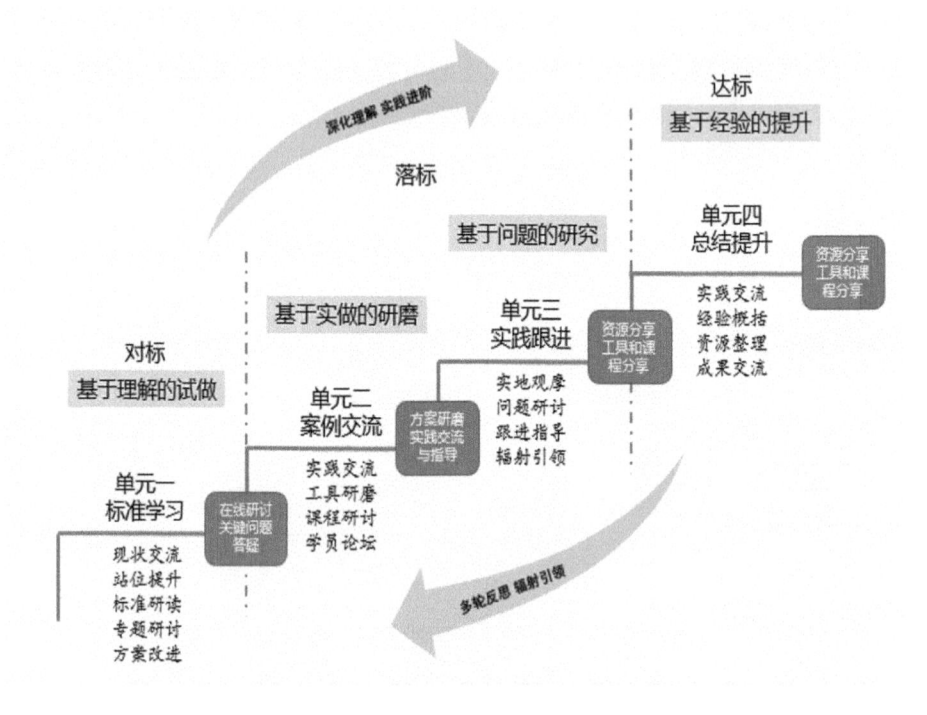

图2 四单元进阶式研修

第一单元:标准学习(现场集中研修,36学时)。

研修作业:以机构为单位,规划基于《培训课标》的培训;各学科尝试选取一个主题,实施基于《培训课标》的培训,并进一步开发、丰富诊断工具。

第二单元、第三单元、第四单元:案例交流+实践跟进+总结提升(区域实践+线上网络研修,60学时)。

以区域为单位,建立网络研修协作组,配合课程模块的学习,根据研修任务进行主题研讨,推动各研修组协同创新、资源共享。各研修小组基于研修社区展示交流本组基于《培训课标》的培训方案、一个主题的教学能力诊断工具,并对其他小组制订的基于《培训课标》的培训方案、一个主题的教学能力诊断工具进行学习与评价。各研修小组根据专家的指导意见完善培训方案、教学能力诊断工具。参与观摩和研讨会,通过网络平台进行成果交流。

案例创新点

1. 指向微团队培训能力提升

一省一个地市级团队集体研修,包括两名研修机构管理者和三名学科骨干教研员、培训者,参与者承担各自责任,明确任务,协同工作,确保《培训课标》的落地,以及现场培训的实践转化。

2. 指向培训实践的行为改进

微团队带着培训方案参加培训,以方案改进为抓手,促进培训内容的内化、转化。培训课程很大比例为指向实践的案例、经验和问题交流,重视实践中的真问题,共同研究有效对策。

3. 四单元进阶式研修

整体规划四个单元研修课程,通过"标准学习"单元提升站位、理解标准内涵;通过"案例交流"单元解决实践中的问题;通过"实践跟进"单元提供示范,辐射省内,并聚焦难点问题进一步研讨;通过"总结提升"单元进一步交流经验,从培训方式变革与创新的高度总结提升。通过四单元进阶式的课程设计,推动《培训课标》的落实以及培训方式的变革,开拓学员的视野,提升其责任感。

4. 传导式培训模式

基于上一轮培训的实施经验及成效,甄选出上一期学员设计的基于《培训课标》的优秀培训方案和实施案例,作为本轮培训的重要案例资源,并由上期学员作为示范者和引导者,通过案例分享和互动交流,帮助新学员解决方案设计和实施中的关键问题。一方面,上期学员通过梳理总结和交流分享,输出成果,辐射经验,提升能力;另一方面,站在学员视角的实践经验分享,使得培训更具有针对性和实效性。通过传导式培训,形成往届学员和新学员的学习与实践的共同体。

5. 链式传递带动全省

以点带面,通过提升地市级研修机构管理者和骨干教研员、培训者基于《培训课标》的培训规划与实施能力,以及省内培训经验的交流、跨地区培训、开放的现场观摩和研讨等,发挥辐射作用,带动本省培训能力的提升。

思考与展望

1. 形成区域微团队和不同区域、不同学科的教研员、培训者专业发展共同体

区域微团队的构成为后续的实施跟进发挥着重要作用,下一步在学员推荐上确保微团队的构成。此外,项目组要尽量兼顾地域教育发展水平、学员身份、学科等方面,灵活组成各种小组学习与实践共同体,便于后续研讨和实践跟进,进一步聚焦研修对象,使研修更具针对性和实效性。

2. 提供更加丰富、灵活、精细,满足共性和个性需求的研修课程

研修课程的内容要兼顾全体学员的需求,以及管理者、教研员、培训者等不同岗位、不同学科的个性化的需求,优化课程内容、课程形式、课程组织与实施,进一步增加学科课程的比例,增加实践性课程的比例,关联海淀区基于《培训课标》实施的培训活动,提供更为具体的、开放的现场实践案例,线上与线下相结合,在研修的组织和实施上对学员对象更加细分,提升每一位学员的研修体验和获得感。

案例实践情况

本项目经过了 2019 年、2020 年度教育部"国培计划"示范性综合改革项目"《中小学幼儿园教师培训课程指导标准》应用能力提升研修"两个轮次的实践检验,取得了良好的效果,在全国范围内产生了较广泛的影响。

1. 学员反馈

从学员对研修的反馈数据来看,学员对项目的整体满意度达 100%,对项目满足学员学习需求的程度的满意度达 96%,对培训课程的满意度达 100%,对主讲和指导教师水平的满意度达 100%,对研修成果与收获的满意度达 96%。

学员的代表性反馈有:"这是一次高规格、开放式、多元化、沉浸式、体验式的研修,让我们终身受益。我们有自身的能力,我们再付出百倍的热情,创新我们的培训,创新我们的教研,星星之火会成燎原之势。""回去后,我最想做的一件事情就是一定要成功地设计一个基于《培训课标》的培训实施方案并实践它。""我们一定把我们的经验、我们的所学带回去,真正引领区域教研的发展,为区域教研做出我们研修人的贡献。"

2. 研修成果

研修取得的成果主要包括以下三部分:

第一,形成了基于《培训课标》的 100 份培训方案。100 位教师研修机构的管理者以及语文、数学、化学学科的教研员和培训者通过研修,完成了各区域基于《培训课标》的整体培训方案规划,以及本学科基于《培训课标》的培训方案设计。

第二,积累了 60 个优质培训课程资源。包括开发的培训课程资源,以及生成的优秀培训方案、诊断工具、实践案例等。

第三,研究探索出基于标准、指向行为改进的微团队教师研修新范式。这为今后的教师培训理论与实践发展提供了新思路。

"三协同·三支持"助力职初教师专业发展
——以上海市静安区为例

上海市静安区教育学院　程书丽

背景与问题

入职 1—5 年的职初期教师是教师队伍的生力军,是教育事业的接班人,正处于职业生涯的关键时期,他们的发展水平将决定着教育的未来。在这个阶段,构建区域青年教师专业支持体系,为其专业成长铺设坚实台阶,对加快青年教师专业成长具有重要的实践价值,对促进区域基础教育均衡发展具有深远意义。但现实存在的一些问题一定程度上影响或阻碍了职初教师专业发展的进程。项目组通过实证调查、课堂观察、经验梳理等途径,对静安区职初教师的发展现状和需求进行了调研,梳理影响职初教师专业发展的主要问题。

一是区域层面,缺乏职初教师"发展支持"的体系建立。目前的教师队伍培养呈现"重两头、轻中间"的现状,上海市教委对入职第一年的教师设计了见习教师规范化培训制度,对高端教师实施"双名工程",而针对入职 2—5 年的教师,则还未形成相应的培养制度,基本处于"真空期"。与此同时,因职初教师群体数量庞大,从实践操作情况来看,缺少从区域层面对职初教师专业发展的整体推进。

二是学校层面,对于职初教师的培养丰富性有余而系统性不足。从调研情况来看,虽然部分学校关注这一群体教师的成长,但普遍做法是师徒带教等,较少立足教师自主发展进行系统谋划。学校对入职 2—5 年的教师培养缺乏系统的设计和发展评价,闭环缺失导致成效不足以及教师发展的低效。

三是教师层面,现有教育教学经验与实际客观要求之间矛盾突出。由于对教师职业的专业性、复杂性缺少足够的思想准备,教师往往缺少对岗位角色的足够认知,教师发展目标模糊、路径不清晰。在访谈中,我们也了解到,有些学校虽然要求职初教师制订个人发展规划,但对实施过程缺乏跟进、反馈和指导,基本是形式大于内容。

问题解决思路

职初教师所遇到的专业发展问题比其他阶段的教师更明显、更复杂，帮助他们顺利度过这个阶段，构建系统化、科学化、个性化的职初教师专业发展区域支持体系是关键，这对夯实职初教师专业基础，提升职初教师专业能力，形成职业持久性至关重要。项目研究主要经历了以下几个阶段：

第一阶段：多方施策，点上"培优"。入职第一年的教师，上海市实施见习教师规范化培训，而之后对2—5年的职初教师缺少针对性关照，由此，进行了点上"培优"探索。2015年、2018年、2020年分别启动了第一轮、第二轮、第三轮静安区"菁英教师"培养项目，遴选了近200位具有一定发展潜力的优秀职初教师进行拔优培养，每轮培养周期为2年。设计了名师一对一带教、学科实训、发展规划设计、微项目研究等培养内容，为后阶段面上整体推进提供了实践基础。

第二阶段：五力聚焦，系统规划。经过前期三轮静安区"菁英教师"培养项目试点，我们从理念提升、工作推进及实践改进等多个维度进行研究成果梳理。针对点上"培优"探索中出现的系统性设计不足和"碎片化"培养现象等问题，遵循教师发展规律，加强系统设计，对标教育部《中小学教师专业标准（试行）》师德为先、能力为重、学生为本、终身学习的发展理念，以见习教师规范化培训职业感悟与师德修养、课堂经历与教学实践、班级工作与育德体验、教学研究与专业发展等四大模块为参照，力求形成从入职第一年见习教师"入行"到入职2—5年职初教师"懂行"的有序衔接。重点聚焦职初教师"岗位认同力、树人育德力、教学执行力、协作沟通力、学习研究力"五大关键能力的发展（图1）。针对能力发展要求，设计指向

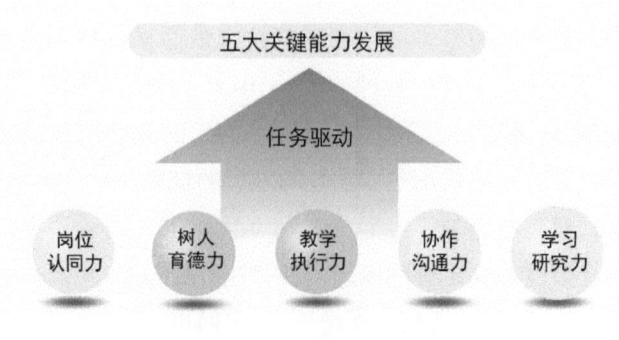

图1　五大关键能力指引图

五大关键能力发展的五项实践性任务,研发系列指向五项实践性任务实施的培训课程。引导教师以自主性学习为先导,把驱动性任务实施、支持性课程学习作为教师专业发展的行动路线,在应知、应会、应悟的基础上"做中学、自主学、互助学"。

第三阶段:三方协同,整体推进。针对点上"培优"中覆盖面局限的问题,结合静安区前期"菁英教师"培养实践经验和区域教师发展战略发展目标,进行面上整体推进,把入职2—5年教师全部纳入区域教师队伍建设范畴。构建以教师TBL（task base learning）任务式学习为特征的研修机制,明确教师个体、学校与区域"三协同"作用(图2)。教师个体以"做中学"为发展理念,自主规划4年学习进程,形成"一师一学程表",完成实践任务、学习内容、能力发展证据等;学校层面充分发挥引导、培养、指导等职能;区域层面发挥资源提供、能力认证、考核激励、制度保障等作用。

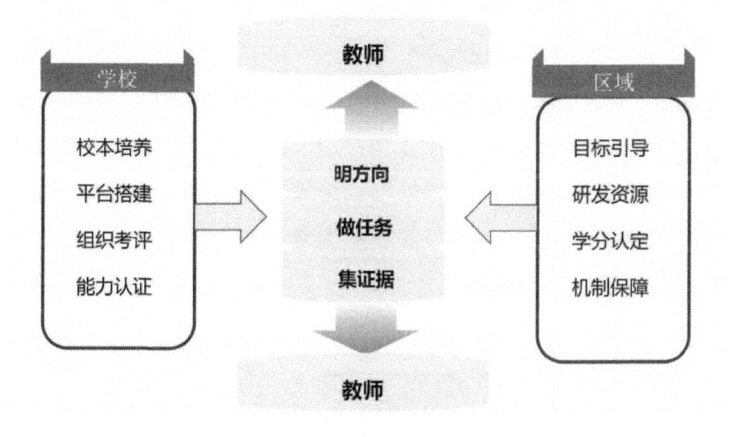

图2 "三协同"网络

第四阶段:系统支持,持续发展。针对教师内生动力不足及资源支持缺乏等现实问题,围绕机制创新、资源补充及激励评价等内容,优化区域支持体系,逐步形成了"三支持"区域支持网络(图3)。一是目标引导。引导学校与教师个体找准职初教师专业发展方向,针对五大关键能力发展要求,明确能力认证实践任务与评价标准。二是资源支持。建设资源系统,提供助力职初教师五大能力发展自我研修的课程库、案例库、问题库、工具箱,为教师自主发展提供专业支持。三是制度保障。将五大关键能力发展情况与教师研修学分相结合,作为参加中级专业技术职称评定的重要依据,把制订五大关键能力发展的实践性任务规划作为职初教师专业发展的主要推手,以此激活职初教师自主发展意识和动力。

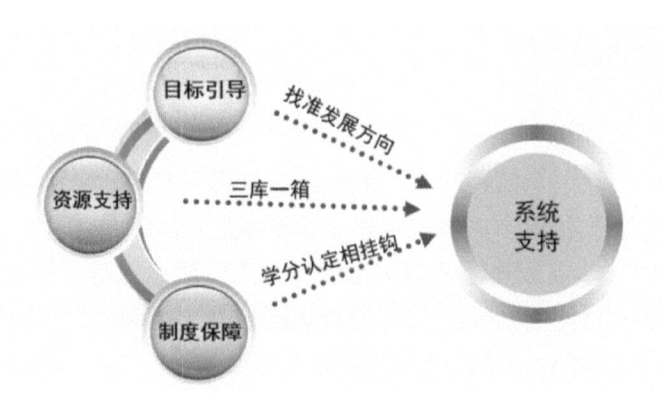

图3 "三支持"系统

1. 区域行动：出台"静安区职初教师胜任力发展专项行动实施意见（试行）"

基于前期"菁英教师"培养项目实践经验和现有基础，开展了面上整体推进职初教师专业发展的路径探索，把静安区2—5年的职初教师全部纳入职初教师胜任力发展专项行动。出台"静安区职初教师胜任力发展专项行动实施意见（试行）"，加强教师专业发展引导，构建目标清晰、衔接有序、层次分明的教师可持续发展培育体系，与入职1年的见习教师规范化培训形成有序衔接。明晰区域、学校、教师个体职责功能，明确职初教师胜任力发展的内容指向、评价考核、资源支持及保障机制等。

2. 工具支持：研制"静安区职初教师TBL任务式学习手册（1.0版）"

充分遵循教师成人"做中学"自我导向的学习特点，以任务式学习为特征，聚焦岗位认同力、树人育德力、教学执行力、协作沟通力、学习研究力五大领域，设计《静安区职初教师TBL任务式学习手册（1.0版）》。内容包括五大实践性任务描述、考核评价要求、学习工具量表等，引导教师基于真实情境、真实任务，分阶段完成任务清单。激活教师自我发展内驱力，努力形成职初教师人人主动发展、人人追求发展的良好氛围。

3. 资源研发：研发职初教师专业发展"三库一箱"资源

围绕五大关键能力的形成，聚焦核心知识、技能和态度要点，按照相关性、互补性和综合性原则研发课程库，为职初教师胜任力的整体提升提供系统的、必要的、可选择的、个性化的课程资源支持。建立百位名师谈育人案例库，提供静安区教育系统若干名师育人案例，引导职初教师从名师的育人理念、育人方法、育人智慧中学习，形成自我发展行动。以问题库的形式，收集常见的职初教师教育教学问题，为职初教师专业成长答疑解惑。提供了具有"支架"意义的工具箱,以实用、实战、实效为原则,整理了测评工具、访谈工具、反思工具等,为教师提供学习"支架"。

4. 评价导向:探索能力发展导向的考核评价

优化区域职初教师专业发展激励机制,将五大关键能力发展情况与学分认定相结合、与学校办学质量评估相结合、与区域教育人才梯队培养相结合。把职初教师按时完成五大实践性驱动任务与教师职务培训学分挂钩,作为参加中级专业技术职称评定的重要依据。把制订五大实践性任务规划作为职初教师专业发展的主要推手,把评价机制作为促进区域职初教师专业发展的关键手段,不断优化加快职初教师专业成熟的助力机制。

案例创新点

在《中国教育现代化2035》中提出:夯实教师专业发展体系,推动教师终身学习和专业自主发展。教师具有基于个人实践经验积累的内因性成长因素和外部引导的刺激性干预因素,这是影响教师从合格走向胜任,从无经验到有经验历程转变的关键因素。静安区在职初教师培养上形成的"做中学"发展理念、"一师一学程"的模式探索及"三协同·三支持"的工作机制等。为区域相关行政部门、业务部门及学校等对职初教师培养有所依循,对职初教师队伍建设、工作部署等提供借鉴和参考,增强工作的方向性、规范性和针对性。

1. 形成了以自主发展为导向的"一师一学程"研修模式

针对职初教师专业成长的特点,架构支持性课程群+驱动性学习任务的模块。通过任务驱动,促进教师在完成任务的实践中对研修课程有更深入地理解,从而把理论学习和实践探究有机结合起来,加速专业成长。强化学程要素,把职初教师4年成长周期划分为与任务相匹配的5个学程,教师自主规划学程,自主选择实践任务、学习内容、研修资源等,形成"一师一学程表"。教师把握自我研修节奏,自我调控、自我管理,完成实践任务、学习内容、能力发展证据等,"一师一学程"研修模式革新了传统被动式的培训。

2. 创新了"单方发力"走向"三方协同"发展系统

从职初教师胜任力发展目标引导、资源提供、制度保障等方面优化了区域职初教师胜任力发展区域支持体系,由区域层面"单方发力"推动走向区域、学校、教师个体"三协同"作用,明确区域、学校、教师个体三方功能职责,区域通过目标引导,帮助学校、职初教师找准职业发展方向。立足区域、学校、教师个体的职责功能,探索促进职初教师胜任力发展的路径策略、内容方法等研究。基于静安区职初教师专业发展特点，研发了具有一定逻辑结构、体现模块设计、指向能力评价的静安区职初教师胜任力发展等支持性资源。

思考与展望

尽管项目已取得一定的研究和实践成效，但依然面临诸多问题和困惑，还需要进一步探索研究。例如，从教师实践能力发展、岗位胜任的视角，区域层面设计了指向五大关键能力发展的五个实践性驱动任务，有情境、有目标、有内容，但如何通过科学的评价工具，对教师发展水平、发展结果进行科学的评价还缺少方法，需要借助智能技术，通过科学的数据采集与分析，对其发展现状进行科学的前评估、后评估研究。

案例实践情况

经过多年探索，静安区形成了促进区域职初教师专业发展行之有效的模式、机制等，并在实践中不断优化、调整，影响力不断扩大，外省市以及兄弟区纷纷学习相关经验，项目实践取得了一定实效。

鉴于静安区的实践，2019 年、2020 年上海市教委在静安区举办两次市级职初教师培养主题研讨会，静安区交流了区域实践经验，传递出关注职初教师专业发展的信号，"静安区职初教师（2—5 年）区域支持体系的构建研究"获原上海市师资培训中心"优秀区域研究项目奖"。与此同时，引发了市级层面职初教师培养的实践探索，启动了市级层面职初教师专业成长实践项目研究，推动全市对职初教师专业发展的关注。

职初教师专业发展是教师队伍建设的重要部分，静安区将继续深入研究职初教师专业成长的规律和路径，在研究中探索，在实践中创新，为造就一支适应时代发展，能够承担起培育学生核心素养重任的职初教师队伍做出不懈的努力。

基于场域的乡村教师"教研训评"
整合研修培训模式探索

江西师范大学新闻与传播学院　刘赣洪　项国雄

背景与问题

由于社会、文化、经济等多重现实上的城乡差异,乡村教师的职后教育一直是教师专业发展、教师培训领域的难点和痛点。

1. 乡村教师培训模式急需迭代

(1)教师培训实践对乡村教师培训提出了新要求。乡村教师生活在特定的文化和社会环境中,工作、学习和教学都带有强烈的乡土性质[①],却被淹没在"教师"这一群体性抽象概念里。实践中乡村教师培训与乡村教师"生存背景的相关性"不强,忽视了乡村教师的能动性及其所在场域的特殊性。

(2)教育事业发展对乡村教师培训提出了新任务。自2015年6月国务院办公厅印发《乡村教师支持计划(2015—2020年)》以来,各地乡村教师培训实践已经取得了巨大的成就,但是还存在培训针对性不强、效果不佳等问题。[②] 2020年教育部等六部门印发了《关于加强新时代乡村教师队伍建设的意见》明确指出"乡村教师是发展更加公平更有质量乡村教育的基础支撑""必须把乡村教师队伍建设摆在优先发展的战略地位"。

2. 乡村教师培训实践存在三个"离场"问题

(1)培训内容"离场":具有城市化倾向。由于教育的话语权、决策权主要集中在城市,乡村教师培训内容往往建构在城市学者自身对教育理论与实践的思考之

---

① 唐松林.理想的寂灭与复燃:重新发现乡村教师[J].中国教育学刊,2012(7):28-31.
② 朱旭东,宋萑.论教师培训核心要素的"对象变量"群[J].教师教育研究,2014,26(1):1-6.

上,城市化倾向明显,培训内容不符合乡村教师的教学环境。脱离乡村学校情境需要,缺乏对乡村教育特殊性、复杂性的深刻理解,将乡村场域、乡村教师、乡村学生等独特元素排除在考虑范围之外,乡村教师培训不能满足乡村教师最紧迫需要解决的问题与最真实的需求。

(2)培训方式"离场":离境离域很被动。离境、脱境、离域集中参训,乡村教师被动学习多、主动参与少。工学矛盾、地域偏远、集中培训流于形式,"送教"的异化、"送教"窄化为"送课",将教育智慧矮化为教学技巧等问题比比皆是。脱离乡村教师教学场域的送课送教等,造成事实上的被动培训。

(3)评价考核"离场":重数据轻证据难应用。实践过程中,教师培训评价考核往往关注参训率、出勤率、自填式问卷收集的满意率等,以及学习心得、反思日志的字数等数据呈现。回归课堂应用效果考量少,真正体现教学行为改进的课例、案例等证据少甚至没有。在乡村教师培训实践中,培训项目的教学内容会因人(专家)设课,不因培训目标、项目需求有针对性地设计教学内容,忽视教师发展是一个长期的贯穿教师生涯的过程[①],更忽视了乡村教师培训需要与乡村课堂结合起来,必须落实到乡村教师的课堂教学之中去。

总之,乡村教师作为相对弱势的教师群体,由于内容、方式和评价等事实上的离场,直接导致乡村教师行动上接受、心理上排斥,乡村教师培训处境尴尬。

问题解决思路

我省自2015年开始探索乡村教师整合研修培训模式。历经初始探索期(2015年3月—2016年2月)、系统探索期(2016年3月—2018年12月)、模式形成实践检验期(2019年1月—2022年12月)三个阶段,先后应用于乡村教师学科骨干研修、信息技术应用能力提升工程2.0等项目。

(一)解决问题的思路

1.创造性提出"把工作坊建在备课组里",解决培训内容"离场"问题

针对乡村教师培训城市化倾向严重,脱离乡村学校情境需要的现实,提出"乡村学校要有自己的工作坊、自己的名师"设想。植根乡村学校、选择乡村学校教学骨干,以"专家(高校专家或省级学科带头人)+乡村学校骨干"为中心,构建乡村

[①] 叶丽新.解析教师培训中的三个基本问题:"国培计划"培训者团队研修项目实施反思[J].全球教育展望,2011,40(7):60-66.

学校整合研修工作坊。基于乡村课堂教学需要，与乡村学校教研相结合，把研修内容与乡村学校备课组活动融为一体，学完研讨、议完即用、反思改进、发现新问题、提交培训需求……实现培训内容"在场"。

2. 创新"教研训评"一体化研修方法，解决培训方式"离场"问题

依据"乡村学校特定场域、乡村教师课堂需要"设计培训方式，基于乡村教师的真实问题、教学经验和发展需求，工作坊开发研修内容，设计培训形式，组织实施培训、研究、实践和反思等学习全过程，工作坊主持人引领乡村教师愿意学、能够学、学得到、用得上，直到发生自主性学习、创造性学习，促进学习增殖、增效。

3. 构建四层评价模式，解决评价考核"离场"问题

打卡签到完成学时即获得培训学分、宣告培训结束，并不能视为培训目标达成。回归到课堂应用、改进了教学行为才是培训目的。构建反应层、认知层、行为层和结果层四层评价模式，要求乡村教师"学完汇报研讨、回归课堂教学应用、反思培训效果再实践"，分层分类提升"课堂规范力、课改执行力、教学创新力、教学反思力和教学创造力"。设计系列课堂教学行为评价量规，由学校对教师课堂教学行为进行评价考核，并与教师评优评先等挂钩，激发乡村教师研训结合、以训促教的获得感、成就感、满足感，强化积极情感体验，激发乡村教师学习内生力。

（二）解决问题的策略

以提升乡村教师教学能力为目标，以场域理论、学习共同体理论为指导，以提高乡村教师培训的实效性为原则，建成一批"校本＋网络"相结合的乡村教师整合研修工作坊，开展了乡村教师"教研训评"培训实践，促进乡村教师培训从增加知识转向改进行为，构建了基于场域的乡村教师"教研训评"整合研修培训模式（图1）。

1. 基于乡村教师工作场域实施培训

将学校场域与网络场域整合，从理论与实践、理性与方法等不同层面，解决乡村教师培训需要问题。实施自主式、主题式、参与式培训等沉浸入场培训，研修问题源于场域，并在场域中解决；研教法、研教材、研学生等深度在场教研，直观感受培训成果与实践进步；源于教学问题，反思为何教学、如何教学等本原问题，再度返场执教，打磨教学能力；从反应层、认知层、行为层、结果层等全方位考核研训效果，深度入场评价，以评促训、促研、促教。

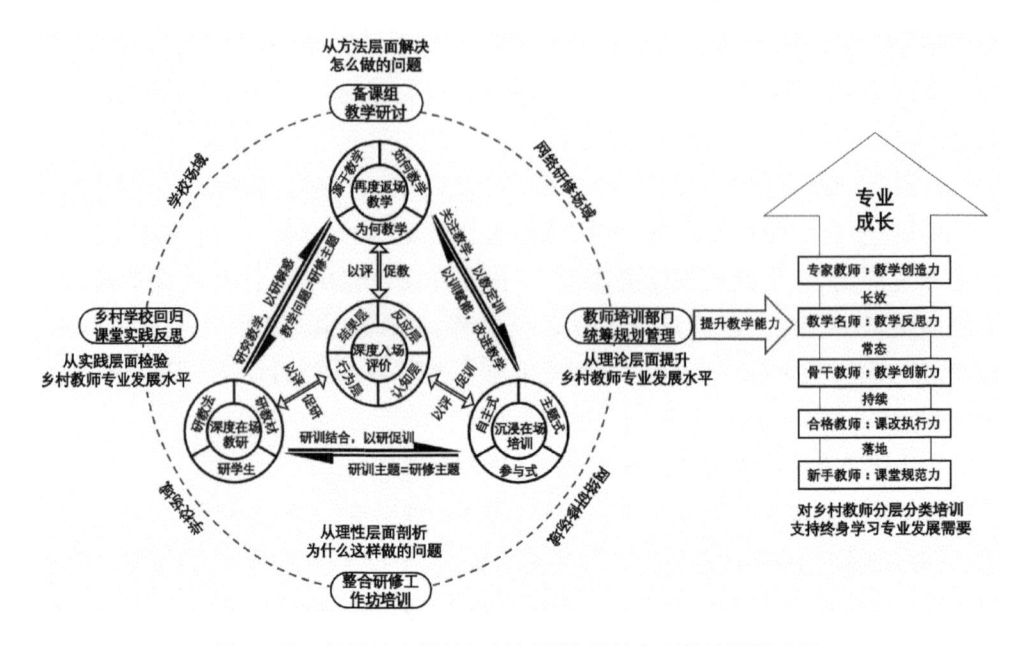

图1　基于场域的乡村教师"教研训评"整合研修培训模式图

2."教研训评"一体化整合研修

通过"聆听观摩、主动参与、实践应用、知识转化、资源生成、成果共享"等学习活动,发生"接受行为、分享行为、浏览行为、合作行为、交流行为、反思行为、创造行为"等学习行为,开展"教学观摩、课例研究、案例分析、听课评课、集体备课、同课异构、磨课赛课"等线上线下、自主合作等教研活动,构建了"教学问题即研修主题,研究教学、以研解惑;研训主题即研修主题,研训结合、以研促训;以训赋能、改进教学,关注教学、以教定训;以评促训、促研、促教"的教研训评一体化乡村教师整合研修全流程。

3.基于证据的四层评价模式

构建四层评价模式,从反应层、认知层、行为层和结果层进行培训效果评价,采用基于证据的评价方式,收集乡村教师的教学课例、教学视频、教学成果等具体的文本、音视频等证据,对结果进行评价。

案例创新点

1.研修理念创新

提出"学员中心、自主选学、应用反思、持续改进"的理念,树立"人才是第一资源"的观念。实现知识培训转向情景实践,认知增长转向教学行为改变,从"讲授+接受"的内容提供模式转向自我建构的自主成长模式,形成"专家引领,做中学,自主成长;教学相长,合作学,同侪共进"的整合研修惯习。

2. 研修场域创新

提出"校本+网络"线上线下空间融合思想,形成以整合研修工作坊为主阵地和纽带的工作学习生活时空相嵌入、衔接贯通的多维跨时空研修场域:工作坊虚拟社区,自主学习网络、校本空间和生活空间,集中培训、团队教研、交流展示等空间。构建研修新生态:线上线下融合,自主式、实践式、合作式混合,网络与校本整合研修,短期研修与常态学习相结合。

3. 研修模式创新

本模式把日常工作备课与培训学习合二为一,建在备课组里的整合研修工作坊,成为乡村教师追求教育使命和生命价值的学习共同体;"教研训评"涵养深厚教育情怀和促进实践与意义建构;四层评价唤醒乡村教师专业发展内生力和自觉性,在持续的教育体验、实践和反思中提升教师的核心能力,帮促乡村教师获得生命成长和专业提升。

思考与展望

1. 回归乡村教师教学场域是乡村教师培训有效的根本出路

缺少场域文化的观照、场域教育意识的引导,必然导致乡村教师培训设计中缺乏场域意识,培训自然难以奏效,回归场域才是保证培训有效的根本出路。

2. 落地基层教学组织是乡村教师培训长效的基本保障

乡村教师培训要从根本上改变乡村教师在培训中的被动地位,突出教师以校为本的自主学习和自主发展,必须落地到乡村教师的日常教学组织、教学活动中去,有切实的教学证据来激励乡村教师投入学习,确保培训长效。

3. 改进教学行为是乡村教师培训实效的逻辑起点

提高乡村教师课堂教学水平是乡村教师培训实践的关键,其出发点与归宿都体现在教学行为改进上,行为才是可以观察与测量的基本单元。本模式按照任务、过程、目标,依据教师职业发展周期,将乡村教师分为新手、合格、骨干、名师和专家型教师五个生涯阶段,设计相应的培训主题,赋予不同的研修任务,支持乡村教师按照专业发展阶段稳步进阶,不断提升并改进教学行为。

案例实践情况

1. 实践应用范围

项目覆盖。本模式从初期应用于信息技术应用能力提升工程1.0项目,拓展应用到信息技术应用能力提升工程2.0项目,进而应用于送教下乡项目、精准帮扶项目等,逐步扩大项目覆盖面。

地域覆盖。本模式初期应用于部分线上项目,逐步走向线上线下融合项目,渐次进入乡村学校一线课堂,初期覆盖了10个项目县,后期覆盖至30余个县区,占全省1/3的乡村学校应用了本项目成果,真正为最广大的乡村教师提供伴随式培训支持服务。

推广应用。本成果已推广应用于"省培计划"项目多项,县区培训项目、校本研修项目主动应用整合研修模式;已与中国教师研修网等合作应用,团队主要成员做专题报告30余场。成果引领全省教师教育,乡村教师整合网络工作坊已成为我省乡村教师专业发展平台。

该成果为我省乡村教师专业发展提供了范例、平台和资源,为我省中小学教师队伍建设、促进基础教育优质均衡发展发挥了重要作用。

2. 实践应用效果

(1)建设了一支乡村教师发展指导师队伍。整合已有的乡村特级教师和本级教研员,按学科学段构建一支专兼职相结合的乡村教师发展指导师队伍;实现"指导师+学校""指导师+学科教师"的无遗漏配对;成立了以乡村学科带头人为核心的乡村教师工作坊;初步建成了一支乡村教师发展指导师队伍。

(2)建成了一批乡村教师专业发展资源。已初步提炼加工形成了一批乡村教师专业发展资源。一是日常教育教学实践中挑选、积累、共享优秀的教案、学案、课件和示范课视频、音频等,形成教师发展资源;二是乡村教师工作坊主持人结合学科、学段特点和指导任务、指导对象特征等,与高校专家合作,已建成多门教师发展视频课程。

(3)初步建成了一批乡村教师发展基地。借力省级示范县项目,遴选了一批有基础、有能力、有意愿的县域中小学,建设成为集教师培训、教师教研和师范生实习等功能于一体的"国培计划"示范县教师发展基地,为乡村新手教师入职培训提供服务,促进乡村教师职前教育、职后培养一体化。

(4)形成了一套乡村教师专业发展机制。通过制订县级教师发展计划、指导开展校本园本研修常态化、以乡村教师工作坊建设为抓手,分层分类分段,下沉到乡村学校、边远教学点,将"教研训评"落到实处,形成一套纵向到底、横向到边、点面结合、覆盖全员的乡村教师发展机制。

本模式将在"农村骨干教师分层分类项目"中进一步实践应用,第一轮将应用于其中的"自主学习模式试点研修项目(1650人)""精准帮扶培训项目(7460人)"等项目,以验证、提升该模式。

PEACE 助力评价　循证透视标本
——上海市教师校本评价制度建设专题研修实践

上海市教师教育学院　郭　婧　陈　鹏　闫引堂　陈　晨　杨　洁

背景与问题

1. 教师评价改革的现实背景

上海市教师教育学院教师评价研究团队通过全国调研发现,我国基础教育阶段教师评价呈现评价目标指向教育优质均衡、评价对象重视领军人才、评价内容多元综合等特点,但也在一定程度上出现评价导向功利化、评价内容简单僵化、数据测量唯指标化等倾向,特别是存在评价机制缺乏顶层设计、评价主体参与度亟待加强、评价方式的适切性和规范性不足、评价结果的利用效率偏低等问题。

教师评价改革不仅要落实责任主体,营造良好氛围,还要加强责任主体评价能力的专业化建设。学校是教师评价工作的主阵地,学校管理者是主要责任人、设计师和执行者,他们的评价领导力与评价素养是确保学校教师评价机制与实践方案科学性、有效性和发展性的基础。专业化的校本教师评价队伍建设势在必行。

2. 教师评价专题研修拟解决的问题

为加强校本教师评价队伍的专业化建设,回应中小学校管理者关于教师校本评价制度建设能力的学习需求和难点要点,项目团队在上海市教育委员会人事处的支持与指导下,自2021年至2023年,连续3年开展"教师校本评价制度建设专题研修"项目。本项目招募的学员为上海市中小学校分管教师评价相关工作的管理者;总体研修目标是加强教师评价的校本制度建设能力,创新教师校本评价机制,驱动学校治理模式变革,形成与新时代政策及未来教育发展趋势相契合的评价机制与策略,探索基于教师评价促进学校发展和教育发展的有效路径。

项目团队采用循证双循环的模式推动研修项目的实施,帮助不同类型学校、不同类型学校管理者,有针对性、有效地实现如下具体研修目标:

（1）认识与理解新时代教师评价改革价值取向、根本目标和关键任务。

（2）提升评价改革前瞻力、洞察力、设计力、执行力和反思力等基本素养。

（3）形成循证评价思维，结合新样态教师评价技术与方法，提高依据证据确定校本教师评价问题、设计评价指标、开发校本教师评价策略等关键能力。

（4）系统设计、优化、落实和改进适合本校的教师评价制度和实施方案，探索教师循证评价最佳实践样态，拓展校本教师评价决策参考的证据群和资源库。

问题解决思路

本项目以教师校本评价方案建设为任务目标，设计了"评价理念引领—评价原理透析—评价技术应用—评价实操论证"四大研修模块。通过设置实践性和改进性要求都较为突出的研修主题，解决研修学员校本教师评价制度建设与实施过程中的难题，并匹配学员校本情境的独特需求。为此，项目团队将循证实践技术贯穿研修活动始终，设计并实施 PEACE（pinpoint, evidence, analyze, change, evaluation）研修模型，引导研修学员用循证思维解决校本教师评价难题的同时，也在研修活动中沉浸体验循证实践的过程，以科学方法精准对标研修目标，促成实训双赢。

一、PEACE 研修模式的应用

（一）pinpoint，精准定位评价问题

循证实践，是指围绕实践中的问题，实践者、研究者和政策制定者综合专业智慧和最佳研究证据，结合实践对象的价值观等确立实践干预方案，并在实施过程中不断评估和优化实践，逐步形成新证据的一种实践样态。精准的问题确立直接关系到循证评价实践的落实，剖析问题的研修策略有三：

1. 理念引领、观念重塑

通过政策解读，帮助研修学员深入理解评价改革目标与领域、改革内容要点、改革方式突破点，明晰教师评价为实现立德树人的终极目标。通过展示世界各国在教师评价主体、教育标准制定、教育评价结果、教育评估技术和整个教育评估系统中存在的共识与趋势，延展研修学员对教师评价的价值与功能的思考。

2. 生态架构、聚力切口

项目团队结合评价系统理论、生态系统理论、文化洋葱模型等，构建"教师评价理念洋葱模型"，提取教师校本评价改革潜在的突破点：如观念层的教师评价文化建设、制度层的学校效能改进评价、协作行为层的团队学习评价和个体行为层的表现性评价，协助学员鸟瞰评价生态系统，找准教师评价创新实践切口。

3. 循证思维、深入破题

在研修过程中引入循证思维支架，利用改造过的循证问题提出 PICO 模型，帮助学员从一系列"问题链"中，逐步聚焦学校当下最优先需要解决的教师评价改革问题，将宏大的教师评价改革聚焦到有助于学校教师发展和学生发展的、适切可行的校本评价改革目标上。

（二）evidence，精准寻找证据支持

项目团队与学员交流学校已有教师评价方案时发现，传统的教师绩效考核、评奖评优方案较为完善，而且不少学校开始探索适合学校教师需求的评价任务和评价活动，如开展教师教学述评制度建设、教师研究素养的评价设计、教师共同体协作学习的评价、教师挑战性任务的专项评价等。而在这些评价制度和方案设计时，寻找科学的维度依据或者指标依据，对于学校来说是一大挑战。

项目团队根据循证思维，一方面，建立与教师评价相关的研究性证据库、实践性证据库，形成"分主题证据包"为学员提供参考，如教师表现性评价研究证据包、电子档案袋实践证据包等；另一方面，鼓励每一位学员分享校本教师评价工作的已有做法和典型经验，形成由学员共同生成的非研究性证据资源群，加强每一位学员对教师队伍建设多样问题和教师校本评价复杂情境的认识与把握。

（三）analyze，系统分析评价对策

在获得所需证据后，学员需要形成一份评价方案，并体现证据如何用于实践。证据的分析与转化是开展循证评价实践较难突破的环节。项目团队加强对基本方法的原理讲解，特别强调证据分析与转化的意识和行动步骤，并且通过"共享对话，共案众筹"的形式，使研修学员分组开展评价证据的选择与转化及评价对策的设计与分析。

项目团队鼓励学员在组内对话研讨中提升评价分析能力，分享实践智慧。第一轮分组重点分析评价体系与对策决策，每组成员共同策划建立一所"虚拟学校"，剖析各类教师校本评价的经验与问题，研制"虚拟学校教师校本评价方案"的共案，以共案建设提升学员对教师校本评价工作的全局意识和顶层设计能力。第二轮分组重点分析评价技术方法的选择、设计和应用，每组成员聚焦一个教师评价改革创新的切口，自主选择专题模块，开展具有校本特色的个案设计与分析，开发评价工具、设计克难路径、改进校本方案。

（四）change，突破现状做出改变

项目注重促成学员对评价技术、方法、策略等方面的证据、信息、知识的理解和

迁移应用,以优化、改进原有的教师评价方案。团队鼓励研修学员结合范例反思自己所在学校教师评价实践的优化路径,并对优化后的新方案进行多轮指导,论证和调整方案的可行性、适切性与创新性,在教师评价方案实践落实过程中,以工具支架等方式,给予支持性干预。

策略1:双师指导模式。理论专家和实践专家的"双师"并进指导和实操解读,对有效证据筛选、前后测实施、过程性变化追踪、实施环节改进等给予具体操作指导,助推研修学员的评价方案能够产生实效性的创新效果。

策略2:支架导入模式。提供一系列证据转化的工具支架,如引入共享调节评价任务支架,帮助学员设计学校青年教师协作学习的实施程序;引入表现性评价核心要素,指导学员设计基于表现性评价的教师科研素养评价指标框架等。

策略3:多元主体知识动员模式。鼓励专家与学员之间关于评价的理论知识与经验知识开展多向互动交流,共同来识别评价相关知识对于学员校本需求的适用性。

(五)evaluation,关注实施过程评估

循证导向下的教师评价实践,需要对评价方案的设计、优化和实施过程进行伴随式过程监控与指导。项目团队开发了"三环节七步骤"过程评估流程,三大环节包括"前置评估""过程监控"和"后效评估"。

1. 前置评估

前置评估,即前期准备评估,包括步骤1需求评估和步骤2规划评估,在开展规划评估时注意时间管理、成本管理、风险管理。

2. 过程监控

在评价实施的过程中,需要加强对实施范围、实施质量和过程调节等因素的评估。如评价指标是否能够有针对性地解决教师评价工作的目标;评价标准研制与筛选的依据是什么;是否适合学校当前教师发展的条件;评价实施过程中是否遇到一些"预料之外"的情况,评价者该如何应对;等等。

3. 后效评估

实施接近尾声时,不仅要关注结果评估,如教师评价方案实施后,是否使教师发生了积极的变化,是否起到了诊断和优化教师专业行为的作用;同时还应关注教师评价方案实施后为教师、学生、学校带来的可持续发展性支持。

二、循证双循环的研修实施保障

引领学员掌握循证评价实践基本原理的同时,项目团队还将循证实践思路应用在研修活动中,形成"双循环循证实践保障"系统,为研修提供高质量的管理服务。

(一)以循证思维构建研修技术支架

1. 项目团队开发"循证实践"相关课程与资源

第一,开发"循证导向下教师校本评价制度设计与实施"专项指导课程、开展循证实践专题活动,指导研修学员根据循证实践的思路设计方案和实施改进。

第二,为研修学员的教师评价共案设计和具有特色的校本教师评价方案设计提供所需的研究性证据和非研究性证据资源支持。

第三,使用"循证实践"的思路,借助华东师范大学开源 Co-learning 共享学习平台,为学员提供协作学习评价的具身体验一手数据;分析 Co-learning 共享学习平台上产生的过程性评价证据,并以此调整研修活动内容和活动形式。

2. 研修学员体验"循证实践"的完整过程

第一,学习循证实践导向下教师评价制度设计的基本原理与技术思路。

第二,对项目团队提供、小组共案建构、个人自主获取的教师评价政策、研究文本、实践案例等进行证据梳理与分析。

第三,依据循证实践的基本路径,结合校情,确定评价关键问题、评价框架、具体指标和实施策略,并根据循证实施评估要素,评估和改进校本教师评价方案。

(二)以循证评估提升研修质量

项目团队秉持发展性与改进性的原则,及时收集学员学习与反思数据、研修过程参与数据、研修安排满意度数据以及研修成果数据等,在过程中适时调整研修内容与形式,给予学员个性化的支持与指导反馈,以提升研修实效。

1. 基于学习反思的研修内容评估

每场研修活动都设计了有针对性的学习反思支架,学员围绕本场研修活动中伙伴学校分享的实践案例,深入反思案例中的优点、不足、改进建议以及可供本校借鉴的内容,撰写实践案例学习思考及改进建议。

2. 指向学习互促的群体感知评估

项目团队充分重视学员的主体地位,利用分组建立学员社会网络关系,达成伴随式、自发性的自评及互评,每场研修活动后可从线上研修平台中看到组内其他同伴撰写的反思内容和反馈结果,通过他人的表现促发自我评价与反思,同时增强组内同伴的思想交流与理解,进而达成学习互促。

3. 基于调查数据的满意度评估

研修学员在每场研修活动后都需要填写满意度评价量表,通过研修学员对今日自我表现、个人收获、研修心情、研修内容、研修形式、研修组织服务等方面满意度的数据,以及学员参与培训后对本场研修的建议等,项目团队及时反思和调整研修安排,改进和优化研修方案设计。

4. 注重形成与改进的成果评价

研修学员形成了体现各自学校校本特色的教师评价方案,对方案的评价分布在研修开展初期、中期、中后期及终期四个阶段,前两个阶段重在提取各校教师评价方案的共性问题,以案例评析的方式给予研修学员反馈;后两个阶段针对个性化的问题,由理论专家及实践专家给予学员多轮点对点指导,促成成果改进。

案例创新点

本项目将教师评价改革任务转化为专项研训,探索推动校本教师评价能力建设的 PEACE 研修路径,基于循证思路开展精细化研修指导,在教师培训方面积累一些创新经验。

1. 政策引领,重塑理念逻辑,增添教师评价温度

通过政策解读、理念学习、中外交流、深度对话等方式,引领学员加深对评价发展性、内生性、改进性和育人性等功能的思考。学员在设计与实施教师校本评价制度时,更具人文关怀,以教师为本,关注教师发展意愿与成长需求,重视教师评价刚性指标与柔性关怀的兼顾,并改善教师和教师专业共同体在评价活动中的主体角色,打造具有温度的教师校本评价体系。

2. 循证导向,改变行为逻辑,延展评价素养宽度

引进循证实践理论与技术路线,帮助学员形成基于证据的校本教师评价方案设计思想,明确循证实践的价值在于建立起规范科学研究与解决工作问题之间的桥梁。学员在一定程度上厘清循证思维的内涵、价值与意义,学会并掌握了如何有据可循地发掘关键问题,寻找合理证据,结合真实情境,从小切口入手推动评价改革实践,确保评价的科学性、有效性和持续性。

3. 按需定制,优化决策逻辑,提升教师评价效度

鉴于学员均为学校管理者,项目团队在设计研修内容时,不只聚焦"教师评价"这个单一话题,而是将教师评价的问题置于更广泛的教育生态和社会生态体系中,促使学员获得教育治理、学校管理、学校效能改进、学校文化建设、评价生态建设等方面的专业知识,激发他们重构学校管理者与教师之间的关系,提升他们在学校教师评价、教师队伍建设、教师专业发展规划等方面的科学决策能力。

4. 守护教师,着眼专业逻辑,加大教师高质量发展评价力度

校本教师评价机制是教师专业发展的守护者,要坚持立德树人优先、教师发展优先、聚焦教师专业本质优先。在这种专业逻辑指引下,学员研制的方案,注重促进教师对真实教育情境的感知与反思,注意提升教师自觉发展解决真实情境问题的胜任力,促进教师参与评价专业共同体协作的行动,实现教师个体与群体发展的自振与共振,以高质量的专业发展,更好地改善学生的学习与成长。

思考与展望

1. 已有经验思考

本项目在三轮实施中,不断调整优化培训内容和研修方式,形成如下成效:

第一,研修学员实现循证评价意识的增长,可综合分析、应用和转化证据进行评价设计和评价决策。

第二,研修学员运用证据驱动变革的发生,不仅影响评价方案的设计与改进,还在一定程度上促进评价环境的优化和评价组织文化的发展。

第三,研修学员体验新的学习模式,基于循证实践的研训行动,既将学员曝光于显性的评价知识,更激发他们隐性评价知识的自建构,强化多主体知识交流中的集体知识互动,打开思维、激活动机,进而实现高质量研修与学习的发生。

2. 未来发展设想

项目团队将持续深化项目的内涵建设,提升教师评价改革中的创新实效。

第一,落实教师校本评价方案在学校推进的深入性与持续性。关注教师校本评价方案在学校层面和学生层面的映射与影响,建立起教师评价、学生评价、学校评价的内在关联,形成教育评价的良性互动生态。

第二,加强对各类评价方法和循证技术支架的开发力度,协同研修学员通过实践探索、适应调整和成效分析,深化评价理念、转化评价策略、优化评价文化、推动以评价促发展的行动实践。

第三,探索教师评价循证实践知识转化机制、尝试搭建一些多样态证据互动的平台,加强实践资源库建设。

> 案例实践情况

1. 研修项目常规实施

本项目已连续3年面向上海市16个区域招募研修学员,105所中小学、幼儿园的学校管理者直接参与研修,开展校本教师评价制度设计创新实践。

为进一步深化研修成果,打造以评价推动高质量教师队伍建设、提升高水平治理能力的示范样板,2022年11月,遴选15所学校作为"上海市教师评价改革创新试点校",开展为期2年的试点建设工作。

2. 研修项目辐射推广

项目团队自主研发的"循证导向下的教师校本评价"系列课程,先后在"'国培计划2023'——市级培训团队信息技术应用能力提升项目""上海对口支援'万名校长培养计划'项目""上海市对口支援日喀则市人力资源培训项目""中山市创建国家教师教育创新试验区项目""2023年广东省中小学教师培训师示范培训项目"等多个培训活动中授课,在中国人工智能学会智能教育技术专业委员会学术年会"教师的循证实践"工作坊中交流推广,超过300位来自广东省、河南省、云南省和西藏自治区的学校管理者和市级师训管理者直接参与。

项目团队依托"海上名师讲坛——您云端的智囊团"公益课堂(第四季),研发"新时代教师校本评价方略"系列课程,解读上海市中小学教师校本评价的问题决策、实施过程与方法、结果效应与行动反思等,全国各地在线收看直播的学校管理者与一线教师人数累计达9.83万人次。

基于供给侧结构性改革的"六位一体"教师培训协同发展机制建设与实践
——以南宁市为例

南宁市教师培训中心　卢明珠　梁学毅　邓才习
农　皓　杨　堃　韦礼恒　梁婷婷　方小敏

背景与问题

1. 内需矛盾

科技的发展改变了传统的教学模式,使教育更加具有活力和创新性。随着社会的发展,大众对教育提出了更多更高的需求,优质教育资源供给不足,成为我国教育发展的主要矛盾之一。

2. 政策环境

2021年《教育部 财政部关于实施中小学幼儿园教师国家级培训计划(2021—2025年)的通知》提出了"推进以教师自主学习、系统提升、持续发展为导向的'国培计划'改革,实行分层分类精准培训,建立教师自主发展机制,探索教师自主选学等模式,推进人工智能与教师培训融合发展"的目标任务。2022年,广西壮族自治区教育厅《广西中小学幼儿园教师培训"十四五"规划》提出了"开展教师自主选学试点,探索教师自主发展机制,根据教师专业发展不同阶段制定个性化、周期性的发展规划,建设选学服务平台,供教师自主选择培训项目"的重点任务要求。

3. 南宁市教师队伍建设的内需环境

南宁市在分层分类精准培训和建立教师自主发展机制方面取得了一定进展。在教师自主选学模式和人工智能与教师培训融合发展方面还有待进一步发展和完善。需要在以下问题上寻求突破的新机制、新方案,诸如:培训资源整合度不高,教师供需信息无共享互通机制;培训形式较少、项目固化且不成体系、培训课程针对性不强,教师个性化培训需求满足度不高;本地培训资源开发不足,优质学校、专家对薄弱地区的帮扶不足,名校、名师的引领作用发挥不够充分;市县教师培训管理机构对教师培训资源了解程度、整合程度不够,无法快速解决急、难、重教师培训任务,培训经济效益不高;未充分挖掘高校(尤其是本地高校)和培训机构对我市教师队伍建设特别是教师培训工作的支持潜力;等等。为此,南宁市教师培训中心提出了教师、学校、专家团队、市县教师培训管理机构、高校、培训机构共同参与的教师培训"六位一体"协同发展新模式、新方案(以下简称"南宁方案")。

问题解决思路

"南宁方案"实现的主要途径是开展教师培训的供给侧结构性改革,建设更精准、更全面、协作程度更高的教师培训工作体系,让支撑教师培训工作发展的普通教师、中小学校(含中职、幼儿园)、培训专家团队、市县教师培训管理部门、高校、培训机构等六大元素之间实现信息共享、资源共享,从而达到提升教师培训工作实效,促进教师队伍建设的目标。

"南宁方案"的核心是解决培训资源信息共享问题,而信息共享最便捷的方式就是借助互联网的优势,通过在互联网信息交互平台的支持下实现信息的收集与共享。因此本案例探讨的解决方案是在互联网信息交互平台的支持架构下实现,以支持用户提出问题和解决问题。

1. 基于个性化学习的教师自主选学和自主求学

(1)推动教师个性化自主选学制度。此制度由市县教师培训管理机构、高等学校或培训机构、学校根据教师专业发展阶段为其制订个性化、周期性的发展规划,并提供选学服务。教师可根据自身需求选择培训课程,包括线上与线下课程、集中培训与跟岗研修、短期与中长期课程,以及通识性与专业素养提升课程。以此实现教师自主选择、按需索取的菜单式培训。

(2)推动基于教师自主发展机制的培训需求生成与提出。"南宁方案"要求学校帮助教师明确自身知识、技能及水平状况,并找出需要改进之处。学校再将教师个人需求具体化、公开化,促使供给侧结构性改革从"我能提供什么"转变为"教师需要我提供什么",构建起以需求为导向的新型教师培训供需关系。在教师明确学习目标与方向的基础上,通过众筹方式(即教师独立或联合提出培训需求,由相关培训机构、团队进行供给)创建培训项目,以实现教师培训的"三个精准化":培训目标和内容、培训模式与教学方法、培训者的精准化。

2. 基于学校专业化发展的自主选训和自主选培

（1）学校实时了解市、县、校及培训机构、专家等提供的培训资源（如项目、课程等），根据自身教师队伍建设需求进行选训。使学校有了丰富多样的学习机会和资源选择，在有限的时间、精力和资金支持下，最大限度地促进学校教育的多元化发展。

（2）学校在信息平台上发布培训项目需求，高校、培训机构及专家团队可根据学校发布的需求信息，精准地提供培训方案和资源。随着培训服务提供方的增多，需求提出者的选择也相应增加，获取优质培训资源的机会增大，教师培训质量得以提升。

（3）拥有优质培训资源的名校主动开发和提供培训项目、课程，让有需求的学校、高校、培训机构选派人员到校进行培训。通过集体智慧的提炼，形成可复制的模式，并向其他学校辐射，有助于缩小城乡教育差距。同时，我们鼓励名校与乡村薄弱学校采取"人员互派"等培训方式，以解决名校教师外出支教和乡村学校教师到名校跟岗学习导致的学校教学人员短缺问题。

3. 基于角色多样化的培训专家选训选培

（1）培训专家能够实时获取教师、学校、市县教师培训管理机构、高校、培训机构等各方对培训课程的需求信息。同时，根据自身的特长、工作和生活安排等因素，培训专家可自主选择合适的培训课程并进行授课，即"选训"。

（2）培训专家根据自身特长和工作实际，自主或联合创建培训项目（即"授课能力"或"授课需求"）。这些项目将提供给有需求的教师、学校、市县教师培训管理机构、高校、培训机构进行选择，即"选培"。

随着参与的专家数量增加，将进一步催生更多优质课程方案和专业化专家团队。此外，通过专家团队的自我展示，将有助于名师的成长和发光发热，激发他们深入研究培训课程，总结自身教育教学经验，提炼教学思想，从而带动全体教师的共同成长。

4. 基于提升效益为目标的市县教师培训机构资源整合

（1）将优质的教师培训机构、培训方案、专家团队等核心信息以最直接的方式提供给市县教师培训管理人员，以便他们随时调用。

（2）将管辖学校的培训状况、专家团队建设、培训机构实施情况等信息以最直接的方式展示给市县教师培训管理人员，方便他们随时了解并调控，确保年度培训任务按时按质按量完成。

（3）引导市县教师培训管理机构运用掌握的信息，储备丰富的教师培训项目、课程及专家资源，并通过合理利用，完成紧急、无(少)预算、全员及薄弱学科等培训任务。

5. **基于教师培训工作的高校与地方教育部门合作方案**

在教师培训工作中，高校及培训机构扮演着重要的角色。它们不仅提供专业化的培训资源，还开展合作研究与实践，促进教师的专业成长与交流。这种协同培养机制的合作模式为中小学教师培训工作带来了新的契机。

首先，高校及培训机构需要在信息平台上主动推送自身的优质培训方案、项目、课程和专家团队，供市县教师培训管理机构、中小学校参考和选择。这样能够加强它们在教师培训工作中的前期规划与调研环节的作用。

其次，高校及培训机构利用信息平台了解我市各级的培训需求和专家资源情况，从而有针对性地提供培训方案和课程资源。这将有助于提高高校及培训机构对我市教师队伍培训的精准性和效能。

最后，高校可以发布在教师培养、培训工作、教研上希望与地方教育行政部门、中小学校合作的项目信息。通过合作的方式，可以满足地方教育的实际需求，进一步推动教育水平的整体提升。同时，地方教育行政部门、中小学校也可以发布与高校的合作项目信息，共同推进当地教育的发展。

案例创新点

通过实践和研究，我们认为"南宁方案"具有以下创新点：

1. **教师培训核心要素的同频共振**

"南宁方案"将与南宁市教师培训工作关系最为紧密的六大元素融合于同一平台，推动教师间、校际、高校与地方政府、学校之间，以及培训机构间的交流与合作，实现信息交流的无缝对接，资源共享，为精准培训奠定基础。

2. **由被动变主动的培训信息供给**

（1）"南宁方案"将普通教师、中小学校(含中职、幼儿园)、培训专家团队、市县教师培训管理部门以项目、课程形式提出培训需求转变为培训项目的供给，便于第三方提供符合需求的培训方案和课程，这是精准培训的一种探索。

（2）"南宁方案"让名校充分利用自身优质师资资源，主动开发培训项目和课程，供有需求的教师、兄弟学校、高校、培训机构选择。此方案旨在使名校更加"明亮"，促进名校通过集体智慧将自身教育教学特点和优势提炼为可复制模式，并向其他学校辐射。

（3）"南宁方案"鼓励专家团队利用自身优质师资资源，主动开发培训项目和课程，使专家团队从仅提供课程讲述内容向提供教师培训方案转变，实现从专业向非专业提供方案的模式。专家团队的自我展示也有助于让名师"鸣"起，推动名师深入研究培训课程，总结自身教育教学经验，提炼教学思想，从而促进全体教师成长。

3. 具有适应多样化需求的能力

"南宁方案"具备卓越的适应性和灵活性，能够满足不同学校、地区及各类角色定位的需求。在教师自主选择培训项目、构建教师自主发展机制、实施教师培训整校研修模式改革、创新教师发展协同机制、完善优质学校与乡村小规模学校、乡镇寄宿制学校手拉手协同发展机制、推动人工智能与教师培训深度融合、促进教师专业化成长及师资队伍建设等方面，"南宁方案"均表现出较强的适应性。

思考与展望

1. 应对"冷场"的挑战

新机制的实施有望解决教师培训工作中的部分难题，实现多方资源的整合和协同发展。然而，也存在"供求失衡"和"需求未获响应"的困境。为此，我们需要做好心理准备，直面可能的"冷场"。通过制订相关配套方案、推动多方协作、结合激励与绩效等必要行政手段，推进新机制的实施，以实现预期效果。

2. 强化过程管理

教师培训的供给侧结构性改革赋予各方更多自主权和选择权，可能导致诸多未知风险和突发问题，应遵循循序渐进的原则，通过完善管理制度、平台和发展规模可控、分散管理权限和压力、前置风险评估及提升突发事件应对能力等方法，对机制运行过程进行管控，确保其在安全、健康的轨道上推进。

3. 着力加强课程开发与专家团队建设

教师培训的供给侧结构性改革应以实现供需平衡为目标，丰富培训课程资源与专家师资资源是解决供需难题的最优方案。因此，我们应持续加大教师培训课程资源的开发力度，深入挖掘并培养专家团队，以更好地满足教师培训需求，提升教师教学能力和专业素养，进而推动教师培训供需平衡。

案例实践情况

南宁市教师培训中心通过 2023 年"国培计划""区培计划""县域教师培训团

队专业创新能力提升研修项目"和"市县教师培训模式创新能力提升培训项目",组织普通教师、中小学校(含中职、幼儿园)、培训专家团队、市县教师培训管理机构、高校、培训机构等与我市教师培训工作关系最密切的六大元素共130余人,涵盖我市40所试点校、25名培训专家、15个县(市、区)、开发区、9所高校和培训机构开展教师培训新模式的试运行和相关研究。通过实践,我们取得了以下成果:

(1)开展了多轮与"南宁方案"建设密切相关的培训、研讨和调研,获取了来自普通教师、中小学校(含中职、幼儿园)、培训专家团队、市县教师培训管理部门、高校、培训机构等各方面的教师培训改革需求和建议130余条,形成调研报告5份,并以此为基础制订了与之配套的实施方案、管理制度。后续我们还将根据机制运行的情况建立健全相关制度,保障机制的顺利运行。

(2)建设了具有高度包容性的教师培训一体化平台——南宁智慧师训平台。制订操作指引手册8套,创建教师账号9000余个,学校管理员账号40个,县级管理员账号15个,市级管理员账号1个,培训专家账号25个,高校和培训机构账号9个,根据实施规划,近期还将进一步扩大试点工作,计划将于2025年实现全覆盖。

(3)已完成了9000余名教师的自主选学,完成选课13670条,69703学时;实现40所学校与25位培训专家的单向、双向、多向选择90余次,大部分已实现线下培训。引导66所中小学校、专家团队开发了具有本地特色的课程245门,推送了来自高校、培训机构的涵盖中小学、幼儿园、中职各学科的945门课程。后续我们将进一步扩大课程开发和推送力度,引导各方将教师培训供需信息的进一步提炼并且完成发布。

基于积极心理学的中西部乡村校长在线培训的"三环自主模式"

北京师范大学继续教育与教师培训学院
朱生营　张　丽　秦晓虹　高子涵　徐田文　高小雨
北京师范大学教育学部　宋　萑

背景与问题

1. 无法脱产学习，工学矛盾突出

相对于全脱产的面授培训，线上培训的最大挑战是学员不能全身心投入学习。尤其是培训期间校长所承担的督导评估、上级工作会议等工作较多，学习过程经常被日常工作、家庭琐事打断，导致出现"挂机学习""打卡式培训"的现象。这不仅给项目的组织实施和管理增加了难度，而且不能保证学员学习内容的连贯性和一致性，严重影响培训效果的达成。

2. 学习动机不足，缺少学习兴趣

首先，乡村校长认为在线培训是一项额外的负担和工作任务，产生了抵触情绪；其次，在线培训的知识和情感传递变得单向，乡村校长无法体验师生情谊和同学情谊带来的积极情感；再次，课程往往采用"高大上"的"城市化"内容，使乡村校长因城乡办学落差而产生悲观失落的情绪，挫伤了深度学习的积极性；最后，培训设计一般基于"木桶原理"，无意中贬低了乡村学校的办学成果，忽视了对乡村校长优势潜能的培养。因此，学员的心理需求无法满足，学习动机不足，对于在线培训的兴趣较为薄弱，无法保持较长时间的学习热情。

3. 自我管理和自主学习能力不足

在线培训使得学员的工作和生活的界限被打开，学习安排的自主性加大，培训视察督导的功能被削弱，奖励和惩罚等考核手段被延迟，对学员自我管理和自主学习能力提出了更高的要求。加之乡村校长工作繁忙，部分乡村校长的年龄较大，在线培训经验不足,信息技术素养薄弱,缺少在线学习的良好习惯与方法,最终使得乡村校长无法专注且自主地开展在线培训。

问题解决思路

积极心理学由美国著名心理学家马丁·塞利格曼(Martin E. P. Seligman)博士提出,强调研究与培养积极的品质,用更加开放的、欣赏的眼光去看待人的潜能、动机和能力。目前积极心理学的理论已广泛渗透到教育、管理、临床、咨询、灾后心理治疗等领域中,在青少年学习和成人培训领域的应用取得了有效进展。

项目组针对乡村校长在线培训中的难题,基于积极心理学中关于积极体验、积极人格和积极环境的相关理论,充分满足学员的心理需求,不断提升在线培训的沉浸力,吸引乡村校长沉醉其中,激发其充沛的学习兴趣;发掘乡村校长的优势与潜能,不断提升培训的驱动力,强化学员参加在线培训的自主感和胜任力,培养学员自主学习和自我管理的能力;通过提供各种类型的专业支持,发挥专家引领、小组研究、同伴支持的巨大力量,帮助乡村校长识别内外资源、成功经验与个人优势,增进处理问题的方法与智慧。最终帮助乡村校长获得积极的情感体验、养成积极的心理品质和学习模式,促进自主学习、自主管理、自主发展,提高专业管理与领导能力,助力培训效果的达成。

(一)提升在线培训的沉浸力,激发自主学习兴趣

1. 学员联络——转换认知,提高培训的期待值

项目组与部分参训有困难的学员逐一沟通联络,站在学员角度去感知和共情学员存在的畏难情绪,以亲切的语言探讨培训生活,共同想办法解决目前存在的问题及特殊情况,让学员看到问题的积极面和可能性,帮助学员将"额外负担"等认知转变为"既往教育工作成绩的奖励",将"上级硬性通知"等认知转变为"乡村校长发挥作用的新起点",实现从"要我培训"实现了到"我要培训"的转变,为后续的培训奠定良性互动和积极心态的基础,从而确保参训报到率达到100%。

2. 培训设计——对标需求,提升课程的适用性

项目组采用问卷调查、访谈等多种方法展开调研,倾听乡村校长如何自我评价专业发展和学校管理的现状,支持乡村校长专注构想更满意的未来,不断澄清培训的需求与愿景。项目组结合乡村校长专业化、多元化的学习需求,设计适用乡村校长的模块化课程体系,帮助学员把握学校改革和发展的趋势,诊断学校发展现状和主要问题,围绕学校自身实际提炼办学思想,推动农村学校校本课程的开发与实施,指导教师开展教育教学实践与研究,从而提升综合素养和管理能力。

3. 培训方式——翻转培训,提升课程的吸引力

项目组遵循在线培训的学习规律和乡村校长的学习特点,构建基于真实问题情境的主题学习场域,着重打造"线上翻转式培训"的模式——课程分解为前置任务学习(异步教学)、专题内容学习(同步教学)、互动研讨答疑(同步教学)三个模块。前置任务学习以传递知识为重点,课前提供的导学任务单和资料,使学员自主带着前期基础和问题进行学习,便于快速进入学习状态;互动研讨答疑以实践应用为主,针对学员的发展困惑,学员研讨分享与专家点拨指导相结合,使学员真正沉浸在环环相扣的课程安排中。

4. 学员管理——学习共同体,提升培训的归属感

利用辅助工具和小程序,开展线上班级团建活动,组建学习共同体,使班级微信群及在线学习软件成为联络情感、交流互助的平台,满足学员在陌生且虚拟环境中对情感的需求。在学习共同体内,大家通过介绍家乡的特产风物、相互提醒课程安排、分享参训的心得感受,分工合作完成培训任务,加深了学员的情感连接,建立了良好的同学情谊,提升了对培训班集体的认同感和归属感,使学员在浓厚的情感氛围与团体互动中开展培训学习。

(二)提升在线培训的驱动力,塑造自主管理能力

1. 教学方式——互动教学,提升学习参与性

"满堂灌"的教学方式使课堂沉闷无趣,更增加了学员对专家讲授的依赖性。项目组要求授课专家调整角色及授课方式,转变为学习资源的供给者及思维活动进阶的搭桥者,并使用案例分析法、情景模拟法、工作坊法、分组讨论法等方式,增加乡村校长在课程中的话语权,调动其认知资源,引导其参与课堂话题讨论。通过一节节课程的积累,训练学员掌握互动性学习的规范和礼仪,提升自我表达的信心和提问质疑的勇气,开展你来我往的热烈讨论,为乡村教育建言献策。

2. 学习方式——任务前置,提升学习自主性

项目组围绕课程培训的目标,在宽严相济的考勤制度和线上学习纪律的前提下,以学习任务书的形式明确告知乡村校长在培训期间的学习任务,便于小组及学员个人提前合理规划。在每天的课后安排"挑战性工作任务",通过"班级管理群分享""作业打磨评选""优秀学员和优秀小组评选""每日学习汇报"等活动,提升乡村校长自我决定与自我负责的意识,提高时间管理、自我控制、一日规划等能力,通过分工安排、紧密合作、彼此鼓励,不断自主自发地寻求专业成长。

3. 评价方式——考核激励,提升培训成就感

项目组围绕课程培训的目标,通过专业水平评价、表现性评价、发展性评价和形成性评价四个部分,利用互联网在线的特点,提供全方位、即时性的学习支持和学习激励。设置可以积分的项目如课堂发言、简报、汇报分享等,考核乡村校长的学习态度和表现、理论知识掌握程度、师德师风情况以及解决实际问题的能力。积分每天同步更新并且通过总分排名的形式激励每位学员的进步,可以用来兑换精美图书等物质奖励以及"优秀小组""优秀学员"等荣誉。

4. 成果展示——同侪分享,提升办学幸福感

项目组重点选取一批有代表性的参训学员,发掘"好学校、好成果",形成"优秀学员成长案例",邀请学员代表开展典型经验、先进做法的总结与推广。不仅能进一步强化乡村办学的经验成果,使其成为推进乡村教育改革发展的带头人,从中获得更高的成就感和继续从事乡村教育的幸福感,而且让更多的乡村校长经由同侪学习,借鉴优秀乡村学校的办学经验,提升专业理念、能力与行为,逐渐成长为有思想、有激情、有活力的乡村校长。

(三)提升在线培训的支持力,创设自主发展环境

1. 持续"做中学",提升问题解决力

项目组通过引导学员梳理办学治校的突出问题与解决方案,促使学员逐步在学习、实践、反思中学习如何更好地解决办学实践问题。在此过程中,项目组持续肯定乡村校长的优势力量以及对于解决问题有利之处,减轻束手无策和孤立无援的心态,增进反思与觉察,学会联结、运用与扩大自身解决问题的相关资源。从而增进乡村校长合理的控制感与改变力,提升其进行乡村教育创新与改革的自我效能感,更有耐心与毅力积极应对乡村学校工作中的困难与挑战。

2. 脚手架支持,提供专业工具与资源

项目组不仅仅单纯传授知识理论层面的内容,更为乡村校长创设学校案例情境,现场进行分析、处理和演练,模拟自我决定与自我赋能;提供工作改进清单、校本研修工具、时间管理工具、数字课程资源、教育政策资料包等内容。从而扩大学员培训学习和返岗实践的支持系统,提升学员终身专业发展的准备和信心,帮助学员在返回岗位后能维持在培训中塑造的自主能力,充分应用专业工具与资源,实现由经验型管理者向研究型管理者转变,推动乡村学校发展。

3. 持续追踪指导，鼓励办学实践的改进

在线上培训结束后，项目组整合多方力量组建高水平专家团队，提供持续的学校发展诊断服务，协助校长基于发展愿景，完善优化学校改进方案，实施学校改进行动。若乡村校长应用所学进行相关实践，并取得了些许进展或者例外效果，将与其一起探讨辐射效应，促进经验升级与类化应用。若乡村校长没有实践或某一方法无效时，鼓励乡村校长重复使用并超越过去的成功经验和有效应对策略，筑牢所拥有的办学优势，让其保持继续努力的行为和对正向结果的希望感。

案例创新点

1. 积极心理学与乡村教育振兴相统一

乡村校长专业发展是建设高素质义务教育阶段学校校长队伍的必要条件，也是乡村教育振兴和发展的核心要素。本案例将积极心理学的理论和研究成果应用于乡村校长培训，不仅提升乡村校长的专业领导能力，更是侧重"扶心扶志"，唤醒乡村校长的主体意识和角色意识，树立拼搏奋斗的教育志向，培养其积极情绪体验和积极人格品质，提供专业支持系统，用正向管理方式领导和教育师生，用积极思维方式和自身优势资源解决办学问题，为乡村教育振兴提供持久的发展动力。

2. 科学性培训和人文性关怀相统一

本案例遵循教育部办公厅关于印发《乡村校园长"三段式"培训指南》等文件的指示精神，同时遵循成人学习和线上培训的规律，设计科学的课程体系以促进乡村校长专业成长。同时将积极心理学的理论融于乡村校长培训，尊重学员的心理感受和内在需求，关注学员的态度、思维和行为的变化，通过多种方式激发乡村校长的内在力量，养成自主学习、管理与发展的习惯，使在线培训成为乡村校长专业发展的"加油站"和"心灵港湾"。

3. 专业统筹设计与动态调整相统一

项目组成立了具备心理学专业背景且有多年从业经验的培训团队，与专家团队共同设计培训方案，运用网络技术，实施精准培训，探索将心理学应用于乡村校长培训的管理策略。同时，制订集体备课、教学督导、评价反馈、训前训中调研等制度，及时解决培训中存在的问题，动态调整培训课程内容，保证线上培训最大程度契合乡村校长的发展需求，采取最有效的培训方式帮助乡村校长学有所获。

思考与展望

1. 乡村校长混合式在线培训的常态化

乡村校长在线培训需要及时调整思路,将线上培训与线下培训进行优势互补和深度融合,创设同步直播与异步研讨有机融合的混合式在线培训形式,科学设计线上学习的考核激励机制,重新建构新教学时空下教与学的过程,从而推动乡村校长专业能力的不断提升,为乡村教育发展提供强有力的支撑。

2. 深化积极心理学在乡村校长培训的应用

本案例是积极心理学应用在乡村校长培训领域的初探,是激发乡村校长专业发展内驱力的重要策略,还需要通过构建乡村校长培训的动力机制、开展积极心理素养专题化培训、提升培训工作者的心理学素养、加强标准化测量工具的使用等途径,进一步深化积极心理学在乡村校长培训领域的应用路径与实践模式研究。

3. 统筹制订"一校一案"长期的培训计划

鉴于存在部分学员重复参训的情况,影响了乡村校长培训的机会的公平性和实效性。因此建议培训组织方制订长期的继续教育计划,统筹各级各类单位举办的培训,基于乡村校长的个人背景、专业水平、培训需求,为其制订专属"一校一案"培训计划,培训承办方才能在此基础上实施更加精准的分层培训。

案例实践情况

案例应用于"国培计划"河南省农村校园长领导力提升项目、"加油未来"镇雄县校长培养项目、遵义市教育系统卓越校长培养项目、教育部教师工作司—中国东方航空集团有限公司助力云南省临沧市沧源佤族自治县"教师发展三年行动计划"等项目,助力500余位乡村校长在线培训学习。

1. 学习热情高昂,课堂积极活跃

积极心理学融入在线培训之后,乡村校长获得了积极的情绪体验,专业的支持系统,激发了内在的学习渴望与学习潜能,养成了自主学习、自主管理的习惯。

在课堂上对课程内容表现出更高的热情与动力,全身心地参与在线课程,在线学习笔记和摘要高达数千条,学习成效卓著。

2. 情感卷入度高,师生关系紧密

亲其师,信其道。参训学员和授课教师既能保证双方有清晰的界限和规则,又能敞开心扉分享专业发展的困惑与迷茫,就乡村办学问题进行剖析指导,促进了高度的情感共鸣和经验共享,建立了深厚的师生情谊,并且在培训结束后,延续为线下的资源共享和交流合作。

3. 学员满意度高,培训认可度高

在线培训满意度调研中,97.7%的参训学员对线上培训给予了"十分满意"的评价,认为通过学习"提升了校长管理的专业素养,对学校发展规划及课程建设有了更加全面地学习";对于返回岗位后的工作又有了更加清晰的设想,计划"带领团队转变教育理念,借助课程设计,促进五育并举,形成学校特色"。

4. 培训成果丰富,持续服务项目

培训生成了《需求诊断报告》《满意度调研报告》《研修简报汇编》《在线课程视频集》《授课讲义汇编》《乡村校长成长案例》和《乡村学校发展规划》等研修资料。项目组将结合学员需求,探索有效的培训成果转化路径、模式和机制,不断开展资源共享和项目合作,持续服务乡村教育振兴。

构建立体培训体系，
提升教师网络与信息安全素养

上海市教师教育学院　张怀浩　薛　川　黄俊杰　韩　超

背景与问题

随着我国网民规模的扩大，个人信息泄露、网络诈骗等安全问题也愈发突出。在教育领域，为了推进教育数字化转型，师生运用信息技术、依托数据开展教学活动越发普及。如果教师的网络安全与信息安全意识和素养不高，不仅会影响到教学的数字化转型，甚至还会影响到师生的财产安全与生命安全等。

1. 提升公民的网络与信息安全素养是实现网络强国战略的要求

国民信息安全素养的培养，是提升全民数字素养、实现"以人为本"的信息安全发展的关键，在信息素养概念体系中占据重要地位。

2. 提升教师的网络与信息安全素养是推进教育数字化转型的需要

将数字技术与教育教学融合，树立数字化意识和思维的过程中，教师的网络与信息安全素养亟须全面提升——要提升网络安全意识，在运用信息技术时防止师生个人隐私数据的泄露；要丰富个人信息保护等方面的知识，知道信息或数据的用途与范围；要提升网络与信息安全方面的技能，能够运用技术做好安全防护工作。

3. 目前亟须系统提升教师的网络与信息安全素养

当前提升教师网络与信息安全素养主要是通过政策宣讲或者专家讲座的方式开展，缺少系统设计、组织与实施。如何按照教师专业发展标准，系统设计一套网络与信息安全素养培训体系来满足教师的数字化教学、信息化办公等方面需要是本案例要解决的问题。

问题解决思路

本案例从教师需求出发,对培训的设计、组织、实施、评价等进行了系统设计,并结合实际不断进行迭代、完善。

1. 结合多方需求,确定培训内容

根据国家要求、教师需要,参照教师专业发展标准,针对区域管理者、区域专业技术人员、学校管理者、学校专业技术人员及一线教师五类群体的不同需要,从政策理念、专业知识、专业能力三个维度,设计培训内容。

2. 明确培训方式,确定达成路径

为了使区域管理者等五个群体培训有获得感,同时也为了缓和教师的工学矛盾,培训综合了集中面授、现场教学、上机实操、自主选学等多种方式。

(1)集中面授。针对政策理念和共性的专业知识,为区域管理者等五类群体提供集中面授培训,安排专家对《中华人民共和国网络安全法》《中华人民共和国个人信息保护法》等内容进行讲解、辅导和答疑。

(2)现场教学。拓展教师专业视域,安排教师赴联通、商汤等企业进行现场教学,使他们可以在体验中了解网络安全与信息安全行业,进而及时了解、更新、丰富网络与信息安全方面的知识与技能。

(3)上机实操。针对培训对象的差异,为每个群体设计了难度不同的上机实操,如为专业技术人员提供校园大屏信息安全防护、攻防演练等相关内容,为一线教师提供学生信息泄露应急处理、办公安全防护等相关内容。

(4)自主选学。为教师提供11门课程、百余个微课资源,允许教师根据自身需要和兴趣选择课程,有针对性地提升办公安全、应急演练等方面的能力。并且,提供多个时间段供教师选择,以缓解工学矛盾。

(5)靶向作业。针对五类群体的岗位、职务的特点,分别设置了不同的考核方式。如在2022年的培训中,一线教师可在学科融合网络与信息安全内容的教案设计、预防师生个人信息泄露举措等作业题目中任选一题作答,区、校专业技术人员可在区域(校园)网络与安全应急预案设计、挖矿病毒预防措施等题目中任选一题作答。

3. 开展试点项目,完善培训体系

按年度对培训内容、培训达成路径进行优化,项目组于2020年至2022年开展了三轮试点,针对上海基础教育系统教师进行了分层分类培训。在3年中,根据教师情况和实际需求,从培训内容、方式、方法等方面进行了多次的调整和完善,最终围绕教师网络与信息安全素养提升形成了一个较为系统的培训体系。

案例创新点

案例系统地构建了教师网络与信息安全专项能力提升培训体系,有针对性地提升教师网络与信息安全素养,响应了国家要求,满足了教师需要。

1. 结合需求,先行先试

依据国家相关的网络安全政策法规,根据信息化教学方面的要求,结合教师的需求,系统架构培训体系,快速设计出培训方案,然后通过实践不断改进方案设计,结合需求迭代更新和细化。

2. 多层分类,设计内容

根据培训对象岗位、职务等特点,设计不同类型的培训内容,从政策理念、专业知识和专业能力三方面进行划分,管理者侧重网络与信息安全方面的整体规划和方案的设计,专业技术人员注重专业知识的更新和专业技能的提升,一线教师倾向于一般办公软硬件的安全操作和教学过程中信息采集、使用及保存等方面的安全防护及应急处理。

3. 扁平管理,自主选学

培训采用线上线下相结合的方式进行,根据教学内容的设计和不同班级的情况进行扁平化管理;教师可通过微平台自主选择课程主题和学习时间,不仅提升了教师的培训体验,还有效地缓解了工学矛盾。

思考与展望

本案例根据教师专业发展标准,结合国家要求和教师需要,设计了一套立体的培训体系,探索出基础教育领域教师网络与信息安全素养的提升路径,真正构建出一套教师所需、国家所求的教师网络与信息安全素养培养体系。培训体系中提出的培训内容、方式和方法均有借鉴价值。在今后的培训中,还需要从培训的课程内容、教学方式、教学环境三个方面不断进行优化。

1. 内容更顺应教育数字化转型的要求

当前形成的培训内容体系主要立足于混合式教学环境下的网络与信息安全,

后续需结合教育数字化转型的要求,丰富数字化、智能化教学环境下的培训内容。

2. 课程资源需更加丰富、多样

当前积累的网络与信息安全现场教学基地和百余个微课资源虽基本能够满足培训需要,但与满足教师个性化需求,尤其是不同学科背景下教师的数字化教学需求,仍有一段距离。

3. 方式上更多应用仿真技术等

当前尚缺乏与培训内容相配套的模拟仿真教学环境,后续可使用 AR、VR 等沉浸式技术开发课程,让教师能在现场感更强的环境下提升网络与信息安全素养。

案例实践情况

一、应用项目

上海市基础教育系统网络与信息安全管理能力专项提升项目(2020—2023)。

二、应用覆盖人数

2020 年至 2023 年共培训 1700 余名上海教师和 1500 余名浙江、河北、辽宁、新疆教师,另通过资源共享等方式辐射数万人。

三、应用方式及成效

(一)应用方式

项目主要有以下环节:明确培训对象、确定培训目标、定制培训方案、组织与实施、评价与总结、更新完善培训。培训从 2020 年至 2023 年共开展四轮,一般于上半年实施,每次持续时间 3—5 周。

1. 项目目标的确定

面向区、校两级的网络安全管理者、专业技术人员及一线教师,从政策理念、专业知识和专业能力方面系统提升教师的网络与信息安全方面专项能力。通过培训的逐步实施和深入,最终建设一支高素质、懂技能、精业务的网络与信息安全教师队伍。

2. 项目实施咨询及准备

实施前,邀请来自政府、高校、区教育信息中心、中小学及相关企业的专家等进行咨询,准备并布置现场教学基地和上机实操环境,组建网络与信息安全领域专家团队,建设并上线百余个微课资源。

3. 培训对象分类、分班

项目组按照区、校两级管理者,区、校两级专业技术人员,一线教师(一般学科教师)三类进行划分,分为五个培训班,分别为:

(1)区教育局信息中心管理者(简称"区管理者班");

(2)区教育局信息中心专业技术人员(简称"区专技班");

(3)中小学、幼儿园网络与信息安全管理负责人(简称"校管理者班");

(4)中小学、幼儿园网络与信息安全管理专业技术人员(简称"校专技班");

(5)中小学、幼儿园一线教师(简称"一线教师班")。

4. 培训的开展

按培训方案开展,并适时做调整。

(1)直播授课/线下集中面授。2020年、2022年因特殊情况,以在线直播授课为主;2021年采用线下集中面授。

(2)区教育局信息中心主任工作坊。针对"区管理者班"专门开设。此类学员拥有较高的专业素养、丰富的实践经验,对网络安全行业有比较全面的认识,故在培训中着重为他们创造自主建构和区域交流的条件。

(3)现场教学和上机实操。针对网络安全需要实践、实操的特点,专门开发了上机实操课程。同时,为了提升培训体验、拓宽教师视野,还组织各群体赴企业参加现场教学,为各个层级、不同基础的学员提供实践的机会。

(4)在线课程。2020年,专门针对一线教师(非网络安全或信息技术岗)开设了"一线教师班",建设了一批通识类的在线课程,使他们可时时处处用电脑、手机等终端提升日常办公、教学中的网络安全意识和素养。2021年之后,又增加了专技类课程,将在线课程的覆盖范围扩展到全部五类群体。

(5)试点公开培训。2022年,本项目在计划培训420名上海教师的基础上,试点公开培训,采取线上学习、自主考核、申请认证的模式,共有来自辽宁、河北等省份的1500余名教师报名参加,最终有800余名学员通过结业考核。

(二)应用成效

1. 培训人数、合格率与满意度

2020年至2022年,培训人数共计1346人,历年的合格率都在92%以上。学员在历次问卷中均反馈出较高的满意度,对培训内容、培训形式、培训管理等都有较好的评价。

2. 作业汇编与一对一反馈

2020 年,项目组将 48 份优秀作业汇编分享给学员,使学员能够共享常见问题与解决方案。2021 年和 2022 年,实现作业的一对一指导与反馈,大大提升了学员的培训体验和培训成果的迁移应用。

3. 微课资源建设

形成了 11 个主题、百余门微课资源,内容不仅涵盖了办公安全、教学安全、设备安全等针对一线教师的微课,还涵盖了网络安全建设与发展、应急预案与应急演练等适合于专业技术人员和校级管理者学习的资源。

能力导向的区域大规模
教师研训平台及研训模式创新

北京师范大学　李玉顺　马　凡
北京市东城区教育研修学院　王佩霞
北京教育学院　李怀源
佛山市南海区教师发展中心　郑兰桢
北京京师励耘教育科技有限公司　詹　林　周胜利　徐　升

背景与问题

（一）案例背景

近年来，教育部扩大优质资源和服务的有效供给，以国家智慧教育公共服务平台、教师资格管理信息系统、教师管理信息系统构成"一平台两系统"建设架构，推进教师队伍建设数字化转型。同时，在培训模式上积极探索需求导向的精准研训，落实教师研训数字化转型。高效运用数字化技术，推进教师能力调研评估、教师研训组织实施及管理全过程的数字化，精准记录教师专业发展轨迹，加强研训效果考核，积极探索新技术助推教师精准研训的新模式和新路径，实现教师研训的广覆盖和个性化。这是教师研训价值追求的转向，更是研训模式与方式的深刻变革。

从区域性大规模教师专业发展实践需求来看，结合区域高质量教育发展面临的新形势、新任务，立足教师常态化教学实践，联动区域层次化教师专业发展现实，发展区域性研训创新平台，助力区域教师研训工作分层分类有效发展；强化基于教学现场、走进真实课堂的研训策略；驾驭数字技术，推进区域教师专业发展走向专家引领、研训一体、网络研训、伴生行动、精准研训等整合性方向。推进规模化、高素质、专业化、创新型中小学教师队伍建设，为构建高质量教育体系奠定坚实的师资基础具有重要意义。

(二)拟解决问题

在素养导向的新高考、新课标、新教材等改革进程下,区域教师发展面临专业能力提升的深刻性挑战。

1. 传统的教师专业发展方式转化弱,教师行为转变难

当前,区域性研训活动以专家讲座、课例观摩等形式为主,关注教师培训现场表现,对训后教师行为转变及能力提升重视不够,导致教师难以将培训中学到的理论知识和技能有效应用于教学实践。

2. 素养导向的区域教师专业发展需求规模大,难以满足精准个性化需求

在面向素养培育的教师专业发展进程中,受区域环境、学科、学段、教材、自身条件和学生状况等因素制约,教师专业发展的需求具有多元差异性特征,其个性化需求支撑面临巨大挑战。

3. 培育素养发展型教师需要专业化能力牵引,专家引领不足

当前,教师发展中高质量学习参与难以有效维持,研训的精准性、研训过程的互动性、任务驱动的有效性、能力提升的生成性等急需提升,亟须有效的牵引力量。这就需要充分发挥兼具理论素养与实践能力的专家引领价值,利用数字技术赋能,实现专家引领、群智汇聚、伴生发展,创生区域大规模教师专业化能力发展"头雁"群体。

问题解决思路

(一)立足理论夯实教师专业发展时代创新基石

1. 教师发展阶段理论

国外关于教师职业阶段的系统研究始于20世纪60年代末。美国学者弗兰西斯·富勒以"关注阶段论"首开对教师发展阶段的研究。他从教师所关注的内容方面研究提出了教师专业成长过程四阶段模式。本案例依据教师发展阶段理论,对区域大规模教师采取分层策略,为不同阶段教师设计针对性研训活动和任务,努力实现精准化、个性化,满足不同阶段教师研训的需求。

2. 共生理论

共生理论指不同物种间存在相互依赖、相互促进的关系。本案例依据共生理论,构建新型教师网络研训平台,充分发挥高水平专家引领价值及区域大规模教师不同层级间的联动共生效应,创新"外引内生"式区域大规模教师研训发展新模式。

3. 成人学习理论

摩根等人提出"721学习法则",指出成人学习70%来自真实生活经验、工作经验、工作任务与问题解决,20%来自反馈及与榜样一起工作,观察并学习该榜样,10%来自正规培训。本案例依据成人学习理论,利用数字技术优势,突破教师专业发展中能力转化难题,采取研训一体、伴生行动思路,从教师教学现场出发构建在职在岗行动研究职业发展新方式。

(二)依托平台构建"三层联动"区域规模化高质量教师研训新模式

依据区域规模化素养型教师专业发展面临的需求与挑战,基于教师专业发展数字化转型时代进程,结合教师发展阶段等理论,本案例围绕教育数字化转型时代需求,通过创建新型区域教师网络研训平台,创新教师专业发展新模式,将"专家引领、研训一体、伴生行动、数据赋能、精准研训"等特征要素进行高度整合性设计,构建区域名师、骨干教师和普通教师"三层联动"的区域规模化高质量教师研训新模式(图1)。

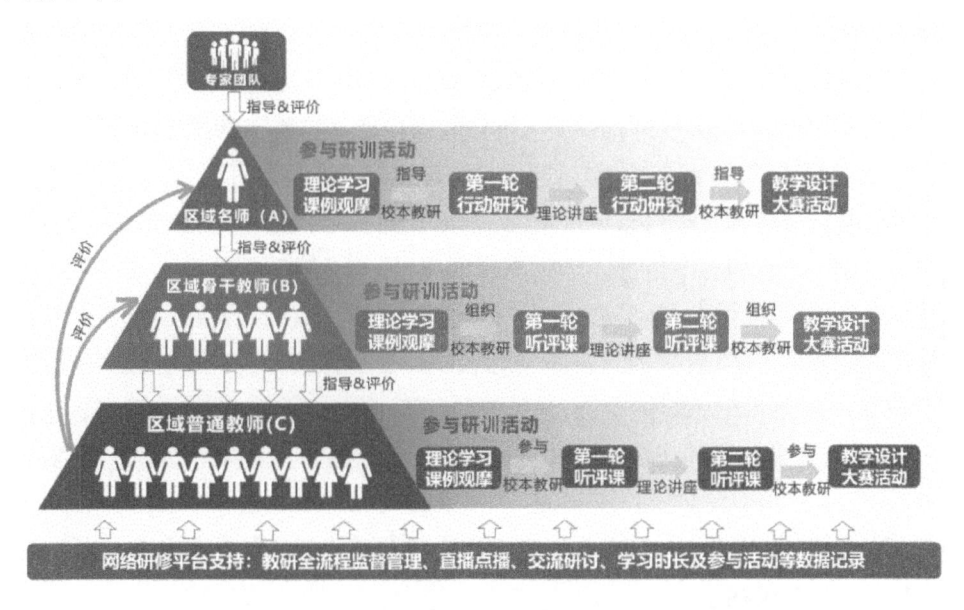

图1 "三层联动"区域规模化高质量教师研训的新模式

1. 教师研训一体化设计

以规模化教师专业能力有效提升为目标,协同高校、行政、教研、科研、培训等多部门力量,整体设计、分段考核、递进培养。通过整体设计,教师研训过程涵盖理论学习、案例观摩、行动研究、活动牵引、反思提升等,在行动中依托网络跟进、专家支持,通过任务关联、情景链接性的问卷调查及系统留痕学习行为数据动态调优研训进程,实现在岗研训、场景融合、精准提效、能力生成的新型教师专业发展模式。

本模式结合教师实际工作,以专家讲座为引领,以教师行动为核心,以提高研训实效为目标,通过"教学设计—教学实施"二轮迭代,创生伴生行动,促进教师能力提升。二轮迭代的内容和专家干预的具体时间,由专家和区域教研员根据教师实际完成情况进行生成式设计,有助于教师进行针对性改进提升。同时,根据专业能力将教师分为三层:区域名师(A层)、区域骨干教师(B层)、区域普通教师(C层)。在分层基础上进行跨层级网络研训,通过构建网络研训班实现专家引领A层教师,A层教师指导B层教师,B层教师带动C层教师,三层联动,跨层互联,双向评价,共同成长。

2. 数据赋能四类用户

通过研训平台,挖掘分析教师研训大数据,以此赋能区域研训管理者、教研员、专家和教师。为区域研训管理者提供教师参与研训的学时数据;为教研员提供研训过程管理数据和预警;为专家提供学习时长统计和作业提交数据等,有效支持专家及时调整指导计划;为教师提供个人画像和课程推荐服务,以实现精准研训。

(三)调研需求,专家、教研员协同设计研训方案实现精准研训

通过与区域教师管理信息系统对接,采集教师基础数据,分析教师结构,包括教师的性别、学历、职称等情况。通过网络问卷,深入了解教师的实施新课程改革过程中遇到的实际问题。基于教师的数据分析,专家与教研员深度互动,设计符合区域实际的研训方案,包括理论讲座、课例观摩、校本研训、行动研究、竞赛展示等研训环节,每个环节嵌入讨论交流、学员问题解答、批改作业等互动内容,在这个过程中,定期通过平台提问及问卷调查了解教师需求,通过数据赋能及时优化实施过程。

(四)开发、优化研训一体化支撑平台实现数据赋能研训有效实施

1. 平台总体架构

研训平台建设遵循国家、教育部相关要求,结合研训一体化思想,系统采用"五层两翼"的整体设计架构,五层分别是基础设施层、数据层、支撑层、应用层、展示层,两翼分别为运维管理和安全保障体系、政策法规和标准规范体系。

2. 平台功能

平台是"三层联动"区域规模化高质量教师研训新模式的基础,要实现活动管理、课程管理、作业管理、研讨管理、提问答疑管理、竞赛管理、资源管理、听评课管理、研训班管理、激励机制管理、数据分析等功能。平台还集成了第三方直播点播功能，与区域统一身份认证对接，以软件运营服务（SaaS）方式提供有效服务。

案例创新点

通过构建"三层联动"区域规模化高质量教师研训新模式，实现区域教师大规模全员行动研究，不同层级教师多层联动，特别是引导、激励普通教师参与，主要创新点如下：

（一）多领域资深专家协同引领规模化教师开展素养教学创新的伴生行动

本模式组建高水平专家团队，包括教育技术专家、学科专家和一线具有丰富教学经验的特级教师，通过网络平台，引领伴随教师改进提升，各专家团队分工如下：教育技术专家负责线上线下融合研训模式设计，监控研训过程，根据数据反馈及时动态调优研训；学科专家负责学科研训方案设计，包括理论讲座、分层次分阶段的行动任务设计、引领网络研训班讨论，组织一线特级教师的工作；一线特级教师负责提供教学课例、提供学员完成任务的支架，批改区域名师提交的行动成果。

（二）构建"三层联动"网络精准研训模式，并进行了有效性验证

教师研训以"理论讲座—优质课例观摩与分析—基于网络的行动研究—大赛活动"为路径开展，创建基于区域名师、区域骨干教师、区域普通教师的"三层联动"网络研训班，借助网络研训平台，构建训前、训中和训后贯通式一体化精准研训支持服务体系，为参训教师提供学习支撑，搭建交流平台。

（三）基于数字化构建研训共同体，建成创新平台支撑的区域大规模教师跨层级联动发展网络生态

研训活动中，专家定期进行理论讲座、课例观摩等指导活动，支持区域不同层次的所有教师进行同步或异步学习。在行动研究时，根据学校位置、教师类别及区域名师个数将参训教师进行网络分班，形成研训共同体，专家指导 A 层教师（区域名师），再由 A 层教师逐层向下指导。指导的范围主要涉及疑问解答、研训任务指导及点评。过程涉及研讨活动，每个班级的 A 层教师作为研训共同体的负责人，组织班级教师进行专题或问题研讨，并形成成果传播。

（四）平台支撑，数据赋能，初步建成了原生性支持"三层联动"模式的区域规模化教师网络研训平台

基于网络研训平台，将研训过程、研训资源与各角色进行集成管理。平台提供直播点播、研训过程、任务发布、分层分组、分组管理、任务提交和批改、提问答疑、资源管理、激励机制、数据分析等多种功能。系统特色功能如下：

1. 对话式研讨便捷化

研训平台提供"对话式"深度研讨，有利于教师构建专业知识体系。

2. 班级管理高效化

支持网络研训班组建、成员加入、班长和组长设置、班长对组长管理、作业查看和点评、组长对组员管理等。

3. 数据赋能精准化

平台支持教师研训数据深度分析，包含教师个人研训表现分析、研训班教师集体表现分析、优秀指导教师分析、教师活跃度分析、学校活跃度分析等。同时支持专家了解教师参与情况，灵活调整研训计划，实现精准研训。

思考与展望

（一）模式创新实践有待进一步完善

1. 不同层级教师间的带动效益层层递减

按照项目的分层设计，从实施效果看，存在教师参与度与满意度层层递减的问题，特别是活动后期，普通教师参与积极性有所下降。

2. 研训平台对于横向跨班级沟通与成果共享支持度稍低

由于多种因素影响，研训平台对于跨班级沟通与成果共享支持度稍低。目前，研训平台中主要功能集中于纵向跨层级班级内部交流和分享，只有管理员可横向跨班级交流和分享，而参训教师没有相应权限，限制了跨班级沟通与成果共享的自由度。

（二）未来发展设想

针对上述问题，未来发展设想如下：

1. 深度应用生成式人工智能技术，增值层内带动效应

（1）由于提问和提交的任务成果量较大，指导教师不能及时回复提问和批改教师提交的阶段性任务成果，影响了区域普通教师参与积极性，下步计划深度应用生成式人工智能技术，开发提问自动回复和阶段性任务成果自动批改功能，及时反馈参训教师尤其C层教师的提问与阶段性任务成果，同时，任务难度和任务量设置更加合理，激发教师参与积极性。

（2）使用户生产内容(user generated content，UGC) + 推荐系统算法来生产有吸引力的教育资源,并通过适当的推荐机制、内容质量评价机制和激励机制推动高质量内容持续生产,为教师推荐高质量资源,进一步激发教师学习的积极性。

2. 完善平台的分层分组管理功能,提高横向跨班级沟通与成果共享支持度

增加研训平台的跨班级成果分享功能,如跨班级的讨论区、任务合作空间或成果共享平台,以便参训教师能够更方便地进行跨班级沟通和合作。此外,研训平台灵活调整权限设置,允许更多教师跨班级进行沟通和共享。

案例实践情况

"三层联动"规模化高质量教师研训模式是一种以教师为中心的精准研训模式,旨在提升教师的教学能力。该模式通过将教师分为不同层次进行培训、研讨、研究等,促进教师间合作与交流,从而达到提高教师专业发展和教学效果的目的。案例应用于广东省佛山市南海区全区小学语文和数学教师研修,共计7604位教师从中受益。

1. 服务素养导向教学对教师专业发展具有积极影响

通过将教师分层,教师可参与适合自身发展需求与水平的研训活动,学习素养教学新理念与方法。区域名师从专家的指导中,获得素养教学理论与实践方法,区域名师可向骨干教师分享自己的素养教学经验和案例。普通教师也可从骨干教师的经验中学习,提升自己的素养教学能力。通过分层联动的方式,教师可相互借鉴和学习,不断提升自己的专业发展水平。

2. 通过跨校教师间合作和交流,促进教师间协同建构,提高专业发展成效

网络研训班教师可共同研究和探讨某个教学难点,找到解决问题的方法和策略。不同班级间教师也可相互观摩和点评教学。通过这种合作和交流,教师不断改进教学方法。例如,小学数学在进行核心词解读时,学科专家先引导研训班内A、B、C教师进行线上研讨,最终由A、B教师形成成果,由B教师在本校展示分享,C教师参与学习。通过这种班级内和班级间的交流形式,最大化发挥了教师的智慧。

3. 区域教育资源优化利用,推进区域教师共建共享,促进群智协同增值

"三层联动"规模化高质量教师研训新模式可帮助区域更好地利用教育资源。本次研训中,专家共提供了18节课例、6篇单元教学设计方案,教师产出23份核心词解读作品、339份单元教学设计案例。优质资源在校际进行传播、共享,提高了优质资源的利用效率。

4.教师整体满意度和模式认可度较高,实现平台赋能、模式创新,实现价值引领

专家通过网络平台指导教师学习并完成研训任务,教师通过网络平台观看专家讲座、参与讨论、提交作业,系统自动统计教师学习时长和任务提交情况。从2023年2月底至2023年6月中旬,历时16周,组织14场活动,23名专家通过直播讲座、组织研讨、批改作业、答疑解惑等多种方式进行专业引领,教师积极参与,观看专家讲座率超过85%。以小学数学教师为例,进行问卷调查,指导满意度超过90%,该模式得到了有效验证。

赋能教学与教研提质：数字技术助力的"一体化联研"和"双师课堂"海淀实践

北京市海淀区教师进修学校　罗　滨　林秀艳　杨智君　耿雅静　王瑞雪

背景与问题

移动互联网、人工智能、大数据等新技术在重塑学习空间、重构教学流程、重组学习内容、增强课堂互动、开展多样化评价、精准诊断教学实践等方面发挥着重要作用，大幅提升了教学与教研实效。

北京市海淀区自2012年开始探索教研转型，持续开展小初高跨学段一体化教研、跨学科主题教研、技术支持下的学习方式变革、数字资源研发等研究与实践。2021年，海淀区承担了教育部第二批人工智能助推教师队伍建设和北京市"互联网＋基础教育"项目。作为试点集团，海淀区教师进修学校（以下简称"海淀进校"）教育集团内还存在"普通校多、距离远、名师数量少、师资差异大、优质课程缺"等现实问题。

本项目重点解决两个问题：一是如何调动海淀教研员和集团名师的力量，实现区域内优质师资的流转，促进教师集群成长和教研提质；二是如何借助互联网、大数据等技术支撑双师课堂模式探索，促进教与学方式变革和教学提质。

问题解决思路

2020年6月起，海淀进校成立"在线教学与教研实验室"，联合高校研究人员、一线教师、技术应用团队组建"实践—研究—技术"共同体，在融合式教学、跨校区一体化联合教研、信息化学习工具研发、双师课堂等方面开启常态化研究与实践。

"一体化联研"是海淀进校持续开展的以课例为载体的跨校跨地区教研新样态（图1）。联研聚焦教学关键问题的解决，依托教研员的专业指导，利用可深度互动的技术平台，有稳定的双师伙伴，有明确的主题，有清晰的四环节层层递进。综合运用协同编辑文档、问卷星、电子白板等智慧工具,实现线上分组学习、同屏书写、数据分析等功能。

图1 跨校区"一体化联研"

"双师课堂"是一种互动型远程协作的教学新模式(图2),目前海淀区初步探索了"主讲+协作"和"双主体协同"两种双师教学模式。在"主讲+协作"模式中,两位教师一主一辅协作直播授课,主讲教师主要负责任务引导、活动实施、组织互动交流,协作教师主要负责个性化辅导、提问答疑、组织本班课堂,两位教师协同备授课,共同完成资源建设和学习环境的创建。"双主体协同"模式中,两位教师采用同步直播的方式协同授课,共同完成任务引导、学习活动和交流互动的组织实施、提问答疑等,优势互补,形成教学合力。"双师课堂"的顺利实施离不开"一体化联研"的支撑和保障,"双师协作伙伴"在联研团队的支持下,系统设计促进深度互动的学习任务和教学分工,高效组织课堂实施。

图2 基于"一体化联研"的"双师课堂"

具体做法有以下三点:

1. 系统设计,规范组织

项目推进过程中,以海淀进校为中心,联合集团学校、区域部分学校和技术团队组成研究实践共同体,围绕学科、聚焦主题打造了多个双师团队和联研团队,构建技术支撑的开放互通、多元互动的教学和教研场域,教研、教学和技术三方协作,科学规划,明确机制,以行动研究的路线推进。海淀进校始终发挥教研的专业支撑作用,为每个团队配备 1—2 名学科教研员和 2—3 名科研教研员,牵头规划并实施双师和联研的工作方案;集团学校以学科为单位组建学科实践团队,联研团队主要是集团学校的同一年级学科组教师,双师团队以两校"双师协作伙伴"为核心,加上同年级学科组教师;技术团队提供软硬件支持,配齐双师教室和联研教室的硬件设备及支持师生线上交互的在线教学软件服务。

2. 目标导向,路径清晰

坚持目标导向,以"产出一节好课、打造一个好团队、应用一项好技术、师生获得好资源和教师收获专业成长"为最终目的,探索信息技术与教学、教研深度融合的创新模式,更新教师教学理念和教学方式,促进学生学习方式变革等。"一体化联研"以学科组集群成长为直接目标,每场活动都有明确的研讨主题、研讨目标、成果产出要求。双师课堂以优质师资的重新配置为导向,在区教研员的指导下,"双师协作伙伴"依据课标要求和教材内容特点,选择合适的课题,共同备课并展开教学实施,以挑战性任务调动学生参与,在良好的学习体验中习得知识、提升能力、发展素养。

3. 研究创新,反哺实践

3 年以来,在小学、中学的多个学科内推进研究,提炼出适用于不同学段、不同学科和不同场景的实施方案,逐渐形成了一套可迁移、可应用的技术助力教学与教研新模式及优质资源校际共享的新路径。"一体化联研"实践,依据小学和中学教师的发展需求、参与时间,形成了小学、中学两套标准化联研方案,开发了问题框架、听评课模板、评价标准和问卷等实施工具。"双师课堂"实践,除了研讨工具外,重点探索了两种实践模式,也自下而上提炼出影响双师课堂实施效果的关键因素和实施策略。

案例创新点

数字技术助力的"一体化联研"和"双师课堂"系列活动涉及多位教师、多个学科、多所学校的协同联动,很大程度上促进了教师的专业成长,形成了广泛的社会影响。其中,好教师是前提,好课是关键,好技术是支撑,好团队是保障。卓有成效的实践离不开顶层设计与机制保障,具体而言,有四条实践路径:

第一,聚焦教学关键问题,开展教研员专业引领下的持续进阶式联研。海淀进校提前谋划,统筹设计,开展系列活动的核心目标是推进教与学方式变革,促进优质资源共享;聚焦教育教学关键问题,以课例为载体,以教研员专业力量为引领,开展跨校区的联合教研;实施过程中,每场活动都系统设计研讨主题和议程,围绕"学习主题—学习目标—学习活动—学习评价"的进阶内容,以一周两场活动的频率持续开展15—20天的联研探索,每位参与的教师都要做到有思考、有产出。精心设计并组织的系列活动充分调动了教师的积极性和参与感,教师在教研专业力量的引领下感受到了收获,更进一步把该活动视为成长的机会。

第二,构建研究与实践共同体,协同促进教师教学提质和集群成长。海淀进校教育集团总校牵头规划并协调组织,以双师所在的两所学校为核心,以"一体化联研"作为双师课堂实践的重要支撑和保障,借助技术手段,组织不同地区、不同学校的教师形成研究实践共同体。先后组建了两个团队:一是双师协作伙伴的核心团队,包括区域教研员和双师教师,二是联合集团学校同一学科组教师、技术团队,组建"一体化联研"团队。在实施过程中,两个团队发挥各自的主体优势,研磨教学设计与优化课堂实施同向发力,实现了设计、组织和实施活动的规范化、专业化。借助交流轮岗契机,根据教师和学生发展需求进行教师结对,引入教研专业力量推进双师课堂的顺利开展,目前集团内已有500余名教师深度参与其中,实现了教研员引领下的以学科组为单位的教师集群成长和"双师协作伙伴"的协同成长。

第三,坚持研究引领,研发"一体化联研"与"双师课堂"的工具与模型。项目团队始终坚持以研究型实践的思路开展工作,边研究、边实践、边总结,突出成果意识,并且注重发挥科研的引领作用。在3年的实践过程中,项目组研发了学习任务单、问题框架、听评课模板、评价标准和问卷等工具,并初步总结凝练了"一体化联研"和"双师课堂"的关键要素、实践流程和实施模型。

第四,应用数字技术打造一体化教学与教研的新场景与新模式。海淀进校对原有智慧教室进行升级,引入技术公司的软硬件支持,综合运用协同编辑软件、问卷星、电子白板等教学工具,完善了多人助教、共享文档、课堂评分等形式,以双师同上一节课的形式打破校际界限,各集团学校同一年级教师重点参与、相关学科教师全体参与,促使优秀教育资源走出校门,促进更大范围内的师生共享。在此过程中,各校信息技术教师、项目技术团队随时提供技术指导和资源支持,并基于教育教学需求不断改进优化服务,打造技术支撑的开放互通、多元互动的一体化教学与教研场景。

思考与展望

海淀进校持续开展了3年多的"一体化联研"和"双师课堂"探索,借助数字技术促进了校际的深度互动和优质师资的交流共享,开创了教学与教研的新样态,实现优质资源流转,促进教师专业发展和学生成长。同时也还存在一些不足,有待进一步复盘反思和持续研究。

1. 加强双师课堂资源建设与应用的管理

双师课堂过程中形成的生成性学习资源以及优质教学资源要形成完善的管理机制,优化并形成共建共享的线上资源管理平台,加强资源管理流程,将开发的系列优质教学设计、课例资源以及课堂生成性资源等进行统一管理,形成覆盖各学段、各学科的生成性资源体系,一方面服务教师课堂教学,方便教师学习借鉴优质课程案例,实现优质资源的再利用,另一方面促进学生的自主学习,实现学习资源的个性化应用。

2. 开展双师课堂质量监测和效果评估

总结提炼并形成双师课堂实施的标准和指南,进一步明确"一节好双师课"的关键要素和有效路径,确保"双师课堂"的教学质量;构建"双师课堂"应用质量监测与效果评估体系,制订评估办法,及时对教师的课堂教学和学生的学习成效进行评价反馈;持续完善学习任务单和问题框架,提供听评课、统计分析等教研工具,实现学习过程的全追踪和量化分析,促进质量监测与效果评估的常态化、数据化和实时化,提升"双师课堂"应用的效率和效果。

3. 迭代升级"一体化联研"和"双师课堂"的实践模型

发挥教育云平台的重要作用,依托国家中小学智慧教育平台和"海淀·空中课堂"等丰富优质的课程资源,尝试探索"基于资源的双师课堂"模式,探索优质师资共享的"异地同步授课+本地个性指导"的双师模式。同时积极发挥海淀进校名师工作室的辐射作用,拓宽实践场域、积累实践经验,不断升级"一体化联研"和"双师课堂"的设计流程、实施策略和实践模型,形成优质资源供给、师生多元互动的一体化教学与教研新场景。

案例实践情况

3年多来,海淀进校坚持以课例为载体,先后开展了七年级英语、七年级语文、九年级数学、小初高道法(思政)、八年级生物、小学语文、八年级语文、九年级道法、小学体育、初中跨学科项目式学习、初中数学、小学艺术、高一化学等13个系列、50余场学科内和跨学科主题联研活动,覆盖了集团内9所学校、海淀北部4所学校,有500余位教师深度参与,全国各地超11万人次在线直播观课并参与研讨。

1. 驱动课堂教学提质和优质资源共享,助力学生全面成长

第一,学生听到更多好课,享受到共享的优质课程资源。教研员引领学科组教师集众人之智,开发出素养导向、任务驱动的促进学生深度学习体验的优质课程,两位教师协同配合,深度开展师生互动,让学生享受到高质量的课堂教学和优质学习资源。团队目前已经形成了13节优秀的课例资源,这些生成性的课程资源还将惠及更多学生,实现优质教育资源的共建共享。第二,促进学生有效学习并落实核心素养。借助数字化学习平台的便利,组织挑战性学习任务和跨校际的师生互动,让学生在独立思考的基础上,与其他学校的教师和学生进行实时交流,在任务探究和互动交流中实现知识的迁移、能力的发展以及核心素养的落实。

2. 促进教师育人能力提升,推动集团教师集群发展

第一,更新了教师的育人理念。在教研员的引领下,学科组教师共同学习和探索,逐渐转变了教学理念,从关注"教师的教"转向关注"学生的学",更加关注教学设计的整体性和结构性以及教学实施的互动性和生成性。第二,提升教师教学设计与实施能力。在教学设计层面,以学科组为单位共同研讨,不断打磨并生成优质的单元教学设计,教研员不仅提供教学设计模板、听评课标准,还对单元学习目标、任务和活动设计及教学方法和策略的设计等提供了有针对性的指导。在教学实施层面,团队充分利用移动终端和数字化学习资源与工具,打造出了配合默契、组织有序、高度协同的双师教学样态,在不断设计、实践、反思和优化的过程中,集团双师协作伙伴和各集团学校教师实现共同成长。

3. 支持教师柔性轮岗交流,赋能集团教育质量均衡发展

第一,助力集团11位教师完成了柔性轮岗交流工作。响应了北京市义务教育教师轮岗交流工作和海淀区刚柔并济的交流原则,探索出了数字技术助力下的"一体化联研"和"双师课堂"的柔性交流新路径,创新性地帮助11位集团教师完成交流轮岗任务。第二,推动集团学校学科组建设,促进集团学校教育优质均衡发展。在线上线下多场景交互的"一体化联研"和"双师课堂"研究型实践的过程中,积极发挥优势学校和优势学科的引领辐射作用,支持集团学校协同开展跨学段和跨学科的联合教研活动,促进学科融通,激发各集团学校校本研修活力,激活师生成长动力,提升集团学校整体育人质量和集团发展力。

4. 扩大海淀"大教研"影响力,推动对口支持地区育人质量提升

第一,海淀"大教研"之"一体化联研"和"双师课堂"受到广泛关注。系列研修活动备受各界关注,中国教育电视台等7家主流媒体纷纷关注并进行报道,同时还吸引了来自全国31个省、市、自治区超过11万人次观看并参与研讨,其中海淀进校在全国进行了4次数字技术助力下的"一体化联研"和"双师课堂"的直播活动,针对不同课例研制并发放了课堂教学评估标准和问卷,2000余名教师参与线上听评课,进一步扩大了海淀"大教研"的影响力和辐射力。第二,充分发挥示范引领作用,带动更多地区教育高质量发展。北京房山区、云南怒江州、内蒙古科右前旗、新疆阿拉尔市等20余个对口支持和成果推广应用示范区在线上深度参与研修活动,在学习海淀"备—教—评—改"一体化实践经验的基础上,也不断思考如何围绕单元要素设计深度互动的学习任务、如何应用信息技术助力教学提质与教研提质等新命题,进而有效提升本地区的整体育人质量。

"四位一体、三级联动"的区域教师发展体系建设创新探索

——以"国培计划"示范性综合改革项目实施为例

吉林省教育学院　陈　睿　王莹莹　邹天鸿　刘　瞳　薄　学　陈忠平

背景与问题

1. 项目背景

中共中央、国务院印发《中国教育现代化2035》,部署了"发展中国特色世界先进水平的优质教育"的重点任务,《中华人民共和国国民经济和社会发展第十四个五年规划和2035年远景目标纲要》进一步明确了"建设高质量教育体系"的发展目标,中国教育进入高质量发展新阶段。教育评价改革是教育高质量发展最切实的推动力。区域教育高质量发展,必须借以科学的评价。

2. 拟解决的问题

(1)区域教育质量监测与评价落地难、实施难和运用难的问题。

一直以来,区域教育质量监测与评价的相关理论研究不可谓不丰富,论文成果难以计数,但鲜有具体可行的实际操作方面的经验,更缺少运用教育质量监测与评价结果指导和改进区域教育质量提升的实际案例。

(2)为教育部提供教师发展协同创新的典型范例。

吉林省国家教师发展协同创新实验基地肩负着以体系建设为基础、以机制创新为动力、以资源集聚为保障,通过协同创新、综合改革、先行先试,进一步出思想出经验出成果的重大职责。吉林省教育学院作为国家基地龙头单位,凭借省、市、县三级的教师发展机构体系相对健全完备的优势,有责任、有义务充分进一步完善高等院校、区县教师发展机构、网络研修机构和优质中小学幼儿园"四位一体"协同发展的教师专业发展支持服务体系,健全多主体深度协同的工作机制,探索基于教育评价改革推动区域教育高质量发展的新模式、新路径,为中西部地区和兄弟省份提供可推广、可复制的区域教育高质量发展的综合改革样例。

问题解决思路

1. 以评价改革为切入点

通过开展为期5年、四个阶段的周期性培训,为区域培养一支专业的基础教育质量评价队伍,构建区域教育质量"监测—反馈—改进"的自主发展模型,推动区域教育高质量发展。同时,推动国家示范项目、省级培训项目、区县自主培训项目"三级联动"、综合实施,探索高等院校、区县教师发展机构、网络研修机构、优质中小学幼儿园"四位一体"协同发展的教师专业发展支持服务体系。

2. 以省、市两级示范学校为实践基地

为确保项目顺利实施,我们在全省范围内精选六所"省标准化建设示范学校"作为省级实践基地学校,在试点区县遴选六所"长春市教师专业发展示范学校"作为市级实践基地学校。这些基地学校在教研、科研、培训、信息化应用等方面均处于国内或省内领先地位,享有较高的社会知名度和赞誉度。

3. 以教师不断成长、学校持续改进为目标

以成果为导向。注重对学员研修成果的凝练和加工,主要包括义务教育阶段各学科、各年级教学质量监测指标体系和监测工具资源库;学校基于监测数据的教育质量改进行动研究案例集;区、校两级教育质量"监测—反馈—改进"高质量发展模型及运行机制等。

强化任务驱动。通过"做中学",推动教师不断成长,带动学校持续改进,进而综合提升区域教师发展"造血功能",以教师培训促进区域教育高质量发展。

案例创新点

案例创新主要体现在"理实相融、学用结合、四位一体、三级联动"等方面(图1)。

1. 培训内容:理实相融

以"区域教育质量自主评价与改进能力提升"为培训主题,通过"评价理论与技术""工具研发与应用""结果反馈与指导""质量改进与提升"四大模块的研修,充分发挥教育质量监测在推进政府职能转变和建立教育治理体系过程中的重要作用,精准聚焦区域教育质量的提升,努力实现创新评价、自主评价、持续改进、服务发展。

区域教育质量自主评价与改进能力提升

阶段	内容模块	培训方式		实施单位	经费来源
1	评价理论与技术	专家讲座+案例研修	网络研修与工作坊研修贯穿全程	吉林省教育学院（国家基地）	国家示范项目培育引领
2	工具开发与应用	参与式培训+行动学习	百年树人	长春汽开区教师进修学校	省级培训项目重点支持
3	结果反馈与指导	跟踪指导+返岗实践		优质中小学校	试点区县配套投入
4	质量改进与提升	总结提升+成果展示		长春汽开区教育局	

理实相融	学用结合	四位一体	三级联动

→ 教师培训综合改革

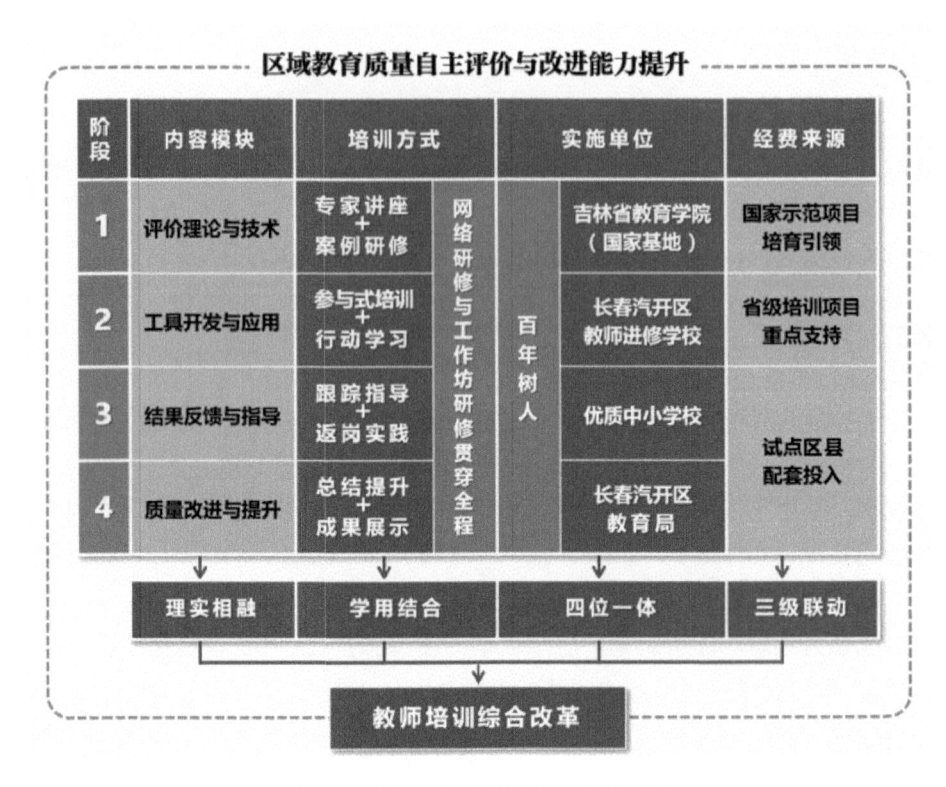

图 1 示范性综合改革项目运行模式图

2. 培训方式：学用结合

基于"做中学"理念，坚持结果导向，坚持"形式为内容服务"，在培训的不同阶段，辅以有效的培训方式，如"专家讲座+案例研修""参与式培训+行动学习""跟踪指导+返岗实践""总结提升+成果展示"等，综合运用多种培训方式，确保每个培训阶段都能体现"学以致用、学用结合"的培训理念。

3. 支持体系：四位一体

依托首批"国家教师发展协同创新实验基地"建设资源，充分发挥吉林省"三级联动"的省、市、县教师发展机构体系优势，集合吉林省教育学院（高等院校－国家基地）、百年树人网（网络研修机构）、长春汽车经济技术开发区教育局、长春汽车经济技术开发区教师进修学校（区县教师发展机构）、优质中小学幼儿园等各方资源，完善多主体协同创新工作机制，努力构建国家在"十四五"期间倡导的高等院校、区县教师发展机构、网络研修机构、优质中小学幼儿园"四位一体"协同发展的教师专业发展支持服务体系。

4. 投入机制：三级联动

聚焦培训主题，采用国家示范项目引领培育、省级培训项目重点支持，试点区县配套跟进的项目运行机制，通过国家经费引领带动地方投入，国家、省级培训经费联合撬动试点区县配套跟进的形式，按照国家、省、区县经费配比 1∶2∶3 的比例分担，分工负责，协同发力，探索基于教育评价改革推动区域学校教育高质量发展的模式、路径，综合提升区域教师发展"造血能力"，为中西部地区提供可推广、可复制的教师培训综合改革样例。

思考与展望

本项目为期 5 年。目前，前 3 年的实践研究任务已全部完成，各方反馈效果良好。未来，我们将围绕"区域教育质量自主评价与改进能力提升"这一主题，持续开展项目研究，并力求在以下几个方面有所收获：

1. 完成行动研究案例

以完成学科教学质量监测指标体系和监测工具资源库、完成教育质量改进行动研究案例为主要任务，将培训所得应用于教育教学实践中，将研究成果应用于区域所有学校。

2. 建立长效研究机制

组建长春汽开区"学科质量监测研究工作站"，形成固定的研究引领团队，围绕"为区域行政提供科学评价支撑、整体推进学校教育质量改进能力提升"和"引领基层学校教育质量改进能力提升"两个方面，开展持续、深入、长效的研究。

3. 完善质量监测体系

依托项目培训成果，建立区域、学校两级质量监测体系，定期开展面向全区所有学校的质量监测工作，召开基于质量监测的教学改进研讨会，形成区、校两级"想用、会用、能用"的良好氛围。

4. 强化示范辐射作用

通过论文发表、现场会、成果推介等形式，将教师专业发展支持服务体系、三级协作的培训项目综合运行体系等创新性成果在各层面进行推广；通过开展区域间、校际的牵手帮扶等工程，扩大成果的使用范围，实现共同发展。

案例实践情况

本项目以"国家教师发展协同创新实验基地"为依托，构建了高等院校、教师发展机构、网络研修机构、优质中小学幼儿园"四位一体"协同发展的教师专业发展支持服务体系,实现了国家示范项目培育引领、省级培训项目重点支持、区县自主培训项目配套投入的"三级联动"项目运行机制。项目共吸纳了全省12所基地学校、1000余名实验教师、近1万名学生共同参与,项目开展周期长、辐射范围广,在教师培训创新领域产生了较大的影响(图2)。

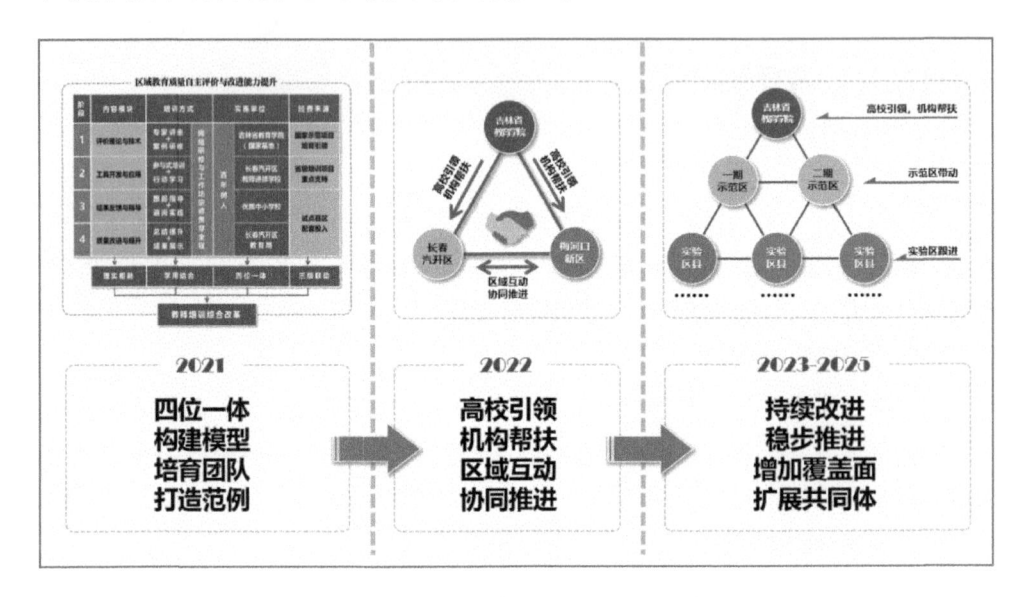

图2 示范性综合改革项目运行机制示意图

目前已取得的工作成效包括:

(1)形成义务教育阶段部分学科(小学语文、数学、科学;初中语文、数学、生物;中小学体育)教学质量评价指标体系(修订版)和评价工具(修订版)资源库。

(2)形成试验区基地校基于评价的教育质量改进行动研究案例集。

(3)运行和推广区、校两级教育质量"评价—反馈—改进"高质量发展模型及运行机制。

(4)形成基于评价的区域教育质量改进能力提升培训的协同发展机制。

(5)组建一支能"自主诊断—科学评价—持续改进"的专业队伍。

(6)初步构建"高校引领、区域互助"的市县教师发展机构协同发展模式。

(7)2022年12月,《中国教育报》以《高质量教师培训强化教师发展"造血功能"》为题,对项目实施成效予以专题报道。

指向育人成效的区域班主任
学习与发展项目设计

中国教师研修网(北京尚睿通教育科技股份有限公司)
胡霞丹　刘　博　陈敬宏　禹连春　薛君瑜　吴亚丽
广东省深圳市南山区深圳湾学校　王成洋

背景与问题

　　区域教育行政部门在新时代如何回应德育工作的变化、建立相应的班主任管理与团队发展的支持体系,专业培训机构如何在区域德育工作体系调整的大背景下整体设计项目与课程、充分运用专业培训资源与工具提高培训的针对性、专业性与实效性,是当下教师培训领域亟须解决的焦点问题。

2020年至2021年,中国教师研修网与广东省深圳市南山区共同设计、实施了两个班主任培训项目,有效解决了如下几个问题。

1. 班主任培训目标任务与区域德育重点工作脱离的问题

　　班主任培训项目的目标任务设定,往往取决于培训对象的现状及发展需求,通过跨越专业发展的鸿沟助力班主任个人成长和能力提升,而区域层面的班主任工作则一般纳入大德育范畴,需要从区域教育发展阶段性任务出发,为德育重点任务和班主任梯队建设服务。因此,在项目设计之初,南山区教育局与中国教师研修网项目组逐层分析梳理了区域、学校的组织需求与教师个体的发展需求,聚焦共同点,将其中的重难点列为培训项目的目标与任务。

2. 学员参与动力和参与质量的问题

　　由于区域的各项工作任务往往是按照条块逐级下达,由学校具体执行的,所以常常导致教师负担加重。通过项目整合区域内培训、科研、成果汇集等多类资源,以学员发展的视角去设计培训课程,以成果培育为驱动性任务,以创建论坛、出版著作等为发展平台,以专业指导贯穿全程,真正为学员的发展与实践经验总结、转化传播提供全方位支持。

3. 区域培训、科研、德育管理与培训机构多方协作机制问题

理顺项目实施的管理关系,由区教育局牵头管理,整合区域科研、德育工作资源,由培训机构负责课程、教学、成果指导与转化的具体实施,明确目标,建立合作攻关机制,培训、科研、德育管理部门与培训机构分工合作,定期沟通,让培训项目有力促进班主任工作团队的建设。

4. 培训本土性实践案例不足以及培训专业化的问题

南山区有近百所中小学,以往全区的新班主任培训、骨干班主任培训和名班主任培训都是单独开展。新班主任采取短期集中面授形式,由名班主任给予主题分享;骨干班主任以优秀青年班主任工作坊为平台,通过主题沙龙和微论坛活动开展;名班主任以深圳市名班主任工作室建设为依托开展示范引领活动。同一学校的班主任参加不同的培训项目,不同层次的教师在培训项目中鲜有交集,不同项目的学员在培训中积累的经验很难彼此分享。同时,由于班主任的经验主要聚焦在问题解决上,更多是围绕班主任每一天、每一周、每一年中的事务性工作、两难性问题提供解决策略,因而对于问题解决策略背后的实践性经验建构以及育人价值则缺少学理上的认知、梳理与提炼。充分发挥专业培训机构的专业引领与区域课题研究的职能,将培训主题与课题研究相整合,把培训成果培育与课题研究引导相结合,引导一线教师将直觉、经验转化成更深层次的成果,需要研究分析与成果表达的专业培训与工具支架。

问题解决思路

基于以上问题与挑战,项目组尝试探索三个"建立",即"建立德育工作体系下的培训项目定位调研机制""建立基于区域育人实效的班主任分层分类培训目标体系""建立导师制的新一骨一名三角色联动互助共同体研修路径"。

1. 建立德育工作体系下的培训项目定位调研机制

在项目正式立项前,项目组首先提出:找到关键用户,深入了解南山区德育工作体系,了解与班主任工作相关的部门及相关职能,厘清项目定位,在南山区中小学德育工作体系中找到班主任培训的项目坐标。为此,项目组把调研的重点依次设定为:梳理教育局德育工作文件,了解区域德育工作重点,组织双方共同分析需求,对近2年班主任培训对象、内容、形式等进行系统整理。调研发现,南山区已搭建了较为完备的德育工作体系,构建了"五位一体"德育工作模式,出台了《南山区中小学、幼儿园德育方案》；申报了省级课题，开展了德育与班主任工作研究；与广州市天河区合作举办"德育论坛"，每年组织分层次的班主任培训。近年，又出台了更为具体的《南山区中小学德育行动方案》，在建立健全区域学校德育管理制度、弘扬传统文化、以党建带团建、德育资源整合与建设、加强德育队伍建设、家校社融合等领域提出了具体的六大行动计划。经充分沟通，双方达成共识，形成了区域统筹、多方联动、集体攻关、智慧共享的解决思路，将项目定位为班主任团队建设与班主任专业赋能，为班主任育人成效提升助力。

2. 建立基于区域育人实效的班主任分层分类培训目标体系

坚持以培训任务设计为抓手。南山区教育局印发了《"了解学生，走进学生的心里"班主任工作清单（第一版）》，并以工作清单为突破点，开展区域内省级课题专项研究，推进《新班主任支持手册》《促进学生健康成长——优秀班主任的一招》等班主任研究丛书的出版。项目组基于工作清单，厘清新班主任、骨干班主任和名班主任的主要工作任务、关键能力表现和初步研究成果，梳理出了南山区"新岗—新秀—骨干—名班主任（德育干部）"的角色定位以及"魅力型—智慧型—领军型—功勋型"等区域班主任职级描述，构建了班主任在本区发展的关键指标要素。围绕工作清单"师生关系、生生互动、班级建设、家校亲子、专业成长"五大模块、十大要点设计培训内容，围绕发展晋升的主要成果指标设计培训任务。

3. 建立"新—骨—名"三角色联动互助共同体研修路径

尊重学员经验，整合设计培训课程与任务。项目组采取不同层次参训者混编组班的形式，基于"班主任工作清单"的梳理，对不同层次的参训者提出不同的任务要求——"名师引领、骨干示范、新任立岗"：新班主任系统学习理解"清单"内容，骨干班主任分享优秀经验并进行"清单"学术研究，名班主任指导有效成果生成。

项目组在中国教师研修网研修宝平台上建立网络班级，由全国名班主任担任班级导师，区名班主任为班长，骨干班主任为组长，新班主任为组员，形成新—骨—名三角色联动互助共同体；充分发挥班长作为专业研讨引领者、示范者及组织者的作用，形成有共同目标、有专业追求的研修团队。

三个角色各有实践任务要求：第一，以班主任工作案例为突破点进行集体攻关，新班主任每人撰写一份班主任工作案例，骨干班主任推选其中的一份作为小组共研案例，各组代表展示共研成果，名班主任点评；第二，"以班主任工作清单"五大模块为研究方向，骨干班主任在与新岗班主任共研案例的过程中输出自己的实践经验，做好技能示范，同时整理新班主任的问题与困惑，并向名班主任请教解决策略，开展专题研究，提升自身研究能力；第三，名班主任在指导骨干班主任的过程中不断完善提升自己的教育思想和实践经验；项目组通过预设课程＋文化沙龙＋作业指导提供全流程学习支持。

4. 建立"示范—演练—指导—展示"四级成果生成支持策略

系统设计，形成成果生成支持策略。聚焦班主任工作案例、德育论文、案例式课程三大成果产出，通过"名家示范—学员演练—专家指导—学员展示"多轮研磨形成最终成果。以班主任工作案例成果生成支持策略为例（图1）：

名家示范：名班主任进行班主任工作案例专题讲座，提供框架解读＋体例解读，同时提供示范案例。

学员演练：学员根据名家提供的案例及撰写要求，进行班主任工作案例撰写演练，并提交至研修网平台。

专家指导：骨干班主任和名班主任对新班主任撰写的工作案例进行一轮指导，通过研修网平台反馈建议。与此同时，导师进行文本批注，打磨案例。

学员展示：遴选优质班主任工作案例进行全区分享，起到引领示范作用。

图1 "示范—演练—指导—展示"四级成果生成流程示意图

案例创新点

项目依据《中小学教师培训课程指导标准》（班级管理）、《"了解学生，走进学生的心里"班主任工作清单（第一版）》等文件要求，聚焦科研能力提升，组建研修共同体，研讨重点问题，开展合作研究，生成多元成果。

1. 以问题为导向，创新研修路径

中国教师研修网搭建南山区中小学班主任专业发展平台，引进全国优秀班主任作为导师，形成全国优秀班主任＋名班主任＋骨干班主任＋新班主任"四位一体"的研修共同体，赋予导师团一定的激励机制，构建更深层次的指导关系。

以问题为导向,新班主任发现问题、寻求解决策略,骨干班主任基于问题提供经验参考,名班主任引领经验构建课程。同时建立班主任评优激励机制,促进班主任进阶成长,新班主任以骨干班主任为成长目标,骨干班主任以名班主任为成长目标,名班主任发挥引领、指导作用。

班级在导师的引领和班长的统筹下,围绕实践任务产出,每个班级通过前期研讨确定本班研修的大主题及分组小主题,保证成果聚焦,初步形成了以研究为基础的研修共同体。

2. 边培训、边研究,解决工作中的重难点问题

在项目推进过程中边培训边研究,解决南山区班主任工作中的重难点问题,协同区级相关课题以及《新班主任支持手册》《促进学生健康成长——优秀班主任的一招》等班主任研究丛书出版工作的推进,帮助南山区班主任在研究、实践与成果打磨的过程中提升问题解决能力、课程开发能力以及科研能力。

3. 落实工作清单,生成、积淀多元研修成果

项目组根据南山区班主任工作清单提供了五大模块优质课程资源,同时邀请全国名班主任依托"文化沙龙"开展主题论坛交流,南山区班主任在课程习得过程中输入班主任工作经验。参训学员基于班主任工作案例、德育论文,完成经验从输入到输出的过程,真正落实班主任工作清单内容。如陈琰曼老师的《成长币评价机制对促进学生自主发展可行性研究》成为班主任工作清单第三部分建设中"建立多元评价表彰制度"模块;张志景老师的《浅谈小学生攻击性行为的教育干预——两个小学生教育案例分析》成为班主任工作清单第二部分生生互动中"落实校园欺凌治理工作"模块的一部分。

项目经过 2 年的实践,区域层面有了更多的成果资源积淀,形成新岗班主任 300 个主题班会方案、250 个工作案例,骨干班主任、名班主任研究选题 77 个、研究方案 180 个、论文 50 篇,班级案例课程 10 个。所有参与项目的班主任都在实践过程中直接获得专业成长,区域其他班主任则通过区域的成果分享间接获得专业成长。

思考与展望

为期 2 年的南山区班主任科研能力提升培训项目实践取得了成绩,积累了经验,但也存在改进的空间。

1. 任务驱动式卓有成效,可进一步细化完善

在项目实践中,尝试探索并形成了"引领—支持—研磨—转化"的四步任务驱动式团队研修流程。在引领环节,构建了三层三类专家支持体系(包括项目专家、伴学导师、学员同伴等);在支持环节,提供了班主任工作案例模板、案例课程样例、论文撰写规范等支持工具;在研磨环节,进行了选题设计—团队打磨—展示点评—优化完善,最后转化成发表论文、区域手册、网络课程等成果。这一研修流程可操作性强,但还需要进一步细化。如选题设计环节,一线班主任琐碎杂事多,找到合适的选题不容易,所以在研磨环节需要更加注重选题阶段的指导;同时要在选题之前聚焦班级真实问题,参考各杂志社年度和月度选题,更有利于提升论文发表率。

2. 案例式课程对话研讨环节应增加维度与深度

案例式课程在教师研修项目中广受欢迎。南山区是全国教育改革先锋区域,在德育方面积累了丰富的经验,可以进一步挖掘、开发为案例式课程,给全国其他区域提供借鉴。

在本项目实践中,项目组和参训学员一起打磨德育案例,聚焦核心问题,以故事形式呈现基本事件,再通过骨干班主任、名班主任从心理、管理、社会等不同视角的对话研讨,多维度剖析问题解决策略,能为班主任提供更有价值的参考。在案例课程开发过程中,大部分案例阐述都能较好地呈现问题情境、解决策略等,但在对话研讨环节未能做到从多个角度进行深入分析,也是骨干班主任、名班主任比较头疼的地方,在后续课程设计中需要引入更多不同领域的专家进行思维碰撞,并提升对话脚本的设计水平。

3. 增强跨领域协作,夯实育人合力成效

一线班主任平时日常工作繁忙,培训基本利用晚上或周末时间进行,要完成高质量的工作案例、德育论文、案例课程等不是一件容易的事。育人更是一件需要各界参与的事情。因此,需要增强与心理健康教育领域专家、社会、企业等各界人士的联动交流,这样既能为班主任工作带来不一样的思考,也能从不同角度出发构建家校社协同的全面育人体系。

案例实践情况

本项目经过2020年、2021年2年的研究实践,取得了一定的成效,也受到班主任学员的认可。

1. **精心设计展示环节,深化研修成果**

基于班会活动方案,组织分学段跨班交流活动,由新班主任代表介绍方案,名班主任点评,一方面深化班主任研修成果,另一方面给予新班主任自我展示的机会,同时也为区域发现优秀新班主任奠定良好的基础。

2. **骨干班主任、名班主任科研能力提升,达成培训成果目标**

本项目以提升参训学员科研能力为目标之一,组建了"高校专家+一线名班主任+杂志编辑"三位一体的指导团队,进行过程性指导,设计三次在线集中答疑(高校专家在课题选题、研究进度、结题报告等方面对学员存在的共性问题进行集中答疑)+三次德育课题分组指导(一线名班主任根据高校专家提出的共性问题,结合所指导小组每位教师的个性化问题进行文本指导)+论文修改指导30篇(由一线名班主任从各组遴选论文初稿,由杂志编辑进行指导),在研究与实践过程中有效提升了参训班主任的科研能力。

助力优秀教学成果推广的精准培训模式探索
——基于"智库专家工作坊"的贵州实践

全国中小学教师继续教育网　张晓明　吕传汉等

背景与问题

1. 项目背景

(1) 精准培训是国家教师培训的重要政策导向与主流改革趋向。

(2) 优秀教学成果应用推广是基础教育领域一项创新性工作。

(3) 精准培训与教学成果推广具有双向互促、协同深化的功效。

(4) 贵州省"智库专家工作坊"彰显出应用推广教学成果的专业优势。

(5) 全国中小学教师继续教育网(继教网)积淀了服务教学成果应用推广的项目实践经验。

2. 拟解决的问题

(1) 关于建构教学成果推广的精准培训模式问题。

(2) 关于继教网与智库专家的有机融合问题。

(3) 关于教学成果推广基地学校作用发挥的问题。

(4) 关于学习借鉴优秀教学成果的再生成问题。

问题解决思路

1. 厘清精准培训的核心理念与关键要素

精准培训是新时代教师培训高质量发展的主体目标定位,是分层分类、自主选学等教师培训标志性改革的共性价值追求,是适应不断增长的教师参训需求的重要策略选择,是引领教师培训供给侧结构性改革优化的关键实践取向,将成为一定时期教师培训理论研究、实践探索、行动反思与成果表达的核心、热点和标识。尝试对教师精准培训的核心理念与关键要素加以梳理和描述,也是研究和建构"教学成果推广精准培训模式"的逻辑起点。

2. 梳理"智库专家工作坊"项目的经验与成果

一个中心——以发挥智库专家吕传汉教授的辐射引领作用为中心,充分彰显吕传汉教授的专业优势和指导水平。两项举措——加强培训模式改革,提供个性化定制服务;用"三教"引领"创设数学情境与提出数学问题"教学,围绕核心素养的落地实践给出解决方案。三个特色——从大规模集中研修向小团队精准研修"蹊径"拓展,听讲结合、学用结合、研创结合;从专家团队行为向名师过程指导专业拓展,采取省外与本土、理论与实践、研究型与实践型系统组合的"双导师三梯队"培养;从既定式培训向过程化精准施训区域整合拓展,以"有效教学"课例研究、提高课堂教学有效性的内容和案例为主,推动跨区域的协同发展。四个作用——完成培训任务的专业指导作用;发挥培训项目的示范引领作用;整合培训资源的输出供给作用;提供培训工作的咨询服务作用。

3. 强化教学成果推广培训的课程与活动设计

吕传汉教授主持的国家级一等奖教学成果"中小学数学'情境—问题'教学30年实践探索与理论建构",在转化为培训课程时主要从三个维度着手:第一,立足于学生问题意识与探究能力培养,构建中小学"情境—问题"教学模式;第二,教学中以培养学生自主创新意识与实践能力为目标,以创设情境为前提,以提出和解决问题能力培养为主线;第三,在教思考、教体验、教表达中促进学生长见识、悟道理,着力提升学生的核心素养。

在教学成果推广的课程实施上,采取了以点带面的"两轮递进"方式。以吕传汉智库专家工作坊的高中数学为例:第一轮,确定"高中数学'三教'的理解、体验、应用"为研修方向,组织开展了项目学校的主管校长、学科骨干和成果推广带头人培训;第二轮,以"省培"项目设置三类培训,推动第一轮培训与研究成果辐射。

4. 探索教学成果推广培训的新型有效方式

(1)现场研学。走进教学成果推广基地学校、真实课堂,通过典型示范、课例研究、经验展评、疑难辨析、行动创新引领等方式开展现场研学,实现基地、专家、学员的有机协同。

(2)导师引领。聚焦教学成果推广中的共性问题、疑难问题加以方法指导,关注学员的多样化、个性化需求加以引导深化,侧重学员的教研能力与教学写作能力的辅导和引领。

(3)校本实践。结合教学成果转化具体行动方案,在课堂实践中有效应用、改进教学,并基于教学成果应用中的新体验、新思考,拓展教学成果应用的特色化,专题开展校本实践研究。

(4)网络研修。围绕继教网、智库专家所研发和提供的网络课程进行教学成果应用的选择性学习,结合关键节点开展直播方式的释疑解惑,并通过网络开展论坛研讨和展示分享。

5. 落实教学成果推广的智库专家精准指导

(1)组建专家团队。既充分发挥智库专家的专业引领综合优势,有效挖掘智库专家在优秀教学成果应用推广方面的指导支持潜能,又组建专家助理团队,形成导师团队的梯次机构。

(2)高端引领。由课题负责人对教学成果进行深入解读,如吕传汉教授的"'三教'引领数学'情境—问题'教学、促进学生'长见识、悟道理'实践研究"等,对教学成果进行了高站位、深挖掘的阐释,为教学成果转化提供了高端引领。

(3)专题突破。聚焦疑难问题、关键问题开展专题式"专家论道",内容涉及"'三新'引领试题命制""数学原创试题过程分享""数学试卷的命制与试题解析"等,引领教师聚焦疑难、专题递进、拓展思路、深层研学。

(4)典型示范。作为培训指导的关键环节,每次培训活动都安排典型教学示范,包括基于重点问题的教学展示、"连堂课"教学示范、常规课不常规策略等,通过教学示范引领对"三教""一题多解"的实践理解与应用转化。

(5)深化点评。智库专家结合课例研究的现场点评,挖掘亮点、指出不足,举一反三、揭示规律,拓展引申、深入思辨,透析事理、辨析学理,在更高、更深的层次上引领深化与创新。

(6)结对机制。基于专家团队的两级梯队,为骨干学员配置"一对一"指导导师,个性化、常态化提供"一对一"专业指导。包括教学设计、研课磨课、教研方法、教学写作、科研行动、讲座表达六个方面。

(7)小微专题。践行宏观—中观—微观路径,逐步实现小微化、精准化的基本思路和行动脉络。吕传汉教授主持的数学工作坊经历了"中小学数学'教思考、教体验、教表达'思考与实践""中小学数学'情境—问题'教学实践与理论建构""数学'一题一课多解变式'教学实践""'三教'引领下的数学试题研究"等专题逐步小微化、研修指导逐步精准化的过程。

6. 发挥基地学校的现场研讨与精准引领作用

教学成果的应用推广培训具有鲜明的实践性特点，需要以实践基地为依托，走进真实课堂、带入教学情境。7个智库专家工作坊都结合专家以往课题研究的实验基地校、项目协作校、相关特色校等合作基础，认真遴选，确立教学成果应用推广基地学校。

吕传汉教授主持的数学工作坊，以罗甸县第一中学为核心基地校，并根据教学成果应用推广不同阶段的工作需要，选取了一批各具特色的基地学校。各个基地学校在承担现场研讨活动的履职过程中，主要从以下六个方面做好精准引领：提供学校应用教学成果的多样化课堂展示；呈现应用推广教学成果的校本教研现场；校长介绍学校积极推广教学成果的总体思路与行动方案；教师代表汇报转化教学成果、课堂教学创新的实践经验；骨干教师团队与现场研讨代表进行开放式对话；学校进行深化教学成果应用行动计划的陈述和答辩。

7. 研发系列化教学成果推广的专题课程资源

一是有关数学"三教"思想、"问题—情境"成果、"一题一课多解变式"等学科原理解析、教学成果介绍、应用体系建构、实践研究方法等维度的课程，引领教师研习、深化对教学成果的理解。二是关于核心素养解读、高考命题改革、教研科研行动、教学论文撰写等关键话题、研究方法、总结提炼等方面的课程，引领教学成果应用与教学科研创新有机对接。三是基于教师在"多解变式"教学中的"反思叙事""教学拾贝""创新感悟"、学生在"多解变式"学习中的"学习日记""解题心得""数学记事"等教与学的体验和积淀，在梳理、研评、提升中加工出生成性资源，反馈到教师的教学行动改进中。四是融入继教网关于师德践行、教育新理念、教育科研方法、技术与教学融合等通识性课程，保障教学成果推广培训课程的系统完备。

案例创新点

1. 建构了教学成果应用推广的特色化精准培训模式

建构教学成果应用推广的精准培训模式，主要坚持四项原则：体现精准培训的新理念、新政策、新内涵；找准教学成果应用推广培训与其他培训在模式建构上的异同；实现成果推广、教学改革、教师发展的有机融合；优化"专家—学员—继教网"的分工与协同。继教网基于4年多的实践探索，研究创建了"教学成果应用推广'3×4'精准培训模式"。

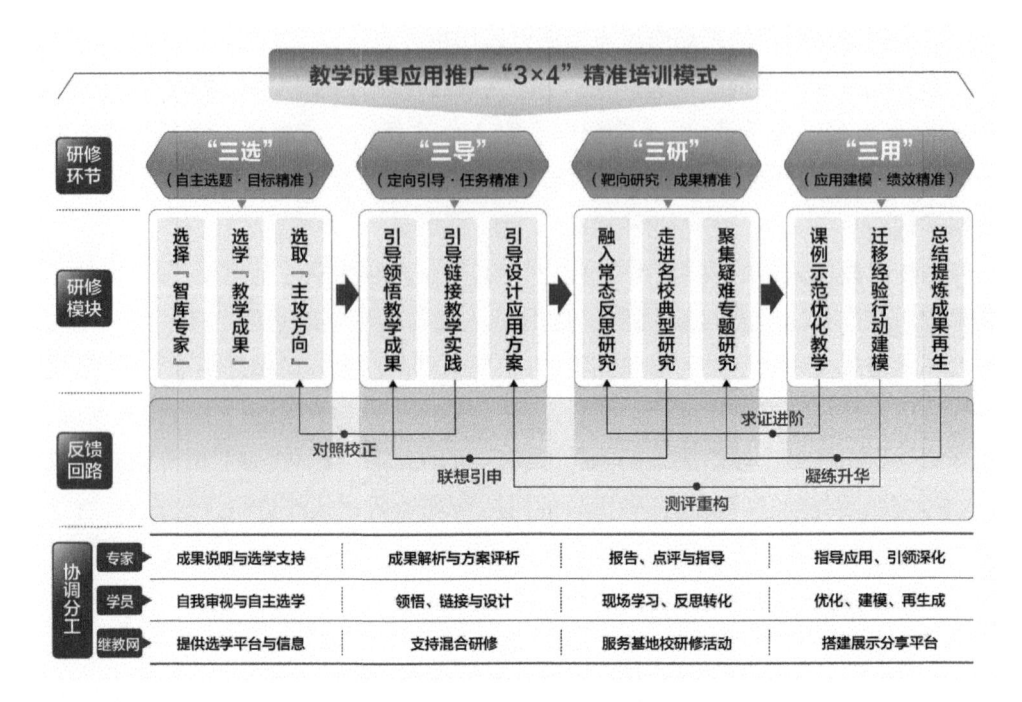

图 1 教学成果应用推广"3×4"精准培训模式

2. 演绎了由"智库工作坊"到"一题一课多解变式"的专题式聚焦

围绕"中小学数学教育'三教'研究与实践"主题,在昌传汉专家团队的引领和指导下,在继教网组织、支持和服务下,走进基地学校、问计项目学员,经过深入调研和反复论证,进而确立"一题一课多解变式"的智库专家工作坊延伸主题和教学成果应用推广聚焦专题。"一题一课多解变式"课堂教学,以"一题多解""一题多变""一题多说"为主线,通过积极思考、自主探究、表达交流,提升数学教师在教学实践过程中践行教思考、教体验、教表达的"三教"教学理念,培育学生数学核心素养,提升课堂教学创新能力。

3. 形成了继教网与智库专家、院校机构的高效能协同机制

(1)在"智库专家工作坊"项目中,智库专家发挥"三个优势"、强化"三个引领",继教网建好"两个平台"、提供"三个服务"、做好"四个保障"。

(2)在"情境—问题"成果推广活动中,贵州师范大学充分发挥专业学术优势,继教网发挥技术支持、过程服务和管理保障优势,形成共同推动教学成果应用的良好协同机制。

(3)在"一题一课多解变式"研究与实践活动中,在贵州师范大学数学科学学院与继教网联合组织的同时,贵阳市教育科学研究所也参与了相关专题的组织开展和专业支持工作。项目设立了多个基地学校,提供课题研究和成果推广的优质现场与优秀经验。

(4)在"高中数学试题研究"课题研究推进中,由贵州师范大学数学科学学院、贵州省教育科学院、继教网主办,贵州省实验中学承办,集合贵州省中学数学杨跃鸣名师工作室等11个工作室主持人,开展"三新"引领"高中数学试题研究"主题研讨。

4. 创造了基地校、新成果伴随项目实施同步进阶的典型范例

四个阶段的教学成果应用推广培训活动共有11所省内学校、2所省外学校承担基地校的职责和任务。一方面,13所基地学校尽职尽责履行着六个侧面的"精准引领";另一方面,各基地校又在现场展示和成果交流的历练中成长着、发展着。核心专家团队、相关教科研机构、基地校领导、骨干学员在教学成果的应用推广培训过程中,同步创造了一批教学论著、研究论文、典型课例、行动方案、专题经验等成果。

思考与展望

1. 谋求教学成果推广培训的内容精准,在"主题拓展"上发力

"主题拓展"包含五要素:第一,找准教学成果与当下实践热点的关联点。第二,设计教学成果课堂应用再创新的突破口。第三,激活教学成果引发学员关注的热情度。第四,锁定以往教学经验和实践特色的链接点。第五,寻求转化和培育自身教学成果的新路径。

2. 提升教学成果推广培训的服务效能,在"协同创新"上深化

"协同创新"的五项举措:第一,研制"教学成果推广培训机构协同工作规程"。第二,建立项目合作多方机构常态例会制度。第三,由过去的不定期"活动简报"发展为常态化"工作简报"。第四,开展基地学校总结与研评活动。第五,召开培训改革协同创新论坛,实现智慧众筹。

3. 释放教学成果推广培训的角色潜能,在"个性激励"上落实

"个性激励"聚焦在三个关键点:第一,进一步明晰各角色在教学成果应用推广培训中的独特定位,厘清与其本职工作角色的异同。第二,充分搭建各种角色在教学成果应用推广培训中的展示舞台,让每个角色都能够有机会结合自己的实践与反思、体验与经验"精彩出演"。第三,建立教学成果推广培训中各种角色的考

评与激励机制,对于教学成果应用推广实践中"怎样是做得好""谁做得好""做得好后怎么样",给予明确的价值判断和支持保障。

4. 完善教学成果推广的精准培训模式,在"智能研修"上升级

"智能研修"升级主要从四个方面发力:第一,在"自主有效选学"方面,实现技术支持的套餐式有效选学和智能化的专题式有效选学。第二,在"精准推送课程"方面,通过新型编码式课程推送、关键句检索式课程推送和大数据分析式课程推送等方式实现。第三,在"教师发展测评"方面,实施画像式教师行为表现测评、答题式教师教学能力达标水平测评、问卷式教师专业发展状况测评等多样化的教师发展测评。第四,在"培训成效评价"方面,综合应用游戏化过程性研修状态评价、对照式研修成效评价和标志性研修作品评价等方式。

案例实践情况

1. 应用与推广区域

智库工作坊应用区域:贵州全省,覆盖每个市州。应用人数1126人。

教学成果推广应用区域:贵州省——贵阳市、六盘水市、安顺市、毕节市、铜仁市、黔西南州、黔东南州、黔南州;云南省——曲靖市;甘肃省——酒泉市、玉门市;广东省——揭阳市。应用人数1730人。

2. 应用方式

(1)基于但不拘泥于项目的持续研修支持。

(2)充分发挥智库专家的专业引领作用。

(3)通过聚焦主题的研讨活动加以深化。

(4)走进基地学校的教学现场进行观摩指导。

(5)链接各校应用转化的教学实践改进。

3. 实践成效

(1)智库专家的先进教育思想得到广泛传播。吕传汉教授等核心专家的"三教"数学教育思想、"问题—情境"教学模式、"一题一课多解变式"等特色研究成果,都伴随着教学成果推广项目的实施与拓展,惠及十几个省、数百所学校、上万名教师,产生了深刻影响,推动了广泛实践,创造了良好成效。

(2)优秀教学成果的理念、策略和方案有效辐射应用。伴随着教学成果推广培训的四轮递进,由工作坊学员到其他教师、由基地学校到各地各类学校、由省内到省外,形成了快速推广、迅速辐射的良好态势。吕传汉工作坊组织召开的"三教"引领高中数学"一题一课"多解变式教学研讨会,设置五个分会场进行了36节高中数学课的展示、交流与点评,为教学成果的辐射推广与应用转化,积累了新鲜经验。

(3)教师的教研能力和教学改进能力明显提升。教师应用教学成果的研修过程,也是教学观念不断更新、教学行为不断改变、教师素养不断提升的过程。教师由过去教解题向教学生学会解题转变,由过去靠大量完成参考资料试题向"一题一课"转变,坚持让学生参与深度学习,以学生发展为本质目标。

(4)学生的学习方式积极转变、学习成绩持续提高。"一题一课多解变式"教学模式,一是激发学生学习兴趣、积累丰富解题体验;二是跳出题海探究问题本质、提升数学思维品质;三是引领学生长见识、悟道理,在学习活动中培育核心素养;四是核心问题驱动数学课堂深度学习真实发生。各基地学校教学质量得到明显提升。罗甸县第一中学2019年、2020年、2021年连续3年的高考数学平均成绩分别比前一年提高8分、9分、6分。思南中学高考数学及格率达72%以上,平均分达98分,超出省平均分33分。

(5)专家团队和骨干学员创造了多样化的研究成果。专家团队著作:《高中数学常见题型解析——基于核心素养培育的试题研究》《基于培育数学核心素养的行动:教学课例研析》《基于培育数学核心素养的行动:解题课例研析》《多解变式悟静思》等。

参训学员成果:《"一题一课多解变式"典型课例》《"一题一课多解变式"教学实践与感悟》《高中数学学习中的长见识悟道理》《高中数学解题与教学研究》《多解变式"七环节教研"案例集》《运数惟学,感知悟道——高中数学"一题一课多解变式"教学体验课例集》《核心问题驱动数学课堂深度学习真实发生》等。

"两步入手、三级施训、四道研磨"
实施国培计划"一对一"精准帮扶培训

吉林省敦化市教师进修学校　刘金枝　申丽霞　陈　勇

背景与问题

《中共中央 国务院关于深化教育教学改革全面提高义务教育质量的意见》明确指出"实施义务教育质量提升工程。……促进县域义务教育从基本均衡向优质均衡发展"。受地域、人口、经济、文化等方面影响,县域间的义务教育在师资水平、育人质量等方面在一定程度上仍然存在着发展不均衡问题,其中,师资水平对于教育质量起着关键作用。如何快速有效提升现有师资的教育教学能力水平,是摆在教师培训工作者面前的长期而艰巨的课题。就缩小县域间教师能力差距而言,加大县域间中小学校的互通互学是解决这一问题的有效举措。

(1)培训者团队素质亟须提高。《教育部关于大力加强中小学教师培训工作的意见》指出,要充分发挥区县教师培训机构的服务与支撑作用。在集中培训、远程培训和校本研修的组织协调、服务支持等方面发挥重要作用。提升县域内教师培训工作质量,培训者团队的建设刻不容缓。培训师要具备较强的培训教学管理能力、组织协调能力和解决问题能力。和龙市教师进修学校的培训团队需引入源头活水,亟须提高教师培训技能技巧,可以学习借鉴我市施培的经验和做法。

(2)领头雁领导力有待提升。落实《教育部关于进一步加强中小学校长培训工作的意见》,围绕立德树人根本任务,要以促进校长专业发展为主线,以提升培训质量为核心,以创新培训机制为动力,进一步提高校长培训工作专业化水平,努力造就一支品德高尚、业务精湛、治校有方、人民满意的中小学校长队伍,为推动基础教育改革发展、实现中国教育梦提供坚强保障。由于该市的乡村学校规模较小,办学特色不明显,亟须对校长进行实践引领。

(3)新生力量缺少成长平台。新任教师是学校的未来,更是教育的未来,不断提升新任教师的教育教学水平,使他们成为学校发展的主力军,促使他们向更高、更远的目标迈进。针对该市近几年新任教师培训不能满足需求的问题,科学设定培训目标,使他们快速成长,在短期内素质得到大幅提升,形成自己的教育教学风格,力争通过1—2年时间成长为学校的骨干和学科能手。

(4)"小班化"教学提质增效策略不明晰。"小班化"教学被称为"精品教育",在当前深化课程改革的大背景下,随着农村学生数量的逐年减少,实行小班化教学迫在眉睫,它可以突出学生学习的主体性,扩大学生间的交流与合作,有效地促进学生自主学习能力和创新能力的提高。由于该市乡镇学校班额普遍较小,如何提高课堂教学质量,探索双减背景下"小班化"教学有效路径成为主要问题和需求之一。

问题解决思路

2022年,敦化市教师进修学校承接了国培项目——敦化·和龙"一对一"精准帮扶培训(图1)。帮扶对象为延边州和龙市小规模乡村学校的教师共计580人。为了精准开展施培,我们通过问卷调研、实地诊断等方式深入了解学员最真实的需求。基于以上背景下的需求和思考,最终确定了"坚持'察导培拓'路径,实现小规模学校教育教学质量的有效提升"这一培训主题。

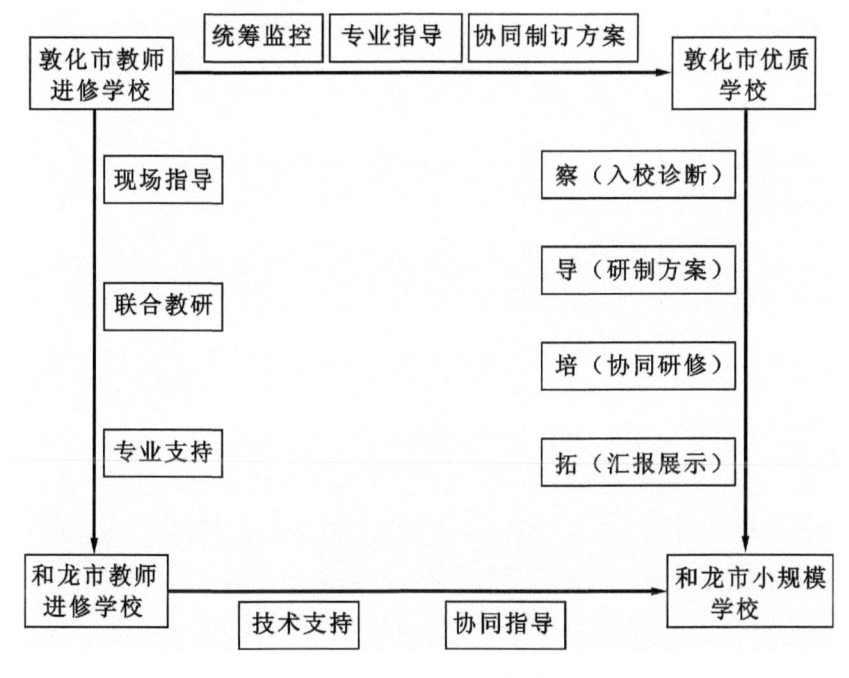

图1 "一对一"精准帮扶培训项目整体设计

一、"两步入手"——聚焦需求从原点入手、课程设计从精准入手

（一）聚焦需求从原点入手

根据和龙市教师实际需求，结合培训主题，我们计划从解决问题根源入手，确立了"以问题解决为重点、案例研究为抓手、参与互动为基础、实训实践为拓展、能力提升为目标"的实践思路，培训形式坚持理论与实践有机融合的原则，包括专题讲座、案例分享、名校考察、入校研修、观摩交流、诊断研讨、成果展示等，力争为和龙市学员提供最直接、最实用的经验与策略。

（二）课程设计从精准入手

根据参训学员需求，设置了三个培训子课题、四个集中培训班，即"教师培训团队培训课程设计能力提升培训班""新时代背景下乡村校长实施特色办学的思与为""乡村中学教师教学实践与规范化能力提升培训""乡村小学教师教学实践与规范化能力提升培训"。

1. 课程设置

根据实际需求，设置了以下四种课程：

(1)通识性课程：师德修养课程、学科核心素养课程、校本研修课程。

(2)自主性课程：有效教学的研学与思考、课例研修的研学与实践和校本研修的研学与实践。

(3)体验式课程：导师指导下的主题式校本研修实践（"三课三反思"课例研修活动，即尝试课、提升课和精品课）。

(4)汇展性课程：汇报展示、教学设计、研修方案和经验成果。

2. 研修模式

确立了"四动一点三段两契合（4132）"的研修模式。

"四动"是指培训的目标流程设计：问题带动—任务驱动—双线互动—成果推动，"四动"目标引领整个帮扶活动的开展。

"一点"是指研究一个问题（基于问题确立研究课题）。根据学员的教学现状，通过前期调研，了解学员的需求，明确研修方向和培训目标。

"三段"是指培训前—培训中—培训后。培训前完成调研问诊（问卷调研、作业测评、课堂听诊、方案设计）。培训中采用集中培训（方案解读、师德教育、理论研修、专题讲座、参与实践）、跟导研修（学员赴帮扶校与结对师傅跟导实践，与结对师傅同备同磨，互相听课，学习师傅教学中的精华）的方式。培训后进行成果的转化提升，进行成果推广，对学员参培情况进行考核评价。

"两契合"是指线上线下双线融合的培训形式,借助网络交流平台,开展网络教研。

二、"三级施训"——有针对性地组织好教师培训团队、乡村校长、乡村教师三个层级人员的培训

(1)教师培训团队培训课程聚焦教师培训课程的设计、管理、实施,并带领学员深入基层学校观摩学校的校本研修、课例研磨现场,组织两县市教研员进行培训工作经验分享,通过互动交流,展示各自县市培训成果,萃取经验。

(2)乡村校长培训主要采用了"理论引领+案例教学"的模式。培训中遵照"理论与实践相结合、交流与反思相结合,力求简单有效"的培训理念,构建了"专家导航、名校引领、案例分享、文化考察、成果展示"五大模块,既有省内的专家理论引领,又有本土名校长思与为的成功经验分享;既有资深校长的办学经验,又有新任校长的办学思考与实践案例交流。

(3)乡村教师培训围绕"目标贯通式各学科学习课堂的研究"这个主题设计培训专题。以任务驱动建立带教导师与学员之间的合作机制,通过开展基于问题导向的自主性研修、体验式研修和应用型研究,并采取线上和线下相融合,将带课、带学、带研落到实处。

三、"四道研磨"——入校"点对点"培训建立"察研、导研、培研、拓研"帮扶机制

"点对点"帮扶是此次"精准帮扶"培训项目的另外一种行之有效的形式。我们在全市中小学遴选了11所优质学校,与和龙市的13所乡镇学校对接。确立了如图2的培训实施流程:

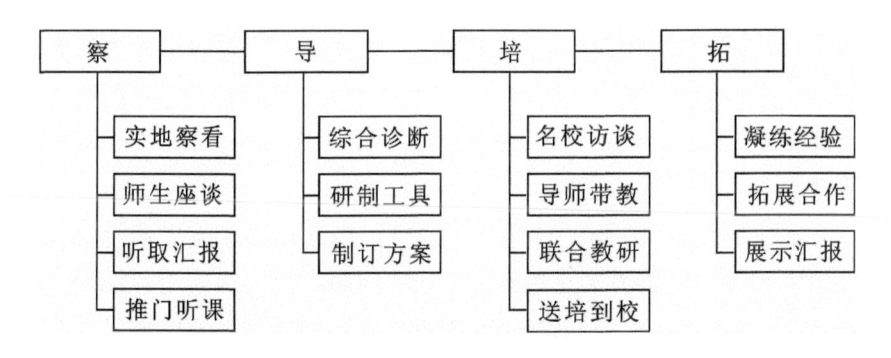

察	导	培	拓
实地察看	综合诊断	名校访谈	凝练经验
师生座谈	研制工具	导师带教	拓展合作
听取汇报	制订方案	联合教研	展示汇报
推门听课		送培到校	

图2 "点对点"培训实施流程

（1）察研：入校诊断。开展集看、听、问、查于一体的综合调研，通过实地察看、听取汇报、推门听课、召开座谈会等形式，全方位深入了解对接校学校管理、教师队伍建设、办学水平、教学质量、特色创建、文化建设等工作，解决将要帮什么的问题。

（2）导研：制订方案。专家团队结合本次调研情况和该校提出的帮扶培训需求报告，进行认真分析研判，制订切实可行的帮扶方案，力争实现一校一方案，案案有亮点，进而解决怎么帮的问题。

（3）培研：送培到校。送培的优质学校结合本校教研特色，采用"三备两磨三讲一反思"即"3231"校本研修模式进行课例展示，为和龙市教师专业发展带去了最优质的校本研修策略与路径。

（4）拓研：从整体上总结帮扶成果，针对帮扶校、受援校从方案制订落实，到成果的凝练推广，以及后续的合作交流。溯源到为什么要帮扶，终极目标是共同提高，互助成长。

案例创新点

工作中我们以问题发现为根，行为改善为本，以提升帮扶县培训、教学、教研、科研能力为目标，以线上与线下研修为路径。通过诊断调研按需培训，专家引领现场答疑，小组研讨团队合力，激发教师的内驱力，提高培训效率与效益，完善教师互培机制，注重项目统筹管理。

（1）基于需求，问题带动——坚持两步走：第一步是需求调研，确立送教学校及需培教师，以课堂观察、问卷调查、师生座谈的方式了解薄弱校教师队伍建设的突出问题，确定培训内容、方式。第二步是制订活动方案，进行课程设计，做好培训准备。

（2）项目引领，任务驱动——实现两融合：发挥优质资源的引领辐射作用，组织开展有主题性、有针对性、有层次性、有实效性的集中培训活动。把送教（微型说课、课堂教学、课后反思、交流评议、专题讲座）与送研（现场示范、指导实践、跟进服务）相融合。

（3）线上线下，双向互动——坚持双线并行：借助网络交流平台，把教研模式的运用和学校教研活动的开展延展到线上，指导帮扶学校、教研组、教师开展课题引领下的教研活动，使研课磨课常态化，随机化。同伴互助和专家指导双线并行，在网络平台上对教师自主研修课例进行打磨。

（4）资源萃取，成果推动——实行三举措：一是考核评价；二是开发、创新资源库的建设和使用,对教师在培训活动中形成的优质成果进行筛选、提炼,把具有创新性、可操作性、可推广性的优质成果分类整理,建立资源库;三是把优质资源作为辅助项目向纵深发展的一种途径。评估运作模式的可行性,跨学科尝试运用。

思考与展望

1. 思考

(1)此次培训因为周期短,对学员所传授的知识仅仅停留在理解层面,缺少跟岗研修、导师带教等再思考、再践行的时间,针对性指导不够。

(2)培训学员为和龙市小规模学校的教师,因跨县市实施,对后续的培训工作缺乏实效性的跟踪指导。

2. 展望

(1)根据培训内容和预期效果,成立专家团队和项目管理团队分别于每一年度培训结束后,再次入校对学员进行跟踪指导、入校诊断,并引领教师根据集中培训所得和示范课例进行教学实践,每人负责跟踪指导教师5名,指导教研员1名。

(2)运用微信群进行交流、研讨和分享,及时解答教师教学中的困惑,进行理论引领,从而逐步提高教师的教学实践能力。

(3)组织两地互访、人员互派,实现优质资源共享,形成长期的教学共研氛围,助力两县市教师队伍优质均衡发展。并开展跨区域的教研活动、主题论坛活动,在活动中发现并诊断问题,进行更深入地指导,进而让培训更具实效性。

(4)做好项目的延伸研究。在培训项目之外,拓宽外延进一步研究,科学规范做好培训资源建设工作,做好"后国培时代"的研修支持服务,是确保项目平安落地的重要保障。

(5)继续加强培训课程体系建设,不断提高培训品质。

案例实践情况

1. 应用区域/项目

(1)应用区域:吉林省乡村振兴重点帮扶县(延边州和龙市小规模学校)。

(2)应用项目:国培计划(2022)"一对一"精准帮扶培训项目。

2. 应用人数

和龙市教师进修学校教研员、和龙市小规模学校领导、教师共计580人。

3. 应用方式及成效

（1）为促进两地均衡发展做好了顶层设计。从高层设计上看，具有长远的战略眼光，在当下"促进教育优质均衡发展、满足人民群众对高质量教育的迫切需要"呼声不断高涨的历史时期，实行"一对一"精准帮扶，顺应时势，举措得当，应该坚持。

（2）为保证帮扶效果提供了可能。从选定的帮扶对象双方来看，"县县对接"，贴近实际，很接地气，利于帮扶，利于借鉴学习，避免了"高大上"的培训内容让参训人员望尘莫及。

（3）为两校在帮扶中实现"双向提高"搭建了平台。从长远看，所谓"教学相长""优势互补"，对接双方在帮扶过程中彼此交流、互通有无，总有一点或多点值得对方思考、借鉴并不断完善，最终必然会实现"双向共赢"。

项目实施以来，得到了学员的高度评价和普遍认可。此次培训共计研发入校诊断工具表7个、学习工具表25个，撰写诊断报告11份，制作宣传美篇32篇、下发调查问卷300份。组织学校入校观摩35次，开展实践活动15次，学员提交教学方案设计200篇，撰写心得体会200篇，编写学员成长手册55本，学员返岗后参与赛课活动获奖20余人次，发表论文15篇，参与各级课题研究8个，共有13名教师在市级骨干教师评选中入围。

基于表现性评价的素养教育
教师精准研训模式

北京市朝阳区探月学校　陶　潜

背景与问题

当前,深刻落实核心素养的教育变革对我国广大一线教师及教师教育者提出了严峻的挑战。具体表现为:素养教育教师研训缺乏系统性,教师研训中教师素养能力增量衡量不够精准,教师研训项目设计方面存在弊端,指导与干预的专业性不足,等等。

问题解决思路

北京市朝阳区探月学校教育者发展中心(以下简称"中心"),致力于支持践行国家课程标准的学校贯彻指向核心素养的系统性变革,核心策略是培养能够落实核心素养教育的教育者。中心认为,核心素养教育要求教师具备学科素养、核心素养和专业素养,教师研训项目应该满足教师素养提升的需求。抓准精准培训的核心需求,施训者应重视指向素养发展的评价。素养教育教师的研训项目应该做到"评价先行",表现性评价的设计与应用应该得到重视。表现性评价能够让学习者在真实的情境中,通过完成任务来展现其高阶思维与能力。教师基于特定量规,即评价标准,来评价学习者的素养发展水平。

中心充分地吸取和总结基于表现性评价的教师研训项目的设计与实施经验,考量现阶段中国教师研训项目所面对的关键挑战,以《卓越教师教学能力标准》为指导,自主研发能够有效提升教师专业素养的研训模式。以下分别从参训教师的关键经历、研训项目涉及的关键角色来梳理研训模式(图1、图2)。

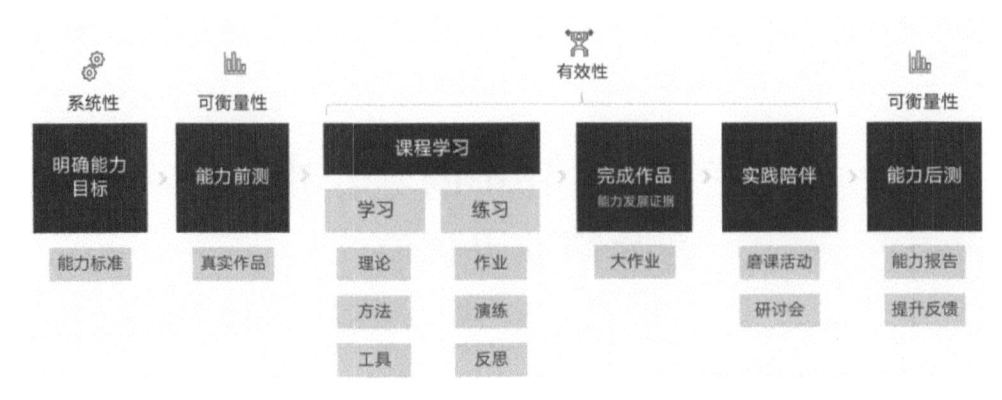

图1 参训教师关键经历模型图

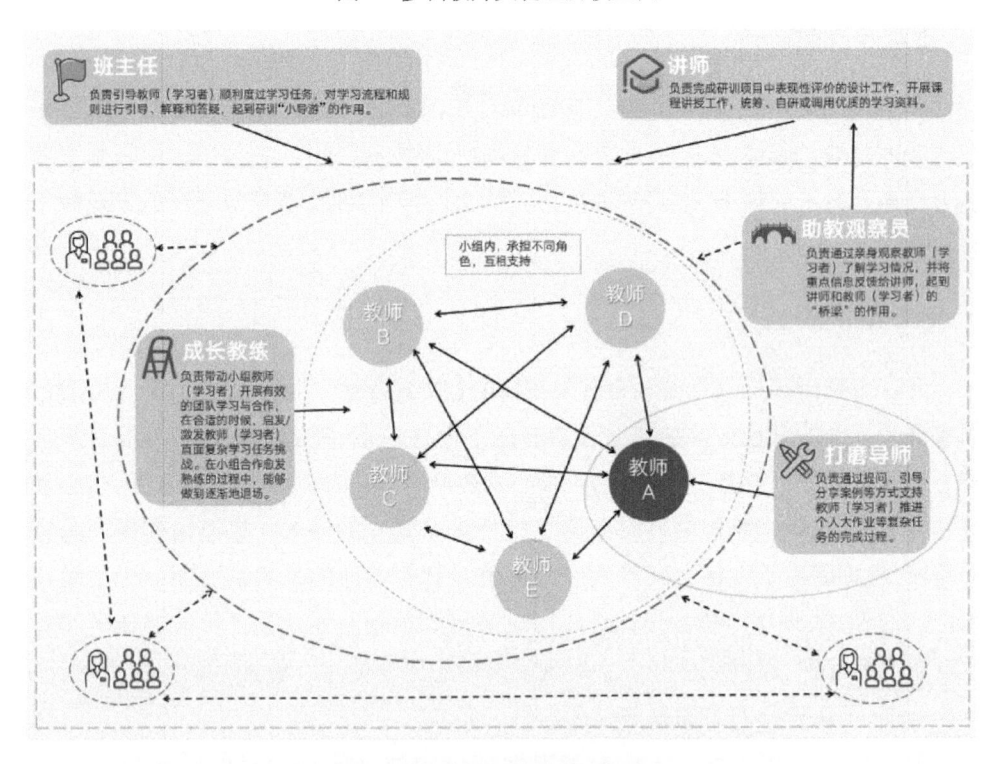

图2 研训项目关键角色模型图

从参训教师关键经历的视角梳理此研训模式下教师的学习经历，可总结为：第一，参训教师需要明确自身所需提升的能力目标并提交当前相关的个人作品，从而进行课程学习之前的能力前测。第二，参训教师将展开围绕着理论、方法、工具的课程学习及练习，从而为完成后续的大作业做好准备。第三，过渡到实践陪伴的环节，参训教师将返回真实的工作场景开展实践，根据实践所获得的反馈调整和迭代大作业。第四，教师进行能力后测，并收获反馈报告。

图2从研训项目涉及关键角色的角度呈现研训模式。在研训项目中，学员、讲师、班主任、助教观察员、打磨导师、成长教练是关键角色。

上述角色共同构成本研训模式下的人员结构。在完成基于表现性评价的学习任务的过程中，结构中各主体之间的互动是经过设计的。中心根据互动的角色定位和学习目的将其分为强互动、弱互动两类，具体解释如下：

图2中的实线箭头表示强互动。互动主体之间存在高频率、充分的信息交流。比如，图2中粗虚线表示一个学习小组，小组由一位成长教练和若干教师组成。研训项目的主要学习活动都在小组内部展开，小组内教师之间有充分地互相讨论、反馈、提建议的时间，组员的疑问通常会在小组内部得到解决。成长教练会全程陪伴和支持组员开展研训活动，并在必要时，给予团队协作上的支持和带领，启发组员完成复杂的学习任务。

图2中的虚线箭头表示弱互动。互动主体之间虽存在经过安排和设计的互动环节，但是互动频率相较于强互动有显著地减少。比如，各个学习小组之间也存在信息交流，如图2虚线组成的椭圆之间的双向箭头所示。在经历重要习题或学习任务的检查点时，研训项目将组织小组之间的展示互评活动，广博地吸纳不同组员的做法和经验往往能够带给参训者多样的视角，从而有助于其发挥创造力。

简言之，此研训模式具备以下关键特质：第一，具备明确的指向教师专业素养发展的目标，且目标体系具备系统性；第二，能够对教师专业素养的变化进行衡量；第三，能够落实以"学习者的学习为中心"的教育理念，对教师的学习过程开展有效的设计。

1. 研训目标明确指向教师专业素养的发展

在本研训模式下，"明确能力目标"部分均指向教师的专业素养目标（即能力目标），中心主要参考《卓越教师教学能力标准》进行目标的制订。教师教学能力分为指向核心素养的学习、构建以学习为中心的课堂、使用评价促进学与教三大维度，也就是教师专业素养的一级能力。在每一个一级能力之下，还有若干个相匹配的二级能力。

根据教师能力标准中定义的观测点，中心制订明确的指向教师专业素养发展的目标。目标的写法在于使用合适的动词和专业名词，清晰、具体地表述二级能力。

明确的教师专业素养的发展目标能够促使研训项目设计者使用表现性评价来衡量参训教师的表现,以及设计有效的学习过程来帮助教师逐步地实现专业素养的发展,也是建构系统性提升教师落实素养教育能力的前提和基础。

2. 教师专业素养发展目标体系具备系统性

根据《卓越教师教学能力标准》中具体"观测点"的表述,同时参考国内外成熟素养量规的写作方法,中心自主研制了覆盖能力标准全部 14 个二级能力的素养量规,体现了教师专业素养的进阶性和发展性。这就构成了教师核心素养教师专业素养的目标体系。

对于每一个二级能力,按照从低到高,中心将其梳理形成 5 个发展水平。对于二级能力的每个水平,均有明确而具体的能力表述与之对应。

经过持续自主研发,中心目前已经建立了能够覆盖全部 14 个二级能力的研训课程体系,在课程矩阵中,研训目标取自层次与逻辑清晰的量表,参训教师能够按个人的兴趣和需求自主规划专业发展的路径,系统性地提升专业素养。基于系统性的目标体系建设,教师专业发展的证据体系也可以做到有章可循。

3. 能够对教师专业素养的变化进行衡量

要想对教师专业素养的变化进行衡量,首先需要清晰地定义能够表征教师专业素养的指标。再者,需要设计清晰匹配教师专业素养发展目标的证据结构。在实践中,通常需要进一步设计形成素养证据收集模板,这其实也是研训课程提供给教师的重要学习支架之一。在开展评价活动时,需要有专业素养的测评师根据教师提交的证据,使用量规进行打分并给出反馈。

中心根据研训项目的素养发展目标设计教师专业发展的证据结构。以研训课程《核心素养课程设计》为例,本研训课程的大作业为"教师完成指向核心素养发展的课程设计",这个大作业的模板就是教师专业发展的证据收集模板。模板的结构与素养目标是对应的。参训教师提交证据来证明自己的素养发展水平,中心组织专业的测评师根据量规对其进行评价与反馈。每位教师都会获得一份详细的能力测评报告,该报告将不仅反馈教师的专业素养发展水平,也将对教师未来的专业发展给出有建设性的建议。

4. 以教师素养发展为中心的学习过程设计

中心认为以教师素养发展为中心的学习体验设计可以帮助教师落实研训的效果,增强教师的学习体验,这体现了研训项目的有效性。中心通过学习体验设计希望着重落实的要点是:教师的学习路径得到合理地设计;教师的学习难点和卡点能够得到有效支持。教师在学习特定的主题时,需要经历一系列有序的重要学习活动,包括:新知构建、能力构建、刻意练习、迁移运用、反思评价等。

中心在设计研训项目时,基于上述五类活动的分类方法来梳理具体的教师学习任务序列,使之指向教师素养发展。教师的学习难点和卡点是对于研训项目的指导与干预能力的检验。我们发现,教师的难点和卡点是多样的,需要非学术型支持和学术型支持。非学术型支持主要包括学习流程和规则的及时答疑解惑及情感支持。在本模式中,主要由班主任、助教、观察员负责及时地发现、跟进和解决学习流程和规则上的问题,成长教练和教师们自身负责陪伴和提供情感支持。学术型支持主要包括理解层面上的校准、针对复杂任务的批判性反馈、在探究学习中的个性化指导等。

案例创新点

1. 系统性研判

中心在尝试探索研训模式时,首先认识到这是系统性问题,研训模式中包含复杂、多个重要的主体。进行系统性的思考、论证和研判,确保中心的智力资源投入始终处于系统最重要的位置,尽力做到能力范围内最合理的资源分配。

2. 坚毅与审辨

中心的核心文化之一是"做决策之前系统思考,做好决策之后勇往直前"。在进行研训模式研发和测试的过程中,不达到理想的预期的情况是常态:教师反馈课程过难、学习有卡点时得不到支持、小组讨论时尴尬冷场等。在这些时刻,沮丧、挫败情绪也是时有出现,关键在于及时调整,坚毅地面对真问题,然后逐个解决每一个真问题。

3. 学习型跨界团队

在研发研训模式的过程中,学习型团队是必不可少的。其含义是,团队成员都有希望素养教育在中国扎实落地的使命和愿景,都具备较高水准的学习能力和专业背景,都具备在团队中敏捷学习和相互反馈的能力,都具备不断持续学习和发展的心智模式,都具备系统思考的能力。这样的团队,使得彼此可以不断地在解决真实的有创造性的问题的过程中成长,使得作品和产出不断地趋近于所期待的水准。

思考与展望

1. 探索中发现的关键问题

（1）研训难度、强度偏大。在本研训模式中，中心坚持参训教师需要在团队协作中做出有创造性的表现，也就是完成大作业。这往往需要教师勇于走出自己的认知舒适区，进行深度的学习、设计与创造。这样的研训内容确实给部分参训教师带来一定的畏难情绪。在研训的过程中，尤其是在攻克较难的学习要点时，教师也会呈现较大的疲劳感。

（2）研训结果难以直接预测教师工作表现。能力的增长在多大程度上能够预测教师在实际工作中表现的提升，这是一个难题。一方面，教师在工作中表现的指标设计计更加复杂、困难；另一方面，教师实践素养教育也需要工作环境因素的支撑，可见影响教师工作表现的变量也相对多且复杂。这给通过研训结果来预测教师工作表现带来了挑战。

（3）研训模式对于执行团队的要求偏高。执行团队需要充分合作，精密地配合以确保研训项目得到有效地开展。成长教练团队、打磨导师团队、专业测评师团队都需要有专人来负责管理，并进行专业性提升。这对于执行团队的团队协作能力、时间统筹能力、问题解决能力都提出了较高的要求。

（4）研训项目产能较低，规模化的挑战较大。在本研训模式中，影响教师学习体验的环节都需要高水准的人力资源予以支持，因此每期研训项目的人数都有比较明确的上限，即使研训项目中的课程部分可以通过录播的形式触及更大范围的人群，每期研训项目的产能仍然比较低。

2. 未来展望

基于当前的探索，中心在此研训模式上对未来的展望主要有：拥抱技术、关注学科内容、持续赋能教育者。目前，人工智能、互联网技术不断更新迭代，以ChatGPT为代表的大规模语言模型有潜力支持教育应用。比如说，在本研训模式中，制约产能的"讨论与写作的引导""给出及时有效的专业反馈"等关键因素，有可能在未来通过技术的手段得到解决。我们将积极尝试新技术在此研训模式下的创新型应用。中心也将在下一阶段的工作中，着重关注基于学科内容的素养教师的研训课程内容的建设，使得学习内容更加贴近参训教师的日常工作，为进一步降低研训项目的难度、提升研训项目的有效性和普适性做好准备。最后，中心坚信培养教育者的价值，为教育行业持续培养具备高专业性的人才。千里之行，始于足下，中心希望让更多的教育者能够真实地体验研训项目,甚至承担打磨导师、成长教练、测评师等具备一定专业性的工作。中心也将持续与行业内更多的伙伴展开合作,探索并开源出更加丰富的知识方法、经验教训,希望看到核心素养的教师教育者不断地在教育生态的各个领域涌现出来。

案例实践情况

自 2020 年 7 月到 2023 年 7 月,中心已经自主研发并开展基于表现性评价的教师研训项目共 16 期,覆盖来自全国 58 个城市、218 所学校、639 人次的在职教师。经过对数据进行分析,我们发现在中心 2020 年到 2023 年开展的全部研训项目中,教师都能够显著地提升自己的专业素养和能力。

精准培训高质量实施关键模型的建构与应用*

全国中小学教师继续教育网　张晓明

摘　要：当精准培训的政策导向、改革方向和实践路线确立之后，怎样谋划和推动精准培训的高质量实施就摆上了重要议程。研究和实践表明：找准关键问题点、构建有效行动模型，是谋求精准培训高质量实施的一条优选路径。本研究从精准培训要义、培训基本规律、项目实施诉求、专业支持服务等多维视角出发，选择和确立"角色协同、行动流程、方式方法、课程研发、分层培训、研修评价"六个方面，按照"问题导向、实践理性、行动逻辑、绩效至上"的原则和思路，研究和建构精准培训高质量实施的六个关键模型，并提出模型应用的行动要点。

关键词：精准培训；高质量实施；关键模型建构

精准培训作为我国当前教师培训的政策关键词、改革聚焦点、研究核心域与实践突破口，已达成普遍共识，正激活广泛行动。但要把精准培训理念和目标深层次落地、高质量实施，除了国家层面的政策导向外，更需要地方和机构创新性、特色化的实践探索。

《中国教师培训发展报告（2022）——精准培训视角》指出："精准培训的概念模型以按需、个性、循证三个特征要素为核心，同时包括三个层面的精准，即微观的培训项目层面、中观的培训服务层面、宏观的培训治理层面。"[1]本研究侧重微观层面、结合中观层面、兼顾宏观层面，针对精准培训高质量实施的六个关键问题点，基于实践逻辑和实用视角，探索性建构"精准培训六大模型"并提出应用旨要。

一、精准培训"三种角色—有机协同"要素结构模型

关于精准培训实施的要素构成，许多专家学者都有见仁见智的研究论述。借

---

* 中国人生科学学会"十四五"重点科研课题（课题编号：K1102023062266）阶段成果。

鉴《精准施训:缘起、内涵与策略》[2]一文提出的尊重教师成长规律、加强培训机构能力建设、强化精准培训管理等推进精准培训的策略,笔者选择了以参训学员、培训机构、管理部门三种角色及其有机协同来建构精准培训的结构模型,即培训主管部门的"精准管控"、培训服务机构的"精准供给"、参训学员的"精准学用"三个维度。具体的要素构成及结构关系详见图1。

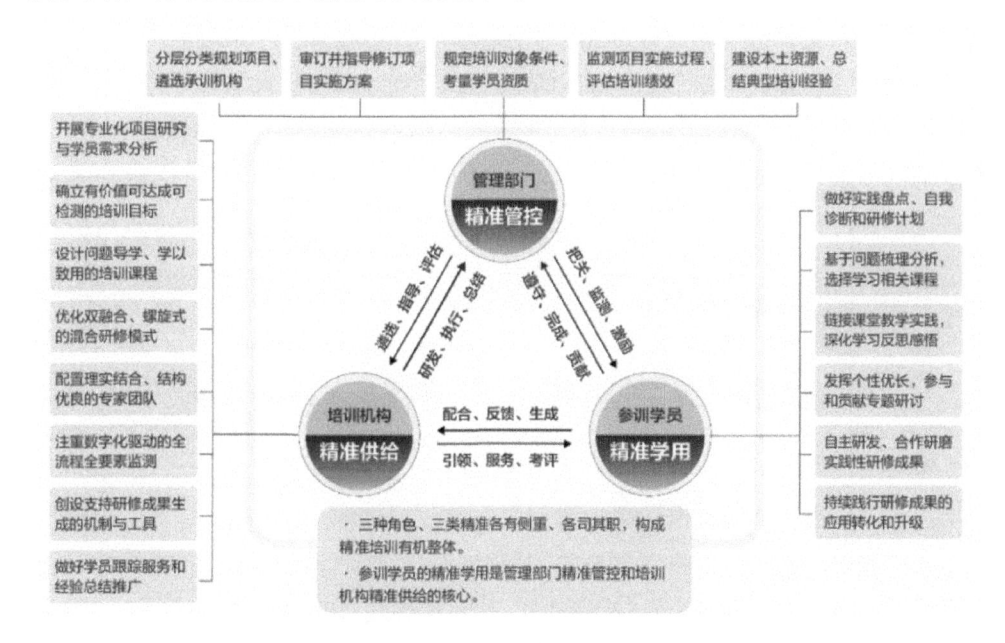

图1 精准培训"三种角色—有机协同"要素结构模型

（1）按培训工作角色构建精准培训的要素模型,符合培训的"做事"逻辑,具有较强的实操性,有助于培训主管部门、培训服务机构、参训学员明晰在精准培训中各自的定位与职责。这也是教育部颁布的各类培训指南中"职责分工"内容的具体实践。

（2）按培训工作角色构建要素模型,不仅不排斥用培训基本要素描述精准培训的研究方法,而且更加立体式地把培训目标、内容、方式、考评等要素融会贯通地呈现在三种角色的职责中。如培训内容要素,管理部门的精准管控通过"审定项目实施方案"来保障,培训机构的精准供给通过"设计培训课程内容"来落实,参训学员的精准学用通过"选择学习相关课程"来达成。

（3）在精准培训的要素模型中尤为强调:其一,三种角色、三类精准各有侧重、各司其职,构成精准培训有机整体。其二,参训学员的精准学用是管理部门精准管控和培训机构精准供给的核心。

（4）精准培训的"三种角色、三类精准"之间,有着内在的相互协同、合作共赢的工作关系。如:管理部门对培训机构的"精准管控"主要体现在遴选、指导、评估;培训机构对管理部门的"精准供给"主要落实为研发、执行、总结。再如:培训机构对参训学员的"精准供给"主要职能为引领、服务、考评;参训学员对培训机构的"精准学用"主要响应为配合、反馈、生成。

（5）在"三种角色"履行精准培训的职责中,注重强化"以往重视不够,但又对精准培训至关重要"的相关内容。如:管理部门精准管控的"规定培训对象条件、考量学员资质""监测项目实施过程、评估培训绩效";培训机构精准供给的"开展专业化项目研究与学员需求分析""注重数字化驱动的全流程全要素监测";参训学员精准学用的"基于问题梳理分析,选择学习相关课程""链接课堂教学实践,深化学习反思感悟"等。

二、精准培训"双融合、螺旋式、常态化"行动流程模型

培训实施流程是培训各个环节遵循递进规律的统筹安排与具体运行的总称,是培训相关角色在培训实施过程中履职尽责的逻辑顺序与结构关系,是要素模型在培训实践中的直接应用和有效检验,是达成精准培训目标和任务的过程性设计和实践性保障。本研究建构和应用了"双融合、螺旋式、常态化"的8—3—7式混合研修流程(图2)[3],充分彰显了精准培训对培训流程的多样化、专业化诉求。

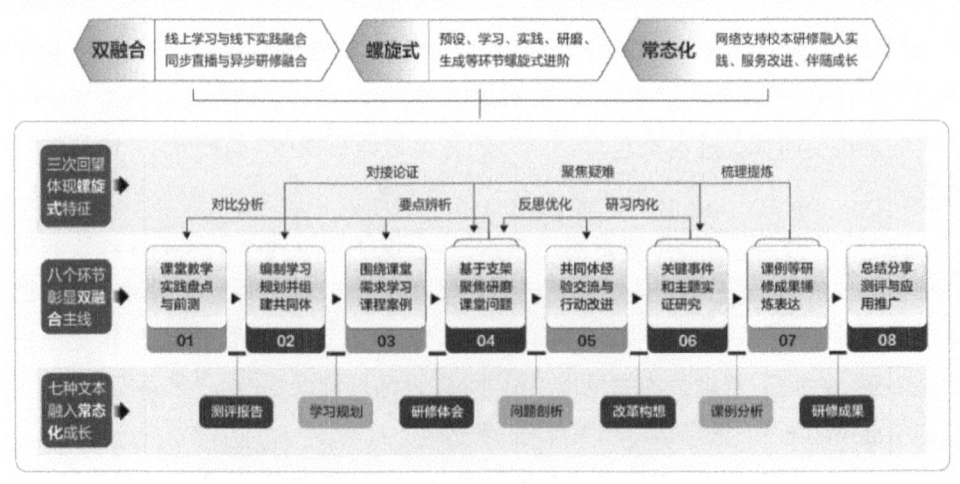

图2　精准培训"双融合、螺旋式、常态化"行动流程模型

（1）八个环节彰显双融合主线。八个环节包括：课堂教学实践盘点与前测；编制学习规划并组建共同体；围绕课堂需求学习课程案例；基于支架聚焦研磨课堂问题；共同体经验交流与行动改进；关键事件和主题实证研究；课例等研修成果锤炼表达；总结分享测评与应用推广。彰显了"线上学习与线下实践融合、同步直播与异步研修融合"的主线和优势。

（2）三次回望体现螺旋式特征。在"基于支架聚焦研磨课堂问题、关键事件和主题实证研究、课例等研修成果锤炼表达"三个环节设计了三次回望，通过"对比分析、研习内化、聚焦疑难、梳理提炼"等方式实现反馈改进。

（3）七种文本融入学员的常态化成长。在每两个环节之间分别嵌入"测评报告、学习规划、研修体会、问题剖析、改革构想、课例分析、研修成果"七种研修文本，以文本的自主与合作生成，支持各研修环节的递进和升级，伴随参训学员的常态化成长。

三、精准培训"融合型·长句式·三要素"方式方法模型

培训方式的陈旧、单一、参与度不够、实效性不强等问题长期羁绊着培训质量和效能的提升。精准培训视域的培训方式变革，要进一步凸显"学员中心、链接实践、学以致用、激励生成"等基本原则，在传统讲授式、浅层参与式、空泛研讨式、虚假情景式、低效生成式等"关键痛点"上，对症下药、靶向施策。本研究从方法融合的视角，运用稍长一点的句式描述、凝练个性化的"三要素"，构建了精准培训的方式方法新模型（图3）。

十种培训方式是将以往的讲授式、案例式、研讨式、情景式、现场式等方式加以融合、重组、改进，以"类方法（前瞻性、实战型、浸润式等）+具体方法（文本解读、经验引领、主题沙龙等）"的组合方式，用两个词组叠加的长句式所表达出来的培训方式方法名称，具有一定意义上的创新意蕴。

在对十种培训方式作以融合型长句式提炼概括的基础上，从"抓住主要矛盾、聚焦关键问题"的视角，对每种培训方式提出该方式的关键"三要素"。如："专题化演绎辨析法"的三要素为"求新立论+寓事析理+精准实证"；"开放式主题沙龙法"的三要素为"递进专论+开放对话+讲评组合"。

十种培训方式的内涵描述结尾，使用了"既……又……"句式，也体现了每种培训方式能够达成融合效能的良好培训价值。如："研究型文本解读法""既走进后台又原汁原味""问题式对话研讨法""既发散思维又回归本质"。

十种培训方式的针对性应用和多元化组合,对于不同培训内容采取恰当培训方式,从而提高培训的有效性和满意度,真正实现精准培训的高质量实施。

培训方式融合型长句式概括	培训方式以三要素为核心的内涵描述
1 研究性文本解读法	针对政策文件和各类标准的文本,采取"阐明背景+厘清脉络+释准要点"的研究性解读法,既走进台后原汁原味。
2 专题化演绎辨析法	确立和凸显实践性核心专题,采取"求新立论+寓事析理+精准实证"的演绎辨析法,既高屋建瓴又深入浅出。
3 前瞻性经验引领法	基于特色性、前瞻性经验,采取"精髓诠释+个案介评+转化撮要"的经验引领法,既激发感悟又启发行动。
4 实战型问题解决法	瞄准教师发展的重点和疑难问题,采取"聚焦问题+优化方法+丰富案例"的问题解决法,既破解难题又掌握方法。
5 合作式亮点生成法	在相对均衡分组前提下,采取"异质分组+角色扬长+团队竞争"方式展示亮点,既发挥合作优势又凸显个体贡献。
6 开放式主题沙龙法	设计重点主题、结合行动研究,采取"递进专论+开放对话+讲评组合"的主题沙龙法,既深化主题研究又激活深度参与。
7 浸润式观察感悟法	走进影子培训学校各教学教研环节,采取"深度观察+热点追问+联想迁移"的观察感悟法,既丰富感性体验又探求关注话题。
8 问题式对话研讨法	以发现和聚焦疑难问题为线索,采取"有效剖析+多元碰撞+求同存异"的对话研讨法,既发散思维又回归本质。
9 应用型文案生成法	指向具体行动方案的研究和编制,采取"立足实用+创新表达+持续研磨"的文案生成法,既集成研究成果又落实转化应用。
10 众筹式实证检验法	围绕课程教学改革深化行动目标要求,采取"瞄准重点+创新实践+绩效评析"的实证检验法,既突破工作难点又验证迁移经验。

图3 精准培训"融合型·长句式·三要素"方式方法模型

四、精准培训"触动教师发展灵感"课程研发模型

网络课程伴随教师培训的改革发展,经历了不断优化提升、稳步转型升级的演进过程。但由于主客观多种原因,网络课程也还存在一些有待解决的现实问题:基于特定问题点构成的课程线索常常出现"众口难调";以具体案例支撑的课程内容使很多学员找不到"实践认同感";按照"学—做"逻辑设置的课程结构使学员缺少"获得感体验";以传统模式显现的课程样态会造成学员普遍的"学习倦怠"等。针对以上问题,从精准培训高质量实施的目标出发,本研究提出"触动教师发展灵感"的课程研发新主张并初步研究建构了相应的课程研发模型(图4)。

(1)该模型构建是以"课程资源功能定位的四次进阶"的梳理研判为专业基础的。在网络课程经历了知识学习(积累资源)、案例学习(丰富经验)、行动学习(解决问题)的三个发展阶段后,要从赋能学习(触动灵感)的视角定义新型课程功能。"赋能,既是精准培训的核心内容,也是培训成效的价值验证"[4]。课程学习的高

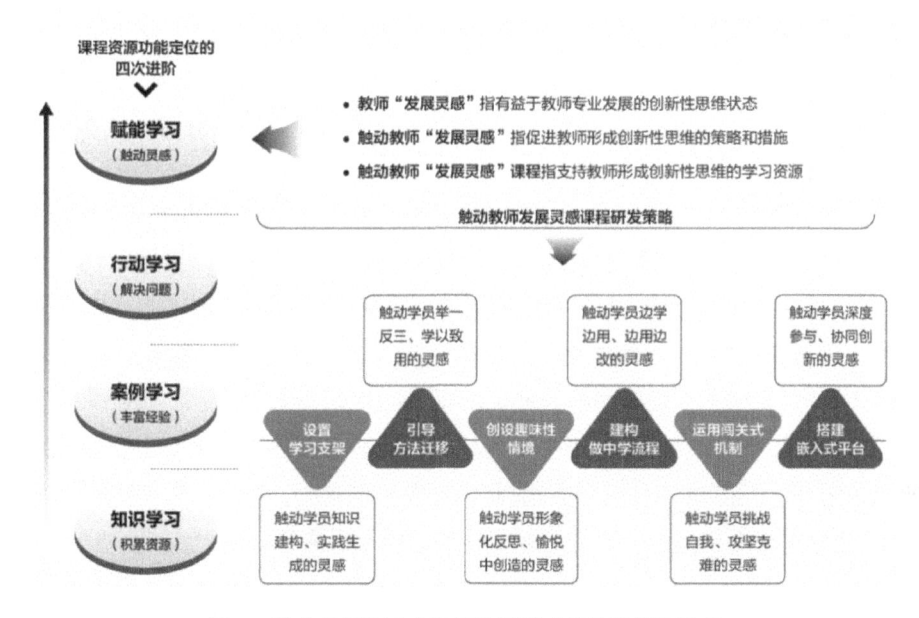

图4 精准培训"触动教师发展灵感"课程研发模型

阶目标是为教师赋能,赋能的重要前提是触动教师"发展灵感"。

(2)该模型的相关核心概念:教师"发展灵感"指有益于教师专业发展的创新性思维状态;触动教师"发展灵感"指促进教师形成创新性思维的策略和措施;触动教师"发展灵感"课程指支持教师形成创新性思维的学习资源。研发"触动教师发展灵感"的课程,是网络课程转型升级的必由之路、必然选择,也是精准培训高质量实施的重要策略和突破重点。

(3)基于网络课程研发的规律和经验,从"触动教师发展灵感"的课程需要出发,建构了由六种研发方式系列化递进式构成的课程研发模型:第一,设置学习支架,触动学员知识建构、实践生成的灵感。第二,引导方法迁移,触动学员举一反三、学以致用的灵感。第三,创设趣味性情境,触动学员在形象化反思、愉悦中创造灵感。第四,建构做中学流程,触动学员边学边用、边用边改的灵感。第五,运用闯关式机制,触动学员挑战自我、攻坚克难的灵感。第六,搭建嵌入式平台,触动学员深度参与、协同创新的灵感。

(4)运用"触动教师发展灵感"课程研发模型提升课程研发品质、提高精准培训质量要把握四个要点:第一,主张"赋能培训"新理念,提升"触动教师发展灵感"课程研发的实践理性。第二,领会《培训课程指导标准》的精神,并深化"触动教师发展灵感"课程研发的应用对标。第三,强化学员"发展灵感"的成果转化及在课程迭代研发中的资源融入。第四,探索"触动教师发展灵感"课程研发的大数据分析与精准化评测新路径。

五、精准培训"基于同—异课例研究"分层培训模型

分层培训是精准培训高质量实施的标志性组织方式和关键性实践行动,关于分层培训国家有着一系列政策设计,院校和机构也有许多具体分层培训的积极探索。本研究选择一个独特视角,以课例研究为主线开展集中培训和校本研修的分层分类。朱旭东教授在论著中指出:"我国的课例研究,不仅是一种聚焦课堂改进、植根具体情境、关注学生发展的综合研修活动,还是包含行动与反思、联结教师个体经验与教师群体智慧、融通教育理论研究与课堂教学实践的有效在职进修途径。"[5] 本研究采用"同—异"的四种组合方式,勾勒出教师专业成长"五阶段—四发展"的结构模型,并分别给出聚焦课例研究的专项培训与校本研修的分层主题(图5)。

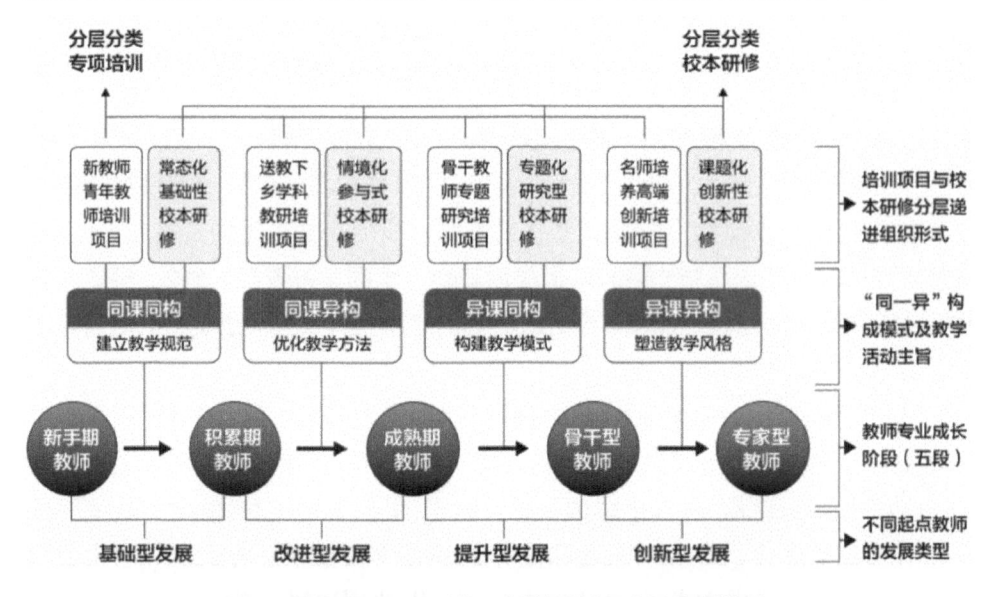

图5 精准培训"基于同—异课例研究"分层培训模型

(1)按照"五段式"的教师专业发展划分,可将教师分为新手期、积累期、成熟期、骨干型、专家型,相邻两个阶段的发展类型依次为基础型发展、改进型发展、提升型发展、创新型发展。图5的分层培训模式就是以"五阶段—四发展"为主线所设计建构的。

(2)基于课例研究的实践规律,把同—异课例研究设计为四种组合,并分别与

四种教学主旨活动一一对应,从而形成"课例研究深化与教学活动进阶"的协同提升行动模型。由低到高的四种同—异课例研究与教学主旨活动依次为:同课同构—建立教学规范;同课异构—优化教学方法;异课同构—构建教学模式;异课异构—塑造教学风格。

(3)四级同—异课例研究模式分别适应不同层次、不同主题的培训项目。同课同构适用于新教师、青年教师等培训项目;同课异构适用于送教下乡、学科教研等培训项目;异课同构适用于骨干教师、专题研究等培训项目;异课异构适用于名师培养、高端创新等培训项目。

(4)四级同—异课例研究模式还分别适应不同目的、不同样态的校本研修。同课同构适用于常态化、基础性校本研修;同课异构适用于情境化、参与式校本研修;异课同构适用于专题化、研究型校本研修;异课异构适用于课题化、创新性校本研修。

六、精准培训"全流程、多元化、生成式"研修评价模型

精准培训的高质量实施离不开培训评价的导向、匹配与保障。以往的培训评价主要有三个弊端:一是只重视结果,忽视过程的监测和激励作用;二是评价方式单一,缺乏多种方式的综合运用;三是过于关注培训活动本身,不注重对成果产出。任友群也曾撰文论述了培训评价改革的"五个转变"。[6] 针对上述问题,本研究提出了"全流程、多元化、生成式"研修评价的思路与对策,并构建了相应的研修评价结构模型(图6)。

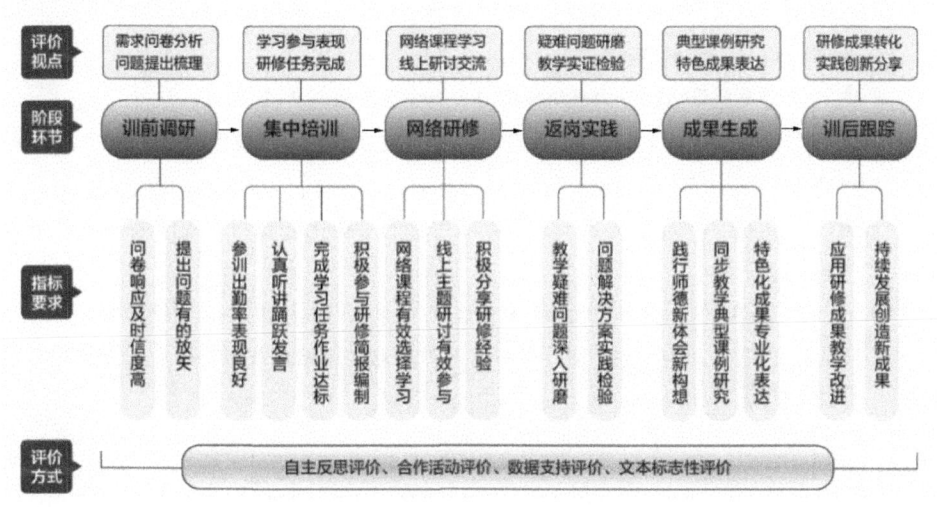

图6 精准培训"全流程、多元化、生成式"研修评价模型

（1）全流程评价指的是面向训前、训中、训后的各个环节，全面审视、全程监测的培训评价目标与任务。对于混合式培训项目，包括"训前调研、集中培训、网络研修、返岗实践、成果生成、训后跟踪"六大环节。

（2）针对不同环节的不同特征，设计"一致性＋侧重性"的分环节评价视点：训前调研——需求问卷分析、问题提出梳理；集中培训——学习参与表现、研修任务完成；网络研修——网络课程学习、线上研讨交流；返岗实践——疑难问题研磨、教学实证检验；成果生成——典型课例研究、特色成果表达；训后跟踪——研修成果转化、实践创新分享。

（3）围绕各个环节的具体研修任务和特定培训方式，有详有略地设置2—4个（共16个）评价指标，通过对各项指标要求达成度的评价，对学员整体研修状态和品质做出综合评价。

（4）有效采用多元化的评价方式，包括但不限于以下四种：自主反思评价、合作活动评价、数据支持评价、文本标志性评价。

（5）全程关注凸显学员主体的生成性评价，主要包括：训前调研的提出和梳理问题、集中培训的任务作业和简报编制、网络研修的线上研讨和经验分享、返岗实践的问题研磨和解决方案、成果生成的典型课例和特色表达、后续跟踪的行动改进和成果创新。

参考文献：

[1] 冯晓英,林世员,何春.中国教师培训发展报告(2022)：精准培训视角[M].北京：国家开放大学出版社,2023：17－21.

[2] 徐建华.精准施训：缘起、内涵与策略[J].中小学教师培训,2022(2)：5－8.

[3] 张晓明.精准培训的政策导向、改革意蕴与实践方略[J].黑龙江教师发展学院学报,2022(12)：61－65.

[4] 李方.深化精准培训改革：教师培训提质增效的专业化之路[J].中国教育学刊,2022(9)：7－12.

[5] 朱旭东,裴淼.教师学习模式研究[M].北京：北京师范大学出版社,2017：170－177.

[6] 任友群,冯晓英,何春.数字时代基础教育教师培训供给侧改革初探[J].中国远程教育,2022(8)：1－8.

以学习者为中心的混合式精准研训模式的实践探索[*]

华东师范大学附属桐庐学校　肖雨欣
陕西师范大学教师干部培训学院　陈康梅　赵菁晶　葛文双

摘　要：深化精准培训改革，创新线上线下混合式研训模式是教育部等八部门印发的《新时代基础教育强师计划》提出的明确要求，本文基于以学习者为中心的理念，对混合式精准教师研训模式进行实践探索，提出混合式精准研训模式需要具备合适的教学策略、数字化教学资源、技术及基础设施支持、利益相关方良好合作四个要素，回答了培训目标和培训需求分析如何突出精准性、混合式研训内容研制如何体现以学习者为中心、混合式研训方式与活动构建、混合式研训的评价方式中学员的"精准画像"如何实现四个问题。以具体的实践案例对研训模式进行说明，以期对目前教师培训领域研训模式的构建提供建议，促进信息技术助推教师教育数字化转型。

关键词：精准研训；学习者为中心；混合式研训；培训模式；教师研修

一、混合式精准研训的背景意义

教师混合式研训模式正在成为教师培训的趋势。《新时代基础教育强师计划》提出要深化精准培训改革，优化培训内容，建立完善自主选学机制和精准帮扶机制，创新线上线下混合式研修模式，提升中小学教师的信息技术应用能力和科学素养。[1]

---

[*] 陕西省教育厅科研计划项目"人工智能在智慧校园建设中的创新应用"（课题编号：21JX006）；2023年度陕西省教师教育改革与教师发展研究项目一般项目（项目编号：SJS2023YB020）。

147

混合式教学在教师培训领域发展迅速,教师培训管理者、培训者和教师对优质混合式研训模式及课程的需求日益增长。随着技术进步和教师信息技术运用能力的提高,在线教学成分融入教师研修过程已成为新常态。

2021年4月,《教育部 财政部关于实施中小学幼儿园教师国家级培训计划(2021—2025年)的通知》明确提出,"十四五"时期国培计划应以推进教师队伍高质量发展为核心任务,重点改革方向是"强化分层分类,实施精准培训,推动提质增效"[2]。为了适应信息技术革命和深化教师队伍建设改革的需求,本研究致力于构建以学习者为中心的混合式精准研训模式,探索其可行性和方法路径,旨在通过总结区域教师培训模式的经验,为信息时代混合式精准研训模式的探索提供有益的参考。

二、核心概念梳理

1. 以学习者为中心的培训理念

以学习者为中心是当代教育研究中频繁出现的理念。美国杰出的人本主义心理学家卡尔·罗杰斯最早提出了以学习者为中心的理念。随着终身学习理念的提出以及对教师专业能力发展要求的提升,学者们开始关注教师个体的自主学习。[3]探讨教师学习,要从成人学习的角度出发,其显著特点在于学习者已积累了丰富的实践经验,并具备较强的自主学习意识。教师培训隶属于成人学习范畴,只有将以学习者为中心的理念融入其中,才能更好地激发教师的自发学习意愿,从而提升培训效果。笔者将以学习者为中心总结概括为四个重要理念(图1),即教师的自主

图1 以学习者为中心的四个重要理念

学习能力、个性化学习、自主参与、反馈评价与反思。其中最关键的因素是学习者自主参与,鼓励学习者在学习过程中积极参与,成为学习的主体。第二,自主学习能力,提供机会让学员进行自我驱动,根据他们的进度和兴趣进行自主学习。第三,反馈评价和反思,对学员进行定期评估,以帮助学员理解他们自身的学习成果、进行自我反思。第四,个性化学习,尊重和理解个体差异,灵活调整课程和教学方法,以适应学员们独特的学习风格和能力。

2. 精准研训的理念方法

国培计划指导方案中两处强调"精准培训",一是在目标任务上强调"实行分层分类的精准培训",二是在重点改革方面提出"完善高质量精准化的培训机制"。在以往的实践中,有学者将"精准"界定为:培训对象精准、培训主题精准、培训目标精准、培训内容精准、培训方式精准、培训成果精准、培训机制精准这几个方面。[4]本文提出的模式通过在训前、训中、训后深入了解教师的现状、学习需求和专业发展目标,提供个性化、精准化的教师研训方案,以帮助教师提升教学能力,满足教师的个性化需求。对于培训精准度的考量,主要体现在培训对象画像、需求分析、目标设置、内容设计、教学组织等的精准性。

3. 混合研训的模式方法

混合式研训理念由混合式学习衍生而来,是混合式学习在教师教育领域的应用。混合式研训模式是指将传统的面对面培训与在线培训相结合的一种教师培训模式,大致可分为三种层次:一是浅层混合研训,按照时间比例分配,将总体课程分为一部分线上课程和一部分线下课程相结合,Staker将混合式学习定义为,学习内容至少有一部分是通过在线授课引导的。这种教学模式中,学生可以自主决定学习的时间、地点和节奏。课程的30%—79%的内容通过网络来进行教授[5,6];二是中度混合研训,在面对面培训整体课程中,参训教师通过使用网络教学平台或技术工具开展学习的模式,要求将集中研修与网络研修相融合,需要一个功能完善、操作便捷的网络研修平台作为支持。网络研修平台以学员为中心,通过多种形式、多个层次和多个级别的网络研修方式,促进培训课程、教育资源和教育经验的广泛交流和积累[7];三是混合式学习的新形式,即线上线下融合的OMO学习模式,这种模式依靠混合性的基础设施和开放教育实践(open educational practice, OEP),将线上和线下学习空间融合在一起,同时在实体课堂和线上课堂对学生进行无缝教学[8],这种模式更强调沉浸式、融合式的学习环境。

三、以学习者为中心的混合式精准研训模式设计

以学习者为中心的混合式精准研训模式以学习者参与为核心,以导师的引领为主导,注重培训过程中学员的主动性、自我参与度和自主发展。如图2所示,模式基于学习者的自主学习能力、个性化学习、自主参与、反馈评价与反思四个理念,进行深度混合式研训模式的探索。经过多年的实践与探索,混合式研训已经取得了一定的进展,但仍有很多需要完善的空间,以更好地适应教师学习的规律,提升教师培训成效。在融合线上线下的基础上,我们应该进一步推进前展后拓,加强训前的精确诊断和问题导向,实现研训流程结构的重塑与优化,增强研训流程的精准性。具体体现在:第一,采用合适的教学策略。以学习者为中心,采用个性化的学习方式、能够支持同步或异步学习。第二,丰富易使用的数字化教学资源。包括知识共享平台、学习管理系统、线上课程与教学资源等。第三,可靠的技术及基础设施支持。包括教学和学习设备、稳定且高速互联网支持、学习促进/评估工具等。第四,利益相关方的良好合作。学校、参训教师、培训团队和培训者以及技术管理人员之间的良好合作。基于对模式的分析,提出了模式构建的四个步骤。

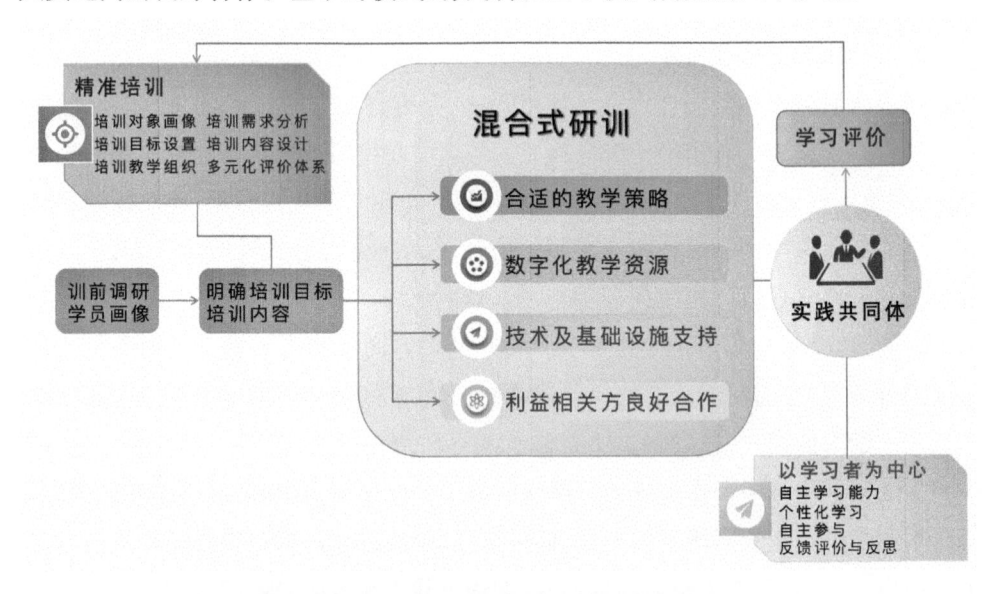

图2 以学习者为中心的混合式精准研训模式

1. 培训目标和培训需求分析如何突出精准性

要突出培训目标和培训需求的精准性,需要在培训前期进行需求调研。需求

分析是培训目标预设、课程设定与教学组织的基础,促进培训内容设定的实用性和针对性。借助问卷调查、个别访谈或小组讨论等方法进行调研,了解学员的培训需求和期望。混合式研训中的目标设定相较于传统面对面培训,要考虑的因素更多更复杂,要指向特定参训教师群体的具体需求,与政策的战略目标以及学员的个人发展需求相契合,遵循具体、明确、可测,以及预期可实现原则。在培训结束后,通过评估和反馈机制,对培训目标进行调整和改进,以提高后续培训目标设定的精准性和有效性。

2. 混合式研训内容研制如何体现以学习者为中心

体现以学习者为中心的培训理念,混合式研训的内容研制要在明确培训目标的基础上进行。培训内容设计重心应指向问题导向、结果导向以及任务驱动的方式方法,偏重实践操作,摒弃培训内容的"杂乱无章",提升学习者对培训内容的理解和应用能力,从而提升培训效果的转化率。首先,培训内容应针对学习者面临的具体问题,通过具体问题激发思考和探索,培养问题解决能力。其次,采用任务驱动方法,注重实践操作,如提供实践项目、场景模拟或案例分析等。学习者可结合线上线下资源,深入理解和掌握知识和技能,提升信息化应用水平。最后,混合式研训内容的组织和结构应有序,避免线上线下内容混乱或机械整合。

3. 混合式研训方式与活动构建

培训团队需要精心策划线上和线下学习的融合,以拓宽混合学习的互动场景,精练培训内容。在选择混合式研训方式时,可以遵循以下步骤:首先,合理设计和安排在线和面对面学习活动,结合两者的优势。其次,整合支持资源,提供学习者所需的支持,如在线平台、导师的实践指导等。在前期调研中,了解学员的技术熟悉度,选择合适的教学工具和平台以增强学习体验。最后,建立有效的混合学习管理机制,包括记录学习进度、管理社区和监督质量,使学习者有序学习并获得反馈和指导。

4. 培训的评价方式:学员培训的"精准画像"

混合式研训需要采用多元化评价体系,结合自我评价、同伴反馈和导师评价,利用多种评价方式和数据来源,运用线上线下混合式培训监测技术手段,实现学员的"精准画像"。具体来说,首先通过教师观察和线上学习分析技术,观察学员在培训过程中的表现和互动行为,收集学习参与度和反馈能力等信息,教师可采用实地观察的方式进行。同时,利用大数据和学习分析技术,通过学习管理系统、在线学习平台等收集学员的学习行为数据,如登录次数、学习时间、学习进度等,分析学员在线学习过程中的数据,绘制学习轨迹和个性化特征。其次,通过考试、作业、项目和小组汇报等方式评估学习成果,了解学员对培训内容的消化和应用程度。最后,组织训后反馈讨论,培训者团队可采用问卷调查、个案分析或实地走访等方式收集学员对培训内容、教学方法和培训效果的评价和反馈,征集学员的意见和建议。综合线上线下评价方式,对学员的学习态度、学习进程和学习成果进行综合评估,形成学员的"精准画像"。

四、实施以学习者为中心混合式精准研训模式探索的案例

1. 陕西师范大学教师干部培训学院高中生物骨干教师高级研修项目

在推行高中生物骨干教师高级研修项目之际,我们创新性地将以学习者为中心的培养理念融入整个培训流程之中。借助精准配课、精准学习、精准管理,激发了参训教师的积极主动性。改善了过去培训课程结构缺乏明确性、体系化程度欠佳、培训方式单调、培训资源分散的问题。此模式深化了教师专业知识,强化了教师"学习力的积淀,科研力的突破,思想力的升华",形成专业的学习服务体系,为教师的精准发展提供了强大的支持。

在培训目标和培训需求分析阶段,前期项目组采用问卷调研的方式进行调研,从培训教师的个人基本情况、专业发展现状、专业发展困境、专业发展愿景几个方面做了深度分析。培训团队聚焦参训教师现实和真实的"最近发展区",结合政策导向,确定培训目标,避免目标任务的"好高骛远"。

在培训内容研制上,借助"互联网+"的大背景,以更优质的资源和精准的支持服务,通过线上线下的有机融合,满足不同层次、地域学员的需求。在研修过程中,采用了参与式研讨的形式,让学员根据教学实践和教学重难点,自主精准选择学习内容。整个过程由学员全程参与,体现了学习内容的精准定制。在线下研修部分,辅导教师深度参与实践共同体的活动,及时有效地为学员提供支持。在线上研修部分,辅导教师则为实践共同体提供学术性和非学术性的服务,引导学员深入合作、对话,促进实践共同体学员之间的意义建构,充分发挥学员个体的主动性,实现更高层次的发展目标。通过精准搭配学习内容,精心挑选学习方式,同时运用班级精准管理的"以学员为中心"的培训模式,在培训中充分彰显学员的自主角色,发挥学员的自主学习意识,让学员真正的需求得到了响应,从而更好地实现了培训后学习的应用与实践。

在培训方式与活动构建上,课程初期,采取"致学员的一封信"、完善学员个人

资料、"我来介绍你""夸一夸"等典型活动,帮助学员熟悉学习环境,建立身份认同感和归属感,通过友好的交流氛围,促进学员间的信任和理解。同时联系中教参主编一对一对学员进行指导,引导学员撰写随笔、案例和论文,在中学教学参考系列杂志开辟专栏,助推学员发表文章,在微信群里发表个人感想,营造团队研修的氛围,在共研、共学、共促中共同成长。

在反馈评价方面,课程中后期采取线下集中与线上研讨相结合的方式,通过典型活动如360度看问题、头脑风暴等,帮助学员进行知识建构,展示个人特色风格与学术魅力,引导学员进行有效学习,并进行自我反思与评价。

2. 陕西师范大学人工智能助推教师队伍建设案例

陕西师范大学作为人工智能助推教师队伍建设的试点,致力于推进教师培训智能化,促进教师精准培训,助力基础教育教师专业发展。工作期间,研发了教师智慧研修平台,建设了混合式、智能化的西部教师教育资源平台和教师专业发展研究平台。西部教师教育资源平台实现了线上线下、训前训中训后全过程管理,包括培训项目管理、课程资源管理、在线学习、智能答疑、大数据管理、智慧课堂交互等多个子系统。平台基于学习分析技术,智能推送相关课程资源和学习建议,提升教师自主研修效果。教师专业发展研究平台对教师专业发展水平进行智能化的诊断测评,实时反馈,及时干预,帮助教师实现专业成长。并开发了基于微信、关联云平台、服务教师培训和校本教研的移动工具——"红烛师训"智能助手,其中包含在线学习、课例观摩、作业提交、成绩统计等模块和集体备课、听课评课、作业设计与管理等模块,在培训过程中体现以学习者为中心的精准培训理念,促进混合式研训模式的实践与探索。

参考文献:

[1] 教育部等八部门关于印发《新时代基础教育强师计划》的通知[J].中华人民共和国教育部公报,2022(Z2):87-96.

[2]《教育部 财政部关于实施中小学幼儿园教师国家级培训计划(2021—2025年)的通知》[J].中华人民共和国教育部公报,2021(Z2):50-56.

[3] PARKS R A, OLIVER W, CARSON E. The status of middle and high school instruction: Examining professional development, social desirability, and teacher readiness for blended pedagogy in the southeastern United States[J]. Journal of Online Learning Research. 2016, 2:79-101.

[4] 余新.精准培训提质增效:对"十四五"时期"国培计划"示范项目政策的认识[J].上海

教师,2021(3):62-68.
- [5] STAKER H, HORN M B. Classifying K-12 blended learning[J]. Innosight institute, 2012.
- [6] HUANG R, TLILI A, YANG J, et al. Handbook on facilitating flexible learning during educational disruption: The Chinese experience in maintaining undisrupted learning in COVID-19 Outbreak[J]. 2020.
- [7] 罗秀.中小学教师混合式培训的理念和实施策略[J].中小学教师培训,2015(9):23-26.
- [8] HUANG R, TLILI A, WANG H, et al. Emergence of the Online-Merge-Offline (OMO) learning wave in the Post-COVID-19 era: A pilot study[J]. Sustainability, 2021, 13(6): 3512.

基于 CBET 模型的"交互生成型幼儿园教师培训课程体系"构建

北京师范大学继续教育与教师培训学院 朱生菅 喻本云

摘 要：教师是教育发展的中坚力量，是提高幼儿园保教质量的关键。近年来，国家深化学前教育改革，扩大普惠性学前教育资源，加强幼儿园教师队伍建设，出台标准，健全制度，切实提高幼儿园教师的科学保教能力和综合素养，幼儿园教师培训受到前所未有的关注与重视。北京师范大学项目组基于10余年"国培计划"幼儿园教师培训项目实施经验，在"课程准备、课程实施、评估总结与训后辅学"的三个培训阶段，以幼儿园骨干教师应提升的"班级管理、课程建设、幼小衔接、家园合作"四维领导力为预设培训课程的基本逻辑框架，融合项目教学互鉴周、木铎·云峰论坛、星空读书会、共同体社群的培训形式，构建了基于 CBET 模型的"交互生成型幼儿园教师培训课程体系"，助力幼儿园教师专业发展。

关键词：国培计划；幼儿园教师专业发展；培训课程体系

一、"交互生成型幼儿园教师培训课程体系"理论模型

幼儿园教师培训工作需要立足以人为本、以实践能力为本的理念，注重实践导向，多方联动、相互协作，让学员在培训实践情境中，澄清"真"需求，解决"实"问题，提升学员实践能力，增强教师培训效果。北京师范大学项目组结合多年承办"国培计划"的培训经验，在 CBET 模型的基础上进行修订及创新。CBET (competency-based education and training) 模型共有12个顺序节点，依次是确定培训需求、分析岗位职责、进行职业描述、分析整体能力、确定培训目的、专项能力分析、设计可行目标、课程内容研发、编制课程测验、制定讲师手册、课程实施评估、检查修订课程（图1）。基于该模型，融合幼儿园教师培训实践经验，将其

调整为三个培训阶段,分别是课程准备、课程实施、评估总结与训后辅学,并融合项目教学互鉴周、木铎·云峰论坛、星空读书会、共同体社群的培训形式,开发与构建了"交互生成型幼儿园教师培训课程体系"(图2)。

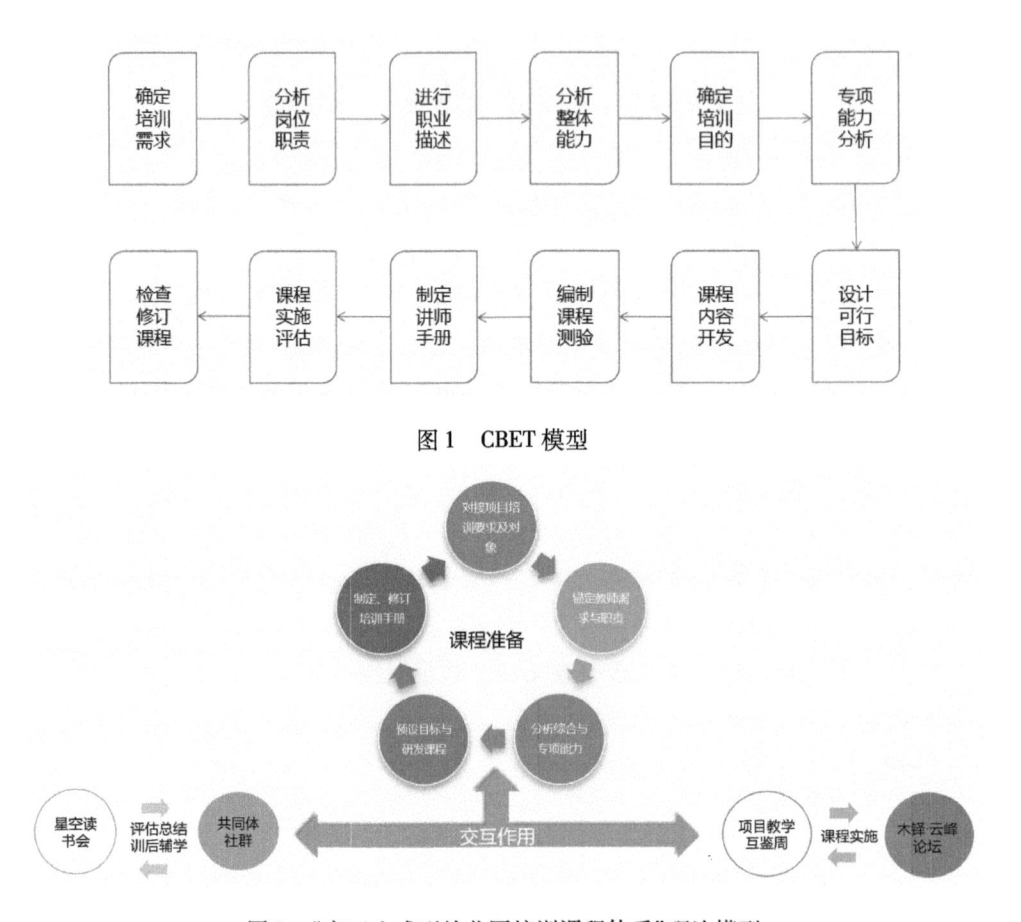

图1 CBET模型

图2 "交互生成型幼儿园培训课程体系"理论模型

二、"交互生成型幼儿园教师培训课程体系"的实践路径

为突出教师在自主学习中能力本位的特点,解决现存问题,项目组依据CBET模型的课程研发原则,结合"国培计划"项目对教师终身学习的期许,在培训课程准备期间,依托四维教师领导力框架进行课程内容预设,特别是在培训课程实施期间以项目教学互鉴周和木铎·云峰论坛的培训形式开放教师话语权,提升课程实效性与实践性;在培训课程评估总结与训后辅学阶段,增添星空读书会和共同体社

群培训形式,让教师在返岗实践后能够延续学习热情,陪伴教师专业发展的各阶段成长。

(一)为教师开麦——木铎·云峰论坛

在幼儿园教师培训项目中举办木铎·云峰论坛,该论坛是项目组经过"国培计划"培训实践探索培育的活动,通过圆桌会议、学员互动、问答解疑等形式,让教师不仅成为学习者,更成为参与者、共享者,有效提升参训教师的学习能动性和自我效能感,提供开放包容的学前教育自由交流空间,形成"人人会思考""人人敢发言"和"人人有收获"的教师培训文化。论坛前,项目组针对论坛主题收集教师疑问,并邀请一线实践导师作为论坛主持,对于教师问题进行分类整理。论坛中,在实践导师的主持下,知名学者就论坛主题和教师疑问进行交流。在开麦期间教师之间也能够积极互动,让教师在"抛出矛盾问题—同伴互相研讨—专家高位引领"的交互过程之中,提升理论与实践联动的思考力,以辅助教师真正地解决现实问题。

(二)助教师实操——项目教学互鉴周

幼儿园教师培训一直强调实践性课程的重要性,但是以集体参访观摩为主的实践性课程难以满足学员的实际需求。为提升实践性课程的针对性和实效性,丰富培训形式,培训期间举办项目教学互鉴周,通过小组研讨式实践学习、双导师引领式实践教学、全景式和全境式教育体验等环节,参训教师在导师们指导下,不断回归工作实际情境,发现工作中的常见问题,组内成员交流研讨,与导师们积极互动,使每位教师都能够结合自身工作情境,将理论知识和实践经验相融合,以达到学以致用的目的。

(三)帮教师扎根——星空读书会

开展星空读书会共读活动,特别是通过教师培训之后的共读学习,不断扎实培训学习的理论知识,丰富教师培训后的实践经验。首先,加大培育热爱阅读、乐于分享的优秀学员,组成"领读者"团队,通过多种形式的阅读分享,不仅领读者自身能够锻炼能力、增长才干,还可以起到榜样示范作用,带动全体学员训后持续学习发展。其次,在星空读书会中引入一线优秀专家资源,做专业引领,将阅读、思考、写作三者结合推进,并引入专业教育期刊,推荐训后优秀成果,提升培训成果转化率。截至目前,"领读者"团队可以跨越项目,以共读与分享的方式协同学员学习,逐渐发展成自主学习组织,成为受教师欢迎的培训特色品牌,同时也培养教师深度学习的习惯。

（四）与教师互助——共同体社群

培训实施后,教师们可在返岗实践中再次梳理自己面临的教学和教研问题,反思调整行动研究计划,依托项目组运营的共同体社群,教师可即时通过社群与同伴、专家学者进行实践交流。并且,北师大项目组定期开展网络研修活动,鼓励训后教师积极参加,其中的优秀实践成果和典型案例在北师大微信公众号"木铎学前"平台上展示推广,以通过社群互联、成果展示的网络空间,营造公共对话的场域,提升教师职业认同感,形成研修共同体。

三、未来展望

本文通过北京师范大学长期举办的"国培计划"幼儿园教师培训项目,探索、构建了"交互生成型幼儿园教师培训课程体系"理论模型及实践路径,对于提高幼儿园教师保教实践能力、促进幼儿园教师队伍整体质量提升等具有重要意义。

当然,该培训课程体系还需要不断完善,如在论坛中,可以加入专家带领下的实地参访,在理论性导师和实践性导师的带动下,促进教师培训学习主动性,激发教师解决问题和创新思维能力。并且,因工作对象的特殊性,幼儿园教师工作具有专业性、灵活性,所以在未来的幼儿园教师培训领域研究中,可以加大对幼儿园教师与儿童互动交流能力等方面培训的研究,更好地推动学前教育事业的高质量发展。

新时代优秀校长的基本特征及培养路径

陕西师范大学教师干部培训学院 李铁绳 陈 茜 王兴华 张心怡

摘 要：随着教育家办学理念的提出，通过科学化和规范化的培训，帮助校长实现从优秀到卓越的进阶成为培训领域的热点。本文结合校长专业标准和基本职责，分析了优秀校长的基本特征，并基于学习进阶理论，提出了"三层级三阶段"STEP 分层进阶的培养模式；根据校长专业发展的不同阶段，设计课程内容、研修活动和评价方法；通过"导师指导、分段进阶、跟踪评价、专业发展"的培养逻辑，对优秀校长凝练办学理念，进行了流程分析和路径引领；对校长行为改进与角色胜任进行评估与反馈，帮助校长实现从专业到专家再到教育家的专业成长。

关键词：中小学；优秀校长；基本素养；培养路径

《国家中长期教育改革和发展规划纲要（2010—2020 年）》提出："创造有利条件，鼓励教师和校长在实践中大胆探索，创新教育思想、教育模式和教育方法，形成教学特色和办学风格，造就一批教育家，倡导教育家办学。"在国家实现现代化发展、全面建成小康社会的关键时期，教育家办学已经上升为新时代国家及社会改革发展的教育战略目标，时代的发展进步要求我们必须将教育摆在优先发展的战略地位。[1]实现"教育家办学"需要一大批优秀校长，在教育实践中，不断创新教育思想、教育模式和教育方法，形成办学特色和办学风格，实现从专业到专家再到教育家的跨越。

一、中小学校长专业发展的时代背景

中小学校长作为教育改革和发展的关键力量，肩负着重要的使命与担当。在新时代背景下，校长的角色不仅仅是行政管理者，更是教育思想的引领者和实践者。首先，校长要强化思想政治工作，坚持社会主义办学方向。2017 年，中共中央组织部、教育部印发的《中小学校领导人员管理暂行办法》特别强调了中小学校领导人员坚持德才兼备、以德为先,具有较高的思想政治素质,具有胜任岗位职责所必需的专业知识、职业素养和实践经验,坚持社会主义办学方向。其次,校长要提升专业素养,倡导教育家办学。校长应以教育家精神引领学校发展。2013年,教育部印发的《义务教育学校校长专业标准》中要求校长具备规划学校发展、营造育人文化、领导课程教学、引领教师成长、优化内部管理和调适外部环境等六个维度的专业能力,以指导校长的专业成长和学校管理。最后,要加强校长队伍建设,促进教育高质量发展。2018年,《中共中央 国务院关于全面深化新时代教师队伍建设改革的意见》中指出加强中小学校长队伍建设是实现教育现代化的关键一环。要努力造就一支政治过硬、品德高尚、业务精湛、治校有方的校长队伍。推行中小学校长职级制改革,拓展职业发展空间,促进校长队伍专业化建设。面向全体中小学校长,加大培训力度,提升校长办学治校能力,打造高品质学校,以此铸就高品质的教育环境,为学生的全面成长打下坚实的基础。

二、优秀校长的基本特征

根据教育部2013年印发的《义务教育学校校长专业标准》、教育部2015年印发的《普通高中校长专业标准》《中等职业学校校长专业标准》的规定,校长是履行学校领导与管理工作职责的专业人员,承担着教育者、领导者和管理者三种职业角色,要树立"以德为先、育人为本、引领发展、能力为重、终身学习"的五大办学理念,履行"规划学校发展、营造育人文化、领导课程教学、引领教师成长、优化内部管理、调适外部环境"六个维度的专业职责。同时,对教育家型校长在专业要求和专业职责方面提出更高的要求。代蕊华等人认为,教育家型校长是集教育思想者、教育教学专家与团队领导者为一身的杰出教育人才,具有极大的教育抱负和极强的社会责任感,品德高尚,严于律己,教育教学成果丰硕。[2]李更生认为,教育家型校长应具备爱与责任、热忱与执着、创新与开拓、大气与包容、使命与担当等精神品质。[3]关于教育家型校长的标准,有学者总结为三条宽泛的标准:热爱教育、懂教育规律、终身从事教育。[4]笔者认为,作为一名优秀校长应该包括以下几个方面的基本特征。

一是坚定的政治信仰。理想信念既决定人的发展方向,也是人发展的不竭动力源泉。新时代优秀校长要把理想信念作为首要标准,将"传道"之"道"蕴含在"授业""解惑"的过程中,做学生健康成长的指导者。要坚守为党育人、为国育才的使命担当,为国家发展、民族复兴培养有理想、有本领、有担当的时代新人。

二是深厚的教育情怀。教育情怀是对教育事业饱含感情和爱的心境,是对教育深沉的爱、心无旁骛的执着和无怨无悔的奉献,是身为教育者的基本责任和担当。仁爱之心,既包含对教育事业的执着与坚守,也包含对教育事业的热爱。"得天下英才而教育之"是教育者最大的幸福感和满足感。新时代的学校管理者应视教育为志业,始终考虑学生的成长、教师的发展和学校的成就。

三是卓越的领导能力。作为优秀校长承担着学校领导与管理的任务,要具备卓越的领导能力。领导能力维度侧重落实"怎样培养人""怎样领导与管理学校"的根本任务。主要包括:战略领导力,教学领导力,组织领导力和数字化领导力等方面,通过领导能力提升,不断提高学校的教育教学质量、管理效能和品牌影响力。

四是显著的实践创新。著名教育家陶行知说,敢探未发明的新理,即是创造精神;敢入未开化的边疆,即是开辟精神。创造时,目光要深;开辟时,目光要远。创新精神是优秀校长的必备品格与必要条件。优秀校长要具备对教育实践的问题意识、钻研精神、批判思维和创新能力,能够在新时代、新任务中形成推动教育实践的新思想和新方法。[5]在办学实践过程中要有宽阔的国际视野,能够跨越教育理论与实践的鸿沟,落实实践创新、社会担当等重要任务,从而引领学校变革,促进学生发展。

三、优秀校长的培养路径

优秀校长的培养是系统工程,需要系统思考,设计一整套的培养方案,结合以上四方面优秀校长的基本特征,根据学习进阶理论,从校长专业发展的不同阶段出发,建立了"三层级三阶段"STEP分层进阶的培养模式,分阶段对校长行为改进与角色胜任进行评估与反馈,促进校长专业发展的进阶,实现优秀校长从专业化到专家型再到教育家的专业成长。

(一)基于学习进阶理论的培训模式构建

2006年,美国国家研究理事会率先提出学习进阶这一概念,首先在科学教育领域提出,用以表征学习者的认知发展路径,解释学习的内在连续性。学习进阶的重要意义在于能够刻画学习者素养发展可能遵循的典型路径,其构成要素包含五个部分:进阶终点、进阶变量、关键节点、行为表现和评价。[6]这一理论掀起了细化学习过程、重视学习层阶、评价阶段性成效的新主流学习观,帮助教师放弃简单、肤浅、线性的教师学习观,转向重过程、分阶段、有层级的教师学习系统建构。

王磊等人基于学习进阶理论设计了卓越教师的专业发展进阶模型,对卓越教师专业发展的目标、关键节点以及发展路径进行了清晰的规划,并结合卓越教师发展进阶水平及表现量表,有效地开展了教师专业发展评价,促进了教师培养的科学化和理性化水平。[7]龙宝新老师认为:教师学习进阶开发的意图是要设计出一套严格基于教师"学习轨迹"且能促进教师学习发生、展开、深化的教师教育模型,构建教师专业发展与教师教育影响间的无缝对接方式。教师学习进阶涉及三大核心要素:教师学习阶段、教师教育课程、教师发展评价,三者构成了一个交互影响的闭路循环。[8]教师培训如此,对于优秀校长的培养也可以基于学习进阶理论,根据校长的专业发展规律和发展阶段,构建进阶式培养模式。

(二)"三层级三阶段"STEP 分层进阶的培养模式

基于校长专业发展阶段和优秀校长的基本特征及培养内容,构建了优秀校长培养的"三层级三阶段"STEP 分层进阶的培养模式(图1)。三层级指"学习理解→管理创新→卓越领导"三个层级进阶;三阶段指"理念重构→学校发展→示范引领"三个阶段实施;STEP 指每一阶段都包含"导师负责(supervisor responsibility system)、团队培养(team training)、跟踪评价(evaluation of tracking)、专业发展(professional development)"四个环节,简称 STEP 四环节,各环节不是简单的并列平行关系,而是一个环环相扣、相互贯通、互为促进、循环上升的有机整体。

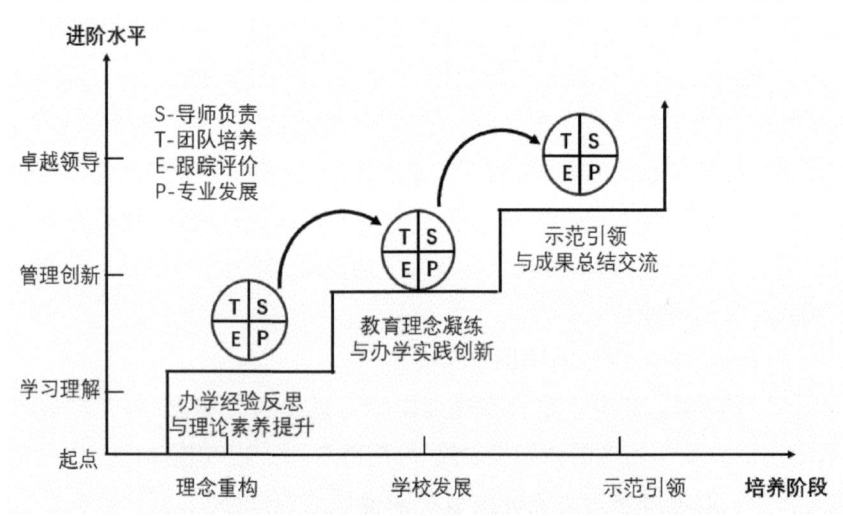

图 1 "三层级三阶段"STEP 分层进阶的培养模式

1. 优秀校长培养三层级进阶

根据校长专业发展规律和个体需求分析,将优秀校长的专业发展由低到高划定为学习理解、管理创新、卓越领导三个层级水平。学习理解层级处于进阶一,通过系统的专业理论学习和实践观摩体验,提升对学校领导与管理等领域的先进理念的理解吸收,解决校长重实践经验,轻系统理论的薄弱环节。管理创新层级处于进阶二,校长能够将第一阶段所学运用于管理实践,反思办学经验,并且能创造性地解决办学实践过程中遇到的新问题或不确定问题,建构新的教育理论或方法,有效实现理论知识实践化的输出需求。卓越领导层级处于进阶三,即校长能够将办学治校的实践经验理论化,形成独特办学风格和卓越领导智慧,能够支持引领区域基础教育改革,发挥示范引领作用,产生广泛影响力。

2. 优秀校长培养三个阶段

第一阶段:理念重构。基于校长自身职业生涯发展和学校管理实践经验,进行理论学习,反思办学实践,提升办学治校水平,重构教育理念,培养校长的战略思维和管理能力,促进学校高质量发展。

第二阶段:学校发展。基于办学实践经验凝练办学理念,促进教育实践理论化并推进教育领导与管理的实践创新,从而促进教师发展、学生发展、学校发展。帮助校长构建富有特色的学校文化体系,发挥文化潜移默化的作用。

第三阶段:示范引领。在前期理论提升和教育理念凝练的基础上持续推进教育创新实践,在教育创新实践成果的基础上继续丰富深化教育理念,提升理论素养,并通过学术报告、教育帮扶等形式,传播展示教育理念和创新成果。

3. 优秀校长培养 STEP 四个环节

导师负责。遴选一批品德高尚、理论扎实、专业精湛、科研能力强的高校专家和基础教育一线名校长,担任理论导师和实践导师。在个性化培养方案制定、个性指导、课题研究、在岗研修、工作室建设、专业发展等方面给予指导。

团队培养。建立包括高校马克思主义理论、通识教育(传统文化教育、人文教育、科学教育、审美教育)、教育学、心理学、管理学、现代教育技术等高校通识课教学指导团队,中小学实践指导团队(一线中小学知名校长)和班级管理团队,进行全方位、全过程、专业化的团队培养指导。

跟踪评价。在培养过程中既从量的角度判别优秀校长专业发展水平的增值,也从质的角度阐明其素养变化情况。确定"立足过程,促进发展"的评价理念,采用质性评价为主,量化评价为辅,过程性评价与终结性评价相结合的方式进行跟踪考核。

专业发展。帮助校长凝练教育思想,提高专业素养,实现实践经验理论化,提升办学治校的能力,从而形成个人发展、学校发展和学生发展"三位一体"共同发展的局面。

(三)创新优秀校长教育理念凝练路径

苏联著名教育家苏霍姆林斯基说:"校长对学校的领导,首先是教育思想的领导,其次才是行政领导。"校长作为一线的教育管理者,是教育活动的主要实践者,具有丰富的教育实践经验,如何把实践升华为理论进而提炼出思想是优秀校长成长为领航型校长乃至教育家型校长的关键所在。

根据校长的专业发展特征,教育理念提炼的主要流程包括:厘定方向,确定理念的主题范围;提取概念,确定理念的核心概念;语义建构,形成理念的理论内核;模式拓展,建构理念的活动图式;实践检验,提升理念的科学品性。同时,教育理念提炼的基本路径,可以从以下方面展开:专业阅读,奠定办学理念的理论基础;专业研究,构建办学理念的理论体系;专业反思,升华教育管理的日常经验;专业实践,厚植办学理念的实践土壤;专业写作,彰显教育理念的专业品质。

在优秀校长培养过程中,要始终秉承"发展与成就"双向共进的培训理念,采取学校、校长共同发展,理论、实践双导共进,课程、平台立体融通的培养策略,让校长的教育理念、办学思想在实践中落地转化,实现校长个人的专业成长,学校办学的特色发展,从而促进学生的全面发展。

参考文献:

[1] 代蕊华.论教育家型校长培训的策略选择[J].教师教育研究,2009(5):19-23.

[2] 代蕊华,李敏.教育家型校长的角色定位及培养策略[J].教师教育研究,2013(2).

[3] 李更生.培育并发现一种教育家精神:卓越校长领航工程的价值诉求[J].中小学校长,2015(9):17-21.

[4] 韩伏彬,董建梅.中小学教育家型校长研究述评[J].中小学校长,2019(11).

[5] 鲍传友,毛亚庆.中小学优秀校长素养构建及其培养[J].中国教育学刊,2019(5).

[6][7] 王磊,李海刚,綦春霞.基于学习进阶的卓越教师专业发展项目研究:以北京市中小学名师发展工程为例[J].教师教育研究,2019(3).

[8] 龙宝新.基于教师学习进阶的教师教育改革线路研究[J].辽宁师范大学学报(社会科学版),2022,45(4).

乡村教师专业发展基地学校建设策略与运行机制的研究*

东北师范大学出版社　王　辉
安徽省无为市教师进修学校　汪文华

摘　要：教师专业发展基地学校是新时代乡村教师专业发展体系的主体之一。县级教育行政部门及其师(干)训管理机构，以及教师专业发展基地学校，都需要在明晰自身角色定位的前提下，研究其建设策略与运行机制，从而助力乡村教师培训，发挥培育高质量乡村教师的独特作用。

关键词：乡村教师；专业发展；基地学校；建设；运行

《关于加强新时代乡村教师队伍建设的意见》(以下简称《建设意见》)要求积极构建省、市、县教师发展机构、教师专业发展基地学校和名校(园)长、名班主任、名教师"三名"工作室五级一体化、分工合作的乡村教师专业发展体系。[1]作为乡村教师专业发展体系构建主体之一，教师专业发展基地学校是什么、如何建设和怎么运行等，是县级教育行政部门及其师(干)训管理机构面临的新课题。

一、乡村教师专业发展基地学校角色定位

佟柠认为，凡是以促进教师专业发展为目的，立足于促进多方合作开展教师教育及教师教育研究等专业活动的平台或者实体机构，均应属于教师发展学校(teacher development school, TDS)的范畴。自2001年起，我国本土出现了多种教师发展学校的实践模式，如由 TDS 改造而来的教师专业实践学校(professional practice school)实践模式、中国 U-G-S("高校—地方政府—中小学校"合作)实践模

---

*安徽省2021年度高等学校省级质量工程项目"长三角中小学教师校长联合培养模式研究"(项目编号:2021jxjy055)。

式、教师进修学校实践模式和新兴的教师发展机构(学校)的实践模式等。[2]这些都为建立新时代的教师专业发展基地学校提供了实践经验、教训和行为参考、对照。

新时代,教师培训的一个突出特点是实践转向,具体表现在教师培训活动的重心下移至县区、阵地前移至学校。《建设意见》鼓励建立乡村教育实践基地,将中小学、幼儿园作为乡村教育实践基地,就是将其作为开展教师培训活动的基础性地点和集中性支撑点。基于乡村教师专业发展体系,新时代的教师专业发展基地学校既与TDS有着继承关系,又具有自身的特定任务。

(一)教师专业发展基地学校的构建要素

(1)定义。教师专业发展基地学校是指在原学校建制内,师(干)训管理机构和中小学及幼儿园合作建立的,与教师发展机构、"三名"工作室等协同联动的,旨在促进乡村教师专业发展的共同体,是由教育行政部门认定和保障的区域教师培训活动的实施主体和实践基地。

(2)功能。教师专业发展基地学校的主要功能有三项:一是重点实施乡村中小学、幼儿园教师培训活动,提升在职教师的素质能力;二是发挥基地作用,示范引领区域内乡村中小学及幼儿园教师专业发展;三是开展乡村基础教育研究,协同创新基础教育改革实践。

(3)特征。教师专业发展基地学校的主要特征包括三个方面:一是教师发展机构和中小学及幼儿园合作,与"三名"工作室协同联动;二是构建乡村教师专业发展共同体;三是以研训一体化运行为主,带动教学提升。

(二)教师专业发展基地学校的主要特点

(1)目的聚焦。教师专业发展基地学校重点支持服务乡村教师专业发展,培养职前教师(高师院校师范生)不是基地学校的主要任务。乡村教师专业发展的基本实践方式是乡村教师、校(园)长培训和乡村学校教育教学研究。

(2)对象明确。教师专业发展基地学校支持服务的主要对象是一定区域内的乡村中小学及幼儿园教师、校(园)长(含班主任在内)。而教师发展机构的学者专家和工作室的名师、名校(园)长、名班主任则是支持服务的提供者。

(3)任务突出。教师专业发展基地学校所开展的乡村教师专业发展实践活动是区域性样板,任务是提升区域乡村教师素质能力,发挥示范引领作用。建好基地学校自身不是目的,目的是基地学校赋能区域乡村教师专业发展。

(4)方式特定。TDS重在通过"教、学、研"合一的方式,达成高校、教育科研机构、教育学术团体、教研培训部门和中小学等教师发展组织的多方发展目标,而教师专业发展基地学校的任务则是重点围绕乡村教师专业发展,协同联动教师发展机构、"三名"工作室等,以开展研训一体的乡村教师培训活动为主。

二、乡村教师专业发展基地学校建设策略

乡村教师专业发展基地学校的角色定位决定了其建设主体、建设任务和建设管理等。县级师(干)训管理机构、中小学及幼儿园是教师发展基地学校建设的两大主体,县级教师发展机构、"三名"工作室等是协作伙伴。师(干)训管理机构是领导与管理主体,承担统筹、协调、保障和评价等职责;中小学及幼儿园承担基地建设、教师培训、基础教育研究等职责;县级教师发展机构、"三名"工作室等协同基地学校开展教师专业发展活动,形成分工协作的机制。基地学校建设要在制度上着力,通过制度保障完成建设任务。

(一)建立基地学校建设制度,保障有效运行

教育行政部门是乡村教师专业发展基地学校建设的根本保障,涉及政策、环境、资源和经费等方面。教育行政部门及其所领导的师(干)训管理机构除了在遴选、培育和发展基地学校上发挥主体作用外,至少还需要在意见、标准、认证办法三个方面建立相关制度。

(1)出台《教师专业发展基地学校建设实施意见》(以下简称《实施意见》)。县级教育行政部门根据国家、省、市教师队伍建设及教师培训(师训)、教育管理干部培训(干训)的周期规划、文件通知等,结合本地实际,基于构建并运行乡村教师专业发展体系,谋划教师专业发展基地学校建设工作,研制出台《实施意见》,在政策层面上引领基地建设。

(2)研制《教师专业发展基地学校建设标准》(以下简称《建设标准》)。县级教育行政部门借鉴全国各地教师发展学校(TDS)建设标准,参考有关教师培训(如跟岗研修或影子培训)基地学校实施指南和校(园)长专业标准、学校管理标准等,深入县域内优质中小学幼儿园开展基地建设调查研究,制定基地建设标准,规范基地建设。

(3)制定《教师专业发展基地学校认证办法》。为增强教师专业发展基地学校的责任感、荣誉感,助其主动地加强基地建设,有效开展教师专业发展活动,教育行政部门还需要建立教师专业发展基地学校的认证制度,明确认证办法及细则,优化基地建设。

（二）强化发展组织支持制度，协助基地开展工作

虽然县级教师专业发展组织（主要指县级教师发展机构、"三名"工作室）不是乡村教师专业发展基地学校建设的责任主体，但是基地学校建设离不开教师专业发展组织的参与，而且在基地学校实施教师专业发展活动方面，更需要教师专业发展组织发挥其支持帮助、协同联动的作用。

（1）教师发展机构建立专门支持制度。从完成区域教师培训任务的角度来看，教师专业发展基地学校是县级教师发展机构的参训者和培训者的研究与实践基地。所以，教师发展机构应为基地学校建设做好三项支持工作：一是要有专设组织，具体负责沟通协调、协同规划和协作实施等工作；二是要有专业团队，参与基地学校教师专业发展活动的实施，担任引领者、合作者的角色；三是要有专项经费，即教师发展机构在年度经费中列出专项费用，为基地学校建设及开展教师专业发展活动提供必要的经费支持。

（2）"三名"工作室建立对应支持制度。"三名"工作室的主持人及成员主要来自中小学、幼儿园，有的自身就是教师专业发展基地学校的教师、班主任和校（园）长。为做好与基地学校的协同联动，需要对现行"三名"工作室进行三个方面的改进：一是完善工作室功能，重构工作室结构关系，从重"教""研"到"教""研""训"并重；二是丰富工作室研修内容，对接教师培训项目，将基地学校培训工作融入工作室活动中；三是优化工作室研修方式，吸引并支持基地学校承担培训活动。

（三）推进教师交流轮岗制度，提升研训能力

推进教师交流轮岗，是新时期中小学、幼儿园教师队伍建设的重要举措，也是教师专业发展基地学校建设可以借鉴的有效方式，它能够较快地提升基地学校的研训能力，提高到基地学校顶岗的专职培训者的研训指导水平。

（1）教师发展机构轮流派送专职培训者到基地学校顶岗（任教、挂职或驻校蹲点）。许多县级教师发展机构的专职培训者不在中小学、幼儿园一线兼职、兼课，对基础教育改革特别是课程教学改革缺少深切体验，教师培训和研修指导难免隔靴搔痒，缺乏针对性和有效性。因此，需要建立基地学校兼职、兼课制度，由专职培训者具体负责组织和引领基地学校实施的区域教师专业发展活动。同时，专职培训者深入基地学校研究学校治理、班级管理、课程教学和校本研修等。

（2）教师专业发展基地学校选派骨干教师到教师发展机构跟岗（任教或挂职）。基地学校的骨干教师通常在班级管理和课程教学方面的能力比较突出，但教育研究和教师培训能力相对薄弱，将他们融入教师发展机构，特别是省、市级教师

发展机构,可以使他们在理论素养、教研科研和学校治理等方面得到发展。骨干教师在教师发展机构跟岗中能够深入体验教师培训的组织、实施和管理工作等,全面掌握教研、科研与培训有机结合的多样化策略和方法,回到基地学校后能够落实"教、研、训"一体机制,发挥校本研修的基础作用。

(四)落实绩效综合考评制度,强推基地发展

绩效评价是教师专业发展基地学校建设的一项重要工作。教师发展学校(TDS)存在的突出问题之一是,尚未高度重视绩效评价工作。如文献研究中关于教师发展学校绩效评价的问题涉及较少,仅有的经验主要集中在以教师自我评价为主的内部评价上[3];激励评价机制不健全,尚未建立起有效的激励评价机制[4]。这给基地学校建设考评制度提供了方向。

(1)教育行政部门应推动绩效评价工作。绩效评价要做到内部和外部相结合,有明确的可操作、可具体实施的措施。内部评价是由县级师(干)训管理机构和教师专业发展基地学校两大主体,在教育行政部门的主导下合作进行。外部评价是在教育行政部门的推动下,由多方参与的,包括县级教师发展机构、"三名"工作室以及教师、培训者和工作室主持人等。外部评价也可以由县级教育行政部门委托第三方进行。

(2)建立绩效评价指标体系及评价细则。可以参照浙江省构建教师发展学校建设长效机制的经验[5],构建一套完整的指标体系,为基地学校建设发展提供细致的参考准则。指标体系的一级指标包括组织与管理、培训与研究、队伍与保障、服务与成效、特色与创新。各个一级指标之下设立若干二级指标及三级指标,并明确每项指标的评估方式方法等。

(3)评价方式要突出过程监测性评价,突出精准性评价。在教育信息化迅猛发展的当下,需要利用信息技术手段搭建教师专业发展基地学校建设监测平台,收集过程性数据,建立常态化数据库,为精准评价提供丰富真实的资料信息。

(4)落实绩效评价结果应用。由教育行政部门依据绩效评价报告,向相关教师专业发展基地学校分发评价结果,给出相应的评价等级及具体的改进优化建议,并跟进基地学校建设工作的改进和完善情况,让激励评价机制落到实处。

三、乡村教师专业发展基地学校运行机制

教师专业发展基地学校建设策略重点从上述四个制度层面展开,除了用制度规范基地学校建设管理工作,还需要从执行层面研究基地学校的运行机制。基地

学校的实践是其存在的原因。宁虹认为：教师专业发展和教师教育以实践思维方式作为组织意义联系、建构理论和有效实施的线索。[6]实践是以自身为目的的，是可以反思的，实践具有强烈的意向性、伦理性、整体性和践行性[7]。因此，基地学校的运行，本质上就是进行"教""研""训"的实践。其中，"教"的实践是基地学校作为中小学、幼儿园的本职工作，而为中小学、幼儿园"附加"的研训一体则是运行机制的重点。

（一）与师（干）训管理机构常态保障实践

县级师（干）训管理机构是教育行政部门的教师专业发展政策的行政者和具体执行者，作为建设教师专业发展基地学校的"两大主体"之一，县级师（干）训管理机构在常态保障实践上有四项主要责任：一是主研政策制度；二是落实建设经费；三是主推资源建设；四是加强活动管理。

（1）为教育行政部门谋划政策、研制制度。县级师（干）训管理机构要根据《建设意见》的要求，从构建新时代乡村教师专业发展体系的目标与本地实际出发，规划"十四五"时期乡村教师专业发展及教师专业发展基地学校实践工作，建设上述四类制度，为基地学校的运行提供政策保障。

（2）在教师培训经费预算中单独列出专项经费。县级师（干）训管理机构应统筹区域年度教师继续教育类经费预算，单独列出基地学校运行专项经费，从专门用于教师培训基础教育保障经费的5%、教育附加费和划拨给教师发展机构培训业务的经费中拿出一定比例，为基地学校的运行提供经费保障。

（3）践行共同体理念，主推资源建设方略。乡村教师专业发展体系是以研训一体化运行为主的共同体。这个共同体不仅包括"两大主体"，而且包括县级教师发展机构和"三名"工作室等。县级师（干）训管理机构要践行共同体理念，牵头建设研训团队，为基地学校运行提供资源保障。

（4）加强基地学校培训与研究的活动管理。管理是手段，支持服务是目的。乡村教师专业发展的支持服务工作，其实就是通过管理来优化运行环境。县级师（干）训管理机构要履行协调和评价的管理职责，推进培训与研究活动的规范化、常态化开展，为基地学校的运行提供环境保障。

（二）与教师发展机构携手耕耘实践

如文前所述，教师专业发展基地学校建设离不开教师发展组织的参与和支持。其中，县级教师发展机构责无旁贷。虽然教师发展机构不是基地学校运行的主体，但是基地学校所开展的培训与研究活动却与其具有极强的协同联动关系。

(1)协作实施实践性教师培训。在"国培计划"的示范引领下,实践性培训以实效性强而得以推广,较大地改变了以专家报告和讲座为主的培训模式,如送教下乡培训、名校(园)跟岗研修(影子培训)和"一对一"精准帮扶培训[8]等,推动了中小学、幼儿园成为培训实施主体之一。教师专业发展基地学校为实践性培训的实施提供了现场、名师、名校(园)长、名班主任和优质研修资源等,在这方面,实践性培训有着独特优势。其与教师发展机构深度合作的培训实践,效果明显,深受广大教师、校(园)长欢迎。

(2)有效开展主题式校本研修。校本研修和主题研究是教师专业发展基地学校的重要活动形式,两者的结合即所谓"主题式校本研修"。校本研修采用的活动形式多样,如互助观课、同课异构、一课多轮、教学沙龙、专题研习和"工作坊"等。主题研究可将理性反思和实践指导相结合,着重解决一线教师面临的专业问题。[4]通过开展主题式校本研修,基地学校与教师发展机构携手耕耘,成为校本研修的"样板"校,发挥示范辐射作用,能有力撬动区域校本研修的深入开展。

(三)与"三名"工作室协同创新实践

在"五级一体化、分工合作"的新时代乡村教师专业发展体系中,"三名"工作室是主体之一,作为教师发展组织,理应与教师专业发展基地学校加强合作,协同联动实施教师专业发展活动。除了深度介入"训"(上述实践性教师培训和主题式校本研修)之外,还应该在"教"和"研"上携手基地学校,协同发挥创新教育教学实践的作用。

(1)加强问题研究的合作。"三名"工作室的使命之一是引领区域教育教学质量不断提升。"三名"工作室通过开展教育教学重点问题研究,引领学科教学优质发展,提高办学效率,形成适应于基础教育的教学共同体[9],保证区域教育的可持续、均衡发展。教师专业发展基地学校在与"三名"工作室的合作中,要坚持问题研究的导向,以教研活动为载体,开展专题(重点问题提炼)研究,形成区域性的适应新时代教育教学改革要求的有效策略和方法。

(2)进行教改实验合作。这里教改实验指的是针对教育教学前沿、热点、焦点、难点问题等开展的基础教育改革实验,集教育科研、实践研究和教师培训等于一体,其呈现结果是"教育教学成果奖"。对此,如果教师专业发展基地学校"单打独斗"则很难形成,势必需要借助外部力量和资源,尤其在实践研究上特别需要"三名"工作室从共同体作为、异质资源(非基地学校自身)介入、实验指导和成果提炼等方面进行支持和协助。

(四)与专家学者合作进行教育科研实践

教师专业发展基地学校独立进行教育科研有一定的难度,尤其是乡村学校。高师院校、教科研机构、教师发展机构、学术团体等单位专家学者的"加盟",能够引领基地学校从不会到习得、从依靠"输血"到自身"造血",将基地学校建设成基础教育和教师发展的高品质学校成为现实。

(1)专家学者指导基地学校开展课题研究。中小学、幼儿园教师校(园)长中,除部分正高级教师、特级教师和教育家型教师、校(园)长外,多数人对教育科研望而生畏。教师专业发展活动的"研"包括教育教学研究和教育科研等,课题研究是基本形式之一。教育科研是专家学者的强项,发挥他们的专业引领作用,能够帮助基地学校的教师、校(园)长掌握课题研究的知识、方法和技术等,不断提升教育科研能力,并带动教育教学研究走向深入。

(2)邀请基地学校教师参与专家学者的课题研究。教师专业发展基地学校的教师、校(园)长可以积极参与专家学者在基础教育研究方面的立项课题。通过这种紧密参与,能够帮助基地学校的教师、校(园)长增长学识,深刻理解学术研究的规范,为他们独立地开展课题研究厚实学养。

(3)专家学者与基地学校共同确立研究课题。教师专业发展基地学校的教师、校(园)长可与专家学者共同申报教育科研课题,分别担任第一、第二主持人,课题组成员也来自双方团队。这种方式的合作,基地学校的参与者会更加具有主动性、积极性。这种方式的课题研究活动践行了共同体理念,有利于促进基地学校的发展。

总之,乡村教师专业发展学校明晰自身定位后,从制度、运行机制着手发展,助力乡村教师队伍高质量发展,为乡村振兴做出贡献。

参考文献:

[1] 教育部等六部门.关于加强新时代乡村教师队伍建设的意见[J].中华人民共和国教育部公报,2020(9):31-35.

[2] 佟柠.教师发展学校实践模式的比较研究[J].江苏教育,2020(54):11-15.

[3] 李东斌,胡蓉.我国教师发展学校近十年的探索之路[J].赣南师范学院学报,2010,31(4):70-74.

[4] 崔少琳,刘擎擎.教师发展学校的现实困境与实践反思[J].课程教学研究,2017(8):

18-21.

[5] 林一钢,王换芳.以评促建:构建教师发展学校建设长效机制的路径:浙江省的经验与反思[J].教师发展研究,2021,5(1):54-59.

[6] 宁虹.教师教育:教师专业意识品质的养成:教师发展学校的理论建设[J].教育研究,2009,30(7):74-80.

[7] 宁虹.教育的实践哲学:现象学教育学理论建构的一个探索[J].教育研究,2007(7):8-15.

[8] 教育部 财政部关于实施中小学幼儿园教师国家级培训计划(2021—2025年)的通知[J].中华人民共和国教育部公报,2021(Z2):50-56.

[9] 黄多成,许金蓉.名师工作室的作用、使命及建设路径[J].甘肃教育,2021(11):100-101.

"学—研—训—用—评"
——新时代背景下区域"五环递进"研训模式的创新与实践

北京市朝阳区教师发展学院　谢　鹍

摘　要："学—研—训—用—评"五环递进式研训模式是新时代背景下区域教师培训模式创新中理论与实践相结合的实践范式。该模式深入校本实践,贴近教师实际,以学习者为中心,基于教师可持续专业发展,组建以参训者为中心、培训者为引领、管理者为支撑的专业研修共同体。以"学"为基础、"用"为目标、"研"为主线、"训"为主导,以激励性评价贯穿全过程。通过"学—研—训—用—评"五个要素间的交互作用和迭代进化,打通从"学"到"用"、从"知"到"行"、从"输入"到"输出"的最优化路径,唤醒成长自觉、激发学习内驱、促进行为改进,实现研训效能的最大化。

关键词:学研训用评;实践创新;专业赋能

一、问题提出

(一)新形势下教师教育变革的国家战略需要

党的二十大明确了高质量教育发展和到2035年建成教育强国的目标,《新时代基础教育强师计划》强调了高质量教师是高质量教育发展的中坚力量。党的十八大以来,国家先后颁布了《中共中央 国务院关于全面深化新时代教师队伍建设改革的意见》《中国教育现代化2035》等战略性文件,将建设高素质专业化创新型教师队伍确定为教育现代化和教育强国的战略任务;《教师教育振兴行动计划2018—2022年》更是针对教师培养培训领域存在的突出问题,指明了教师培训改革的突破口和着力点,强调要以专业化教师培训助力高质量教育发展。

(二)新时期教师可持续发展的多元化现实需求

教师培训是一项专业性、实践性、探索性、创新性极强的工作。随着"5A"式泛在教育形态逐渐突破时空界限,"双新""双减"政策的不断推进与落实,自适应、个性化、伙伴式、伴随式的教师研修模式逐渐取代了传统的教师培训模式。中小学教师对优质培训资源的期望值越来越高,个性化培训需求越来越强。基于个体的终身学习意识、学习力水平、价值体系构建、素养导向下的教学实践等,逐渐成为教师培训的主要目标,基于"立德树人""素养导向""五育融合""数字赋能"等构建新型研训模式已成为满足教师面向未来可持续发展的当务之急。

(三)新阶段教师培训体系创新与实践的现实要求

大数据调研分析显示,现有的教师培训模式依然存在着重项目设计、轻整体规划,重统一培训、轻教师选学,重短期学习、轻持续提升,重学时认定、轻结果应用等现象,缺乏对参训者教育实践的关注,忽视了参训教师在专业发展阶段、需求、校情和学情等方面的差异性。溯源其内在原因:一是忽视内在唤醒;二是忽视自主生长;三是忽视问题导向;四是缺乏专业指导;五是缺乏团队互助。

据此,深入实践场域,创新研训方式,拓展学习时空,以"问题、需求、实践、成果"为导向,开展"学—研—训—用—评"五环递进研训模式,强调"学—研—训—用—评"五要素驱动下多元主体间的交互影响和专业带动,最大程度唤醒教师专业发展自觉、激发自主成长内驱、促进深度交互赋能。[1]

二、研究路径与内容

(一)理论与构建

1. 逻辑起点

"学—研—训—用—评"五环递进研训模式的理论基础是建构主义理论、学习共同体理论和知识共享理论的深度融合。基于当前"VUCA"时代特征和区域教师专业发展实际及内在规律,结合 PBL 项目式学习理论和 OBE 成果导向理论,以学习者为中心,组建研训共同体,创建学习型组织,构建"学—研—训—用—评"五环递进研训模式,借助现代信息技术和数字化学习平台的多元支持,在泛在学习视域下,开展基于实践场域的"5A"式深度学习、合作学习和研究型学习,旨在通过"学—研—训—用—评"五要素间的多主体螺旋迭代,探索多元联动、优势互补、融合创新、协同发展的新型研训路径,从"法"的层面探究方式方法,从"理"的层面建构理论思想,从"术"的层面创新模式范式、从"道"的层面探索本质规律[2]。

2. 内涵分析

"学—研—训—用—评"五环递进研训模式意指区域教师培训机构基于教师

专业发展的视角,结合区情和培训现实的需要,针对教师育人实践和专业发展中的关键问题和现实需求,深入校本,送训到校,组建研修共同体,结合学校或教师实际,确定研修主题,围绕预设的研修目标,以"学"为中心,"研"为主线,"训"为主导,"用"为目标,"评"为激励,开展"学中研、研中训、训中用、用中评、评中改、改中学"的迭代循环。其中,"学"和"研"是信息输入和转化,"训"和"用"是能量输出与升华,"评"和"改"是行为改进的导向与关键。通过专业研训的引领和带动,以及专业评价的导向和促进,打通从"学"到"用"、从"知"到"行"、从"输入"到"输出"的最优化路径,实现研训效能的最大化。

3. **模式架构**

项目以参训者、培训者、管理者协同联动为"内核",以研修任务、研修实战、研修成果、教育实践为"外框",建立以参训者为中心、培训者为引领、管理者为支持的任务驱动研修机制,多元主体间相互促进、相互支撑、相互影响、相互带动,形成"学—研—训—用—评"五环递进螺旋迭代循环系统。

(二)过程与方法

1. **基础研究阶段**

2016年3月—2016年7月,构建基于实践场域的"学—研—训—用—评"五环递进研修模式内容框架。

采用问卷调查法和访谈法,发放教师培训需求调查问卷21500份,回收21407份;调研全区30所高中、46所初中、88所小学的学校发展需求,调查了全区556个重点项目,从通用特征、过往经验、学习兴趣、预期收益、学习态度、学习风格六个维度进行深度的经验深描、元认知分析和成长坐标定位。通过反复研讨和归因分析,明确各参训主体的培养维度和能力提升点,构建出以学习者为中心的"学—研—训—用—评"五环递进研训模式内容框架。

2. **实践探索阶段**

2016年7月—2019年7月,探索应用"学—研—训—用—评"五环递进研训模式的行动路径。

培训者走进学校、走近教师,通过"田野行动"扎根课堂,采用教育民族志研究法、行动研究法,按照研训路径图,掌握教师的真需求、真问题、真情况,结合大数据分析结果进行"量身定制"的匹配性培训课程设计。通过情境阅读、课堂观察、合作对话等多元方式进行问题诊断;通过磨课、研课、微课题研究等多维途径反思教育教学行为,促进教师深度思考、自驱学习。

3. 行为改进阶段

2019年7月—2020年7月，优化完善"学—研—训—用—评"五环递进研训模式理论架构及运行体系。

采用观察法、访谈法、行动研究法等，归纳分析"学—研—训—用—评"五环递进研训模式运行过程中的突出问题和困惑，开展训后追踪、反馈评价、应用迁移、行为改进、复盘迭代。优化研训标准的设计与应用、研训资源的筛选与匹配、研训课程的优化与建模、研训制度的建设与完善等，促进项目研究螺旋式递进上升。实现从关注狭隘经验到关注理念更新和教师文化再造；从重在组织活动到重在培育状态；从技术熟练取向到文化生态取向发展。[3]

4. 理论构建阶段

2020年7月—2021年7月，建模形成"学—研—训—用—评"五环递进研训模式理论范式。

运用个案研究法、观察法、访谈法等，致力于研训全过程中问题链、认知链、应用链、反思链、生长链的循环设计与问题解决策划，对教师实践中的现实问题进行理论重塑、体系优化、成果再现、经验萃取、成果建模。建立长效激励机制，构建良好生态环境，打造高阶引领平台，着力将发展进程中的新优势、新增长、新亮点，逐步稳定固化为教师培训的新常态[4]。

5. 成果推广阶段

2021年7月至今，应用"学—研—训—用—评"五环递进研训模式服务教学实践。

一是组织高端研讨会，交流推广成果经验。先后组织了100余场区域内外的现场会和交流会，交流、展示、推广项目成果；二是总结培训案例，凸显特色实践。辅助参训教师生成精品课例，形成案例、论文、课题，使教师形成理论自觉，集结成果刊登在《培训人》期刊上；三是理解与梳理"学—研—训—用—评"五环递进研训模式对教师专业发展的意义、内涵、规律，优化项目"为用而学、因群而异、结伴成长、聚焦实践"的目标内涵。

（三）实践与创新

经200多所基层学校的实践检验及大数据分析，"学—研—训—用—评"五环递进研训模式的校本化实践，在研训理念、研训模式、研训策略与方法、研训管理与评价等各个方面取得了实效、体现了创新。

1. 理念创新——建构了"以学习者为中心"的研训体系

基于教师专业学习视角,立足个人和群体两个实践维度,阐释了"以学习者为中心",践行"学—研—训—用—评"五环递进研训模式的理论价值和实践意义,提出了"学—研—训—用—评"五环递进研训模式的概念界定。从不同教师主体学习行为的视角解读该研训模式的内涵与价值、逻辑关系和运用策略,追求教师成长的文化自觉,推行教师体悟式学习方式,创设内在生长的空间,开发个性化、差异化、多元化统合课程,构建出提高教师培训实效性的策略体系。

2. 模式创新——创新了"学研训用评"立体化教师培训实践模式

"学—研—训—用—评"五环递进研训模式根据"共同体""问题域""改进策略"三大核心要素,以问题解决为基本线索,以个性化研修和绩效评估相结合服务于基层学校,促进多主体、多环节之间灵活互联。基于复杂学习机理,遵循激发认知冲突、对话生成意义、重构个人体系的逻辑思路,关注教育实践中实时呈现的多元需求、多元选择的特征和行为,给予及时专业的引导,是一种具有创新性的循环迭代、交互演进、动态生成的培训模式。

3. 策略创新——运用了"五动结合"协同创新研训策略

该研训模式以建构主义学习理论和教育民族志研究为范式,采用"行政推动、专业带动、区域联动、科研牵动、创新促动"五动结合推进策略,整合"U-G-R-S"优势资源,以田野调查为起点,以 OBE 成果导向为目标点,以研修共同体深度对话和 PBL 项目学习为牵动,以行动研究为路径,以"望闻问切"开展问题诊断,以"学习共同体"开展相互滋养型研训学习,以"唤醒自觉"促进学习意识增强,以"学习科学"赋能元认知学习品质提升等,驱动"学—研—训—用—评"五要素之间的交互运行与循环迭代。[5]

三、研究成果与分析

经过 8 年多区域教师培训模式的探索与实践,"学—研—训—用—评"五环递进研训模式不仅高度契合新时代教师教育的发展规律,也引领了区域教师培训的前沿探索,取得了系列实践成果,形成了区域教师培训的理论模型与实践范式。

(一)创建了"以学习者为中心""学—研—训—用—评"双驱动研训模型

秉持"以学习者为中心"的研训理念,以问题为导向,从"以培训者为中心"转向"以学习者为中心",结合成人教育理论和学习理论,建构了涵盖"服务学校教育教学、服务教师专业成长、服务学生全面发展、服务教育管理决策"四个服务功能、指向教师终身学习的立体化双驱动研训模型。

以"唤醒自觉、激发内驱、专业赋能"为基本遵循,通过"望闻问切"强调精确诊断;通过"对症下药"强调精准供给;通过"靶向聚焦",强调精准赋能。基于"个体自主提升,群体共研共进,学习品质促进"三个维度,致力于内源性动机激发、情境性新知链接、内生性体系重构。从内在到外在、从个体到群体、从显性到隐性,促进培训者唤醒、诊断、引导,参训者自觉、反思、成长。

(二)研发了指向终身发展的"学研训用评"立体化课程体系

坚持"立足优势、凸显特色、关注需求、多元开放"的原则,分岗分层分类研发了指向终身发展的四维立体研训课程体系模型,涵盖了四大维度、十二领域、三大功能、1000多门课程。四大维度为道德、专业、文化、学术素养;十二领域为:职业价值、师德修养、生涯规划、学生学习、学科教学、教育管理、人文底蕴、科学精神、身心健康、学术思维、课题研究、实践智慧;三大功能为:加深专业理解、解决实际问题、提升自身经验;四类课程为:高端类、专修类、达标类、素质类课程。课程类别按层次分为理解类、PBL类、拓展类、创生类。课程聚焦教师综合素养,让教师生发文化自觉和人生智慧。

(三)形成了"实践导向"的教师专业成长支持系统

本模式提出了以学习者为中心的"共享反思学习"新范式,启动了"学习科学"研修助力系统,实现了区域培训的深度转型。明晰培训者的教学内容和研究方向、参训者的培养维度和能力提升点,运用网络互动与集中指导相结合、理论专修与实践操练相结合、问题解决与案例分析相结合,开发出"实践导向"的教师专业成长支持系统。结合相关理论,运用质性与量化相结合的研究方法,设计出教师研究能力的测量问项,按照严格的量表开发方法和程序,探索出教师专业成长支持模型和能力提升模型,通过相关检验,验证此模型具有较好的信效度。

(四)建立了以迁移应用为目标的过程性评价追踪机制

项目注重以迁移应用为主的过程性学习评价,将定量与定性评价结合,对教育教学技能、科研能力等进行动态考察、追溯与跟踪分析;评价设计依据美国学者柯克帕特里克(Kirkpatrick)1996年提出的四级评估模型,重点关注行为层和效果层。通过训前的三步走前测、训中的焦点式评估、训后的磋商式复盘,对培训实施过程及成效进行跟踪评估,初步形成了多元多样、恰当有效的评价方式、评价工具和评价指标。[6]

关注教育教学行为改进,衡量参训教师是否真正解决教育教学中的一些困惑或问题;关注训后迁移效果,观测参训教师能否将所学应用于实践,并以此形成个人自洽式教育教学能力的提升;关注高阶思维参与的深度学习,观测是否将学习的教育思想、教育方法转化为内在的教育教学经验,并内化于认知结构体系,固化为新的教育教学行为等;建立训后跟踪反馈机制,促进各主体之间实时的磋商交流及动态迭代中的持续优化。

(五)健全了以服务一线教学为宗旨的教师培训保障系统

始终以服务一线教学为己任,充分考虑学区的校际差别,灵活处理一线教学和教师培训之间的相互协调,丰富研训内涵、履行研训职能。坚持问题导向设立不同主题的研修模块,找准教学中的真问题,开展针对性分析和研究,充分挖掘基层教研组或教师的相关经验,研制解决问题的策略和方法。通过系统搭建"教学管理、协作交流、教育科研、课例研究、知识管理"五个研修平台,提供专业引领,发起同伴协作,促进教师自我反思、实现专业发展。

总之,"学—研—训—用—评"五环递进研训模式,基于"学—研—训—用—评"五个要素间的交互作用,通过平台助力、项目牵动、工作坊研修、校本实践等多元方式,化整为零,深入实践,从项目本身、学校、教师三个层面都取得了显著提升。培训者、参训者、管理者在实践中实现了合作共赢,整体课堂教学能力、教育科研水平、综合素养都得到了极大提升。突破了专业发展的"瓶颈",构建了培训者、教师素养提升模型,解决了现实的"工学矛盾"和"减负提质"问题,为新时期教师培训的专业化、实效性、有温度、轻打扰做出了探索与尝试。

参考文献:

[1] 汪霞,等.中外大学教学发展中心研究[M].南京:南京大学出版社,2013:87-88.

[2] 贺武华."以学习者为中心"理念下的大学生学习力培养[J].教育研究,2013(6):106-107.

[3] 李志全.教师在研训中成长:关于中学小学教师培养的思考与争鸣[J].课堂内外教研论坛,2012(1):23-24.

[4] 盛湘."经验萃取型"工作坊的研究与实践[J].石油化工管理干部学院学报,2018(3):25-26.

[5] 王鉴.教育民族志研究的理论与方法[J].民族研究,2008(2):13-14.

[6] 李莉.培训效果评估模型解析[J].中国电力教育,2005(4):25-26.

分层分类思想指导下区域师训品牌课程建设实践探索[*]

杭州市萧山区教育发展研究中心　金振威　朱亚芹

摘　要：在《浙江省中小学教师专业发展培训学分制管理办法（试行）》指导下，杭州市萧山区根据自身教师培训现状，基于分层分类思想，设计开发了"琢玉工程"课程体系。"琢玉工程"主要包含四个系列课程，分别为"基石计划"（面向新教师）、"原石计划"（面向成熟教师）、"坚石计划"（面向骨干教师）、"磐石计划"（面向名优教师）。本文介绍了"琢玉工程"的课程构想：学习者分层分类、培训课程个性化、培训形式多样化、培训成果显性化、课程评价科学化、训后交流常态化，并以"原石计划"小学班为例阐述了"琢玉工程"的实施路径。最后根据研究实践与数据分析，提出了五点研究结论。

关键词：分层分类；区域；师训；课程体系

一、引言

2016年6月，浙江省教育厅印发《浙江省中小学教师专业发展培训学分制管理办法（试行）》（以下简称《办法》），明确指出浙江省教师专业发展培训应分层分类进行。《办法》将中小学教师分为三个层次：初级教师、中级教师、高级教师，并且针对不同层次的教师，设计了教师培训的七个领域。教师可以根据自己的层次，选择相应的培训课程。教师培训项目根据文件要求，对参训对象进行分层分类，开设对应的专题培训班，但是在实践操作中，我们发现根据教龄和职称进行分层较为死板，且不够细化。在本研究中，我们将参加教师培训的在职教师分为四个层次：

---

[*] 杭州市第四届教育科学规划重大课题"分层分类思想指导下区域师训品牌课程体系建设"（立项编号：2021ZD10）成果。

新教师、成熟教师、骨干教师、名优教师。

区域教师研训机构作为基层教师培训开展与管理单位,开设了大量面向中小学教师的培训项目,其中大部分为常规的自主选课项目,也有部分项目为面向学科骨干教师的精品项目。[1]但是以往的教师培训项目普遍存在一些问题,包括:①参训对象定位不精准,学员初始水平存在较大差异。②培训项目缺少品牌。区域精品培训项目往往是"单打独斗",各项目之间缺乏内在关联,无法形成区域培训品牌。[2]③培训内容与培训形式缺乏创新。教师培训项目还是采用传统的培训方法和管理策略,无法适应教育信息化发展的需求。针对以上问题,我们提出了"琢玉工程"区域师训品牌课程。

二、"琢玉工程"概述

(一)"琢玉工程"整体框架

在"琢玉工程"设计之初,我们也打算根据职称进行分层,后在项目论证时,认为受客观条件制约,职称并不能很好地反映教师的真实层次,很多学校骨干教师由于年龄限制或学校高级职称比例限制,并没有取得高级职称。根据"琢玉工程"培养目标,结合区域教师专业发展培训现状,我们将参加教师培训的在职教师分为四个层次:新教师、成熟教师、骨干教师、名优教师,形成新教师→成熟教师→骨干教师→名优教师→特级教师的全发展路径培训课程,形成"基石计划"(面向新教师)、"原石计划"(面向成熟教师)、"坚石计划"(面向骨干教师)、"磐石计划(面向名优教师)"四个系列课程,再根据学科提供对应的教师培训课程。[3]

(二)"琢玉工程"课程构想

"琢玉工程"包含了四个系列,覆盖了从新教师到名优教师的所有发展阶段,为每一层次的教师提供了准确的成长路径。与之对应的培训课程"琢玉工程"是在不断行动、不断实践、不断反思中迭代前进的。相较于现有的教师培训课程,"琢玉工程"参训教师的层次更高,先由学校推荐,再经教育发展研究中心审核才能参训;授课专家层次更高,邀请国内知名专家为学员授课;实践培训更合理,不仅有区内专家进行问题解惑,还统一组织到上海等地跟岗实践。[4]为保障"琢玉工程"顺利推进,保证培训效果,我们对"琢玉工程"提出了以下构想:

(1)学习者分层分类。这里不仅指对参训教师进行分层分类,选拔合适的教师参加培训,同时也对同一个培训班中的参训教师进行学习者分析,根据不同的教龄、学段、工作经验、已有知识水平、学习意愿等进行更为细致的分层。在进行分组时,首先根据学段进行分类,然后遵循组内异质、组间同质的原则对参训教师进行分组。例如,"原石计划"管理岗位培养人选班中,在培训前先对参训人员基本情况进行调查,了解他们的基本信息和培训需求。分组时先按照幼儿园、小学、初中进行分类,而后根据现有职位将总务主任、教务主任等不同职位分到同一小组,再根据教龄、培训需求等进行调整,实现更合理的分组。

(2)培训课程个性化。项目不仅针对不同层次的教师提供不同的课程,同时力争在同一个培训班中提供更多的课程,参训学员根据自身需求,以选课的形式选修不同的课程。[5]哪怕是同一层次的学习者,由于已有知识水平和学习目标的不同,对培训内容也会有不同的需要。在课程内容上,尽量提供超过学分数的课程,96学分的班级,往往要提供超过120学分的课程内容,让参训学员自主选择,真正实现培训课程的个性化。

(3)培训形式多样化。传统的教师培训主要以专题讲座、听课观摩为主,在"琢玉工程"课程中,课程形式更为多样,有面授的专题讲座,有网络自主学习,有区外学校跟岗实践,有案例研讨教学,有读书交流会,有成果展示,有教学问题专题研讨,有分组讨论,灵活采用基于项目的学习、基于问题的学习等新的培训形式,力争调动所有参训学员的积极性,让每一位学员在学习过程中充分吸收知识、表达看法、解决问题。

(4)培训成果显性化。鉴于"琢玉工程"在项目定位、参训人员选拔、课程安排等方面都有更高的要求,所以在培训评价上更加凸显培训成果的展示。按照柯氏四级评估模型,合格的教师培训应做到第三层次:行为改变,即通过培训改变参训教师的行为;好的培训可以做到第四层次:绩效改进,即通过培训促进学校的绩效改进。通过加强"琢玉工程"培训过程的宣传力度,鼓励每一位参训教师申报课题、撰写论文、制作作品、参加比赛、上公开课等,可以将原先隐性的知识获得变为显性的行为改变,更好地展现学习成果,打造课程品牌。

(5)课程评价科学化。在教师培训中,对参训学员学习效果的评价一直是教师教育研究的热点和难点,在"琢玉工程"中,我们采用多种评价方式对学员进行评价。例如我们使用档案袋评价法,使用云计算等技术工具,为每一个参训学员创建自己的云端"档案袋",将学习过程中每一个作业、作品、照片、宣传报道等记录下来,然后进行量化考核,实现科学合理的过程性评价,再结合常用的综合测评、满意度调查、学习总结等方式,为"琢玉工程"提供更为科学的学习评价。

(6)训后交流常态化。以往教师培训项目的一大弱点就是缺乏培训后的交流与反馈,对培训效果缺少长期跟踪,参训学员在培训结束后缺乏交流。"琢玉工程"系列培训课程引入训后反馈机制,在培训项目结束后,定期开展读书交流活动,交流自己的读书心得,探讨实践工作中碰到的问题,为参训学员提供更长效的学习服务。

三、实践探索——以"原石计划"小学班为例

(一)学习者分析

参加"原石计划"小学班培训的教师必须是经过区域教育局考核审定的教育系统管理岗位培养人选,并在学校担任中层管理职务。在培训班开班前,对参训教师基本情况进行了调查。"原石计划"小学班共有参训学员76人,由各学校推荐,片区教育指导中心和区教育局审核通过。76人全部为现任学校中层干部,其中19.7%担任学校总务处主任(副主任),28.9%为学校教导处主任(副主任),18.4%为学校教科室主任(副主任),17.1%为学校办公室主任(副主任)。从职位分布来看,教导处居多,其余岗位较为平均。从年龄结构上看,人数最多的为35—40周岁,占38.2%,其次为30—34周岁,占30.3%,30周岁以下的占13.1%。绝大多数参训学员为40周岁以下的学校中层干部,符合教育干部年轻化的要求。从培训需求来看,选择最多的三个选项是"区内名校长的管理经验分享""学校管理岗位跟岗实践""真实管理问题研讨",说明大多数学员对参加本次培训的目标明确,主要是了解不同岗位的工作,解决真实工作中碰到的问题,为以后担任学校校级干部提供积累。

(二)培训课程设计与实施

"原石计划"教育系统管理岗位培养人选小学培训班主要采用基于项目的学习形式,整个课程分为三大主题:学校管理政策法规、学校管理问题研讨、跟岗实践研修。在具体培训方法上,采用专题讲座、考察观摩、案例分析、小组研讨、实训跟岗等形式。在研修中,为学员提供超过培训项目学分数的课程,使学员可以根据自己的实践经验和需求,选择不同的培训课程,实现教师培训课程的个性化。在"原石计划"小学班中,我们主要有以下培训课程:

(1)专家专题讲座。一个合格的学校校级干部,需要领会并自觉执行党和国家的教育方针、教育政策法规,掌握教育基本理论和学校管理方法,树立正确的教育思想,学习科学的教育理论,形成良好的职业素养,提升综合协调能力。课程安排了专家对教育政策、学校管理、课程领导力等内容进行专题讲座,为参训学员提

供更系统的学校管理相关知识。

（2）以课题研究促进学校管理提升。"原石计划"以课题促教学，以课题促实践。在培训期间组织课题申报，每个参训学员根据自身的工作实践，以学校管理中的问题为研究内容，申报一个课题，并在培训中完成课题研究。其中的优秀课题还申报了杭州市和萧山区的教育课题。为保障课题能顺利申报和结题，我们邀请了杭州市师干训中心、上城区教育学院的专家对课题申报、论文写作进行专题指导，给学员讲解如何开展课题研究。在培训班结束时，将学员们的课题论文进行整理，出版了《"原石计划"教育系统管理岗位培养人选小学培训班论文集》。

（3）异地跟岗研修。在培训需求调查中，学校管理岗位实践研修是大部分学员迫切需要的学习内容。为提升"原石计划"参训学员实践能力，提高学员们的视野，我们组织所有参训学员到上海进行跟岗实践。将参训学员以小组为单位，组织到上海中小学（浦东南路小学、竹园小学、浦师附小等10余所学校）进行跟岗实践。在为期两周的跟岗中，学员深度参与上海中小学的学校管理实践，旁听学校行政例会、进课堂实地听课、听学校专家专题报告、参与学生活动等。在丰富多彩的实践中，学员们对上海教育有进一步的了解，对照自己的学校工作实践，发现存在的不足。在跟岗实践后，各小组代表进行了跟岗总结汇报。

（三）培训效果评价

（1）培训成果。在"原石计划"培训项目开展之初，就定下了加强宣传、促进培训成果显性化的要求。"原石计划"第一期培训共历时2年，2年中，培训班开设了自己的微信公众号"原石计划"第一期小学班，每一次培训都有相应的报道留痕。培训班共有36个课题在市、区立项，并出版论文集。我们对培训班的学习成果进行总结和提炼，并出版了《修砺——"原石计划"小学班培训成果集》一书。《杭州日报》在《做优做强教师培训——教师的"摇篮"有了萧山模式》一文中，系统介绍了区域教师培训"琢玉工程"的开展，展示了"原石计划"的培训成果。

（2）学员满意度分析。在培训结束后，对学员满意度进行了问卷调查。在整体满意度上，得分为4.98（满分为5），满意度为100%，非常满意度为97.7%。在各分项满意度调查中，满意度最高的是班主任组织管理，最低的是食堂饭菜质量。总体上看，"原石计划"小学班参训学员对培训是非常满意的。我们对主观题词频进行统计分析，发现本次培训最大的亮点，反馈最多的是"理论与实践相结合"，当被问及"你有哪些意见和建议"时，反馈最多的是增加区域外的实践活动。

四、研究结论

（1）分层分类背景下，教师培训表面上是对学习者分层分类，但其本质是培训课程的个性化。《办法》中明确提出教师专业发展培训应分层分类。在教师专业发展培训实践操作中，分层分类更多体现在对参训学员的筛选上。在"琢玉工程"课程实践中，在省平台根据职称和工作年限进行分层的基础上，通过培训需求调查对学员进一步进行分类，并采用课中选课的方式为每一个参训学员提供个性化的课程。培训课程会根据学员反馈进行调整，每个学员可以选择自己的课程组合，"琢玉工程"在学习者分层分类的基础上，逐步探索培训课程的个性化。

（2）"琢玉工程"为教师构建专业发展提升新路径。传统的教师培训都是以培训项目为核心，不同项目之间缺乏关联性。"琢玉工程"分为基石、原石、坚石、磐石四大系列课程，每个系列针对不同学科开设多个培训项目，提供区域教师从新教师到成熟教师、到骨干教师、到名优教师、到特级教师的全路径培训服务，每一个层次的教师都可以享受到最优质的教师培训服务，最终打造区域教师培训品牌课程体系。

（3）以培训管理创新、培训方法创新促进教师培训发展。在"琢玉工程"中，我们提出了学习者分层分类、培训课程个性化、培训形式多样化、培训成果显性化、课程评价科学化、训后交流常态化六个要求。在培训管理上，采用课中选课、课题引领、微信公众号宣传、档案袋评价等方法，加强教师培训管理，重视教师培训成果展示，为参训教师提供丰富的培训活动。在培训方法上，在原有专题讲座、课堂观摩等方法的基础上，引入区外跟岗研修、学员读书会、基于问题的学习等方式，理论与实践相结合，为学员解决工作中的真实问题，得到了学员们的一致好评。

（4）教师专业发展培训应当有合理的退出机制。为保证培训效果，"琢玉工程"系列课程采用了严进严出的管理理念，参加培训需要学校推荐、教育局审核，培训结业需要修满学分、完成作业、形成成果，学员只有达成既定学习目标，完成学习任务才可以结业。培训中引入退出机制，培训学分不够、培训任务未完成的学员需要延期或退出。退出机制在培训之初向参训学员说明，培训过程中的评价数据定时公开，对学分不足等不满足结业条件的学员进行劝退或延期。退出机制的引入，在制度的层面杜绝了"搭便车"现象，强化了教师培训组织管理。在"原石计划"小学班中，有三位学员退出和延期。

（5）加强培训后交流，对培训后行为改变和学校绩效改进进行评估。教师专业发展培训贯穿教师职业生涯始终,一次培训的顺利结业不是结束,而是新的开始。现有的教师培训评价机制对培训过程和培训结果都非常重视,但是对学员行为改变和学校绩效改进的后续评估却仍有不足。"琢玉工程"在一个培训项目结业后,仍定期开展读书活动,让优秀学员汇报自己在工作中的反思和读书心得,加强训后交流。同时关注学员结业后的发展情况,了解他们是否在工作中有所改进,对他们后续的培训需求进行跟踪,为培训项目不断改进提供支持。

参考文献:

[1] 王友芳.农村中小学校长培训实效性影响因素研究[D].成都:四川师范大学,2018.

[2] 夏芳.中小学校长培训模式研究[J].中小学教师培训,2013(3):30-32.

[3] 方文林.中学骨干教师培训管理模式之我见[J].成人高等教育研究,2001(1).

[4] 鱼霞,毛亚庆.论有效的教师培训[J].教师教育研究,2004(1).

[5] 刘虎平,龚青松.五化合力促进教师专业化发展:基于人才引领发展战略的教师专业培育区域实践[J].中小学教师培训,2023(4):25-29.

"互联网+自主学习"的教师区域性发展模式的探索与实践[*]

陕西师范大学现代教学技术教育部重点实验室　严晶鑫
陕西师范大学教师干部培训学院　陈康梅　赵菁晶　葛文双

摘　要：推动信息技术与教师培训的有机融合，基于互联网创新教师培训方式和教师专业发展模式，成为当前教师培训领域的重要内容。本文以陕西师范大学教师干部培训学院的教师区域性发展项目为例，从教师自主研修的同步学习、异步学习和工作坊研讨三个学习途径，构建了训前、训中、训后"三位一体"的精准研修模式，进一步探索教育数字化转型视角下"互联网+"技术促进新时代教师队伍高质量建设发展的新路径。

关键词：互联网+；自主学习；教师培训；区域性发展

一、基于"互联网+"教师培训发展的时代转型

随着教育数字化转型的深入发展，互联网支持的各类新兴技术正在快速整合到各教育阶段，数字教育教学资源的开放、共享、共建，快速催生着整个教育生态的变革发展，基于"互联网+"的教育教学模式正在重构我们当前的教育生态。教师培训领域也正在适应"互联网+"的发展，逐渐开始数字化培训的转型。2018年，《中共中央 国务院关于全面深化新时代教师队伍建设改革的意见》中提出全面深化新时代教师队伍建设，到2035年，教师能够主动适应信息化、人工智能等新技术变革，积极有效开展教育教学[1]。传统的教师培训内容多以知识为主，培训理念多

---

[*] 陕西省教育厅科研计划项目"人工智能在智慧校园建设中的创新应用"（课题编号：21JX006）；2023年度陕西省教师教育改革与教师发展研究项目一般项目（项目编号：SJS2023YB020）。

以专家为中心,培训方式多是集中式大班授课,以知识灌输为主。互联网模式的出现,从技术支持层面实现"以学习者为中心"的学习方式转型,更加突出学习者自主学习和个性化学习的特点。2021年,《教育部 财政部关于实施中小学幼儿园教师国家级培训计划(2021—2025年)的通知》中强调要推进以教师自主学习、系统提升、持续发展为导向的改革,探索教师自主选学模式[2]。2022年以来,国家智慧教育公共服务平台教师研修板块下的暑期教师研修和寒假教师研修,正是基于"互联网+自主学习"模式的尝试与探索[3]。因此,笔者所在研究团队从2021年以来开始探索"互联网+自主学习"的教师专业发展模式,以期为数字时代教师的培训发展和模式转型提供借鉴。

二、"互联网+"教师培训的核心概念和理论依据

1. 自主学习与自主选学

Little在1995年将教师自主学习界定为"自主的职业行为能力",指向教师在专业上要具有独立操作的能力、强烈的责任感,要在教学中不断反思,最大限度地把握教学过程中的情感与认知因素,并且善于利用课堂的自主空间。[4]Tort–Moloney在1997年主张教师自主是一种自主性职业发展的能力,自主的教师能够真正懂得教学技巧何时、何地、为何以及如何在教学实践的自觉意识中获得。[5]虽然对教师自主学习的定义有所差异,但都强调教师作为学习主体的主动性。教师培训自主选学中,教师可以根据自己的教学需求和专业发展需求进行规划,自主选择契合的培训内容、形式、时间、途径和机构,这样可以调动参训教师的主动性和积极性,提高培训的针对性和实效性,保障了教师学习的自主选择权。[6]2013年5月,出台《教育部关于深化中小学教师培训模式改革全面提升培训质量的指导意见》指出,省级教育行政部门要探索建立教师自主选学机制,建设"菜单式、自主性、开放式"的选学服务平台,为教师创造自主选择培训内容、时间、途径和机构的机会,满足教师个性化需求。[7]教师自主选学培训在国家级教育主管部门的大力倡导下,正在被越来越多的学者和一线教师认可,探索教师自主选学培训模式成为当前教师培训研究领域的重要内容。

2. 联通主义学习理论与基于"互联网+"的教师自主研修

2005年由加拿大学者乔治·西蒙斯提出的联通主义学习理论是一种适应当前社会结构变化的学习模式,是面向网络时代的学习观。该理论认为学习即连接的建立和网络的形成;学习环境是复杂信息环境中的个人学习环境和个人学习网

络,并且是联通主义学习的核心与关键。[8]联通主义学习强调基于网络的、真实的复杂问题解决;学生解决问题的过程,就是联通主义学习的过程,也是创新的过程。"互联网+"教育的核心是联通。"联通"指资源节点之间、人际节点之间能够相互发生联系,它是知识汇聚、流动、更新、生长的基础,是学习的关键[9]。交互、联通和网络形成是实现有效的联通主义学习的关键要素。[10]联通主义学习理论为基于"互联网+"的教师自主研修提供了重要的理论基础。

3. 数字教育资源赋能教师自主学习与专业发展

教师专业发展的本质是个体成长的过程,是教师不断接受新知识,增长专业能力的过程,数字资源是互联网环境下支持教师专业发展的重要内容。关于数字教育资源,杨彦军等认为数字教育资源是数字化处理过的教学素材、多媒体课件、主题学习资料、电子书、专题网站等数字媒体的总称[11];柯清超等认为数字教育资源包括数字化的教学素材、教学课件、网络课程、教学案例、教学工具以及教育游戏等[12]。基于数字资源的建设,国内外教育政府部门和专业机构已经开展了大量的建设,如澳大利亚基础教育数字资源库 SCOOTLE、澳大利亚昆士兰州在线学习环境 The Learning Place、美国免费视频共享网站 Teacher Tube、美国华盛顿州提供免费在线公开课的 Saylor 学院、新西兰双语教育门户在线知识摇篮 TKI,我国的"一师一优课、一课一名师"、教学点数字教育资源全覆盖、北京数字学校,国家教育资源公共服务平台也从 2012 年开始建设,目前已经形成了国家、省、市、区县、学校的系统化数字资源教育体系。教育部教师工作司在 2022 年的工作要点中提出,要将创新建设培训体系和实施教师在线培训作为工作重点,优化教师资源数字化建设和教师队伍数字化治理方式。[13]

三、"互联网+自主学习"的区域培训模式设计

笔者所在研究团队,在陕西师范大学教师干部培训学院的教师培训项目中探索构建教师区域性的专业发展实践模式,该模式以培训主题为主线,基于优质资源与名师指导,以在线互动交流与过程质量监控为驱动,做到同步在线学习、异步在线学习、工作坊研讨"三位一体",以自主学习为要点,以知识重构为重点,进行前沿政策与理论培训、案例交流分享、专业知识与技能培训、基地跟岗观摩学习,注重提高培训的针对性、灵活性和实效性。由此,我们构建了"互联网+自主学习"的教师自主研修模式,如图 1 所示。按照训前、训中和训后进行了步骤分解,其中:训前准备平台的搭建,根据"互联网+"的特征精确地线上调研,

制作符合培训主体的数字化资源;训中通过以自主学习为要点的四种课程类型和三种学习途径对参训教师进行培训。训后对教师的知识与能力迁移进行评价,并跟进参训教师的影响作用,征求他们对培训的建议。

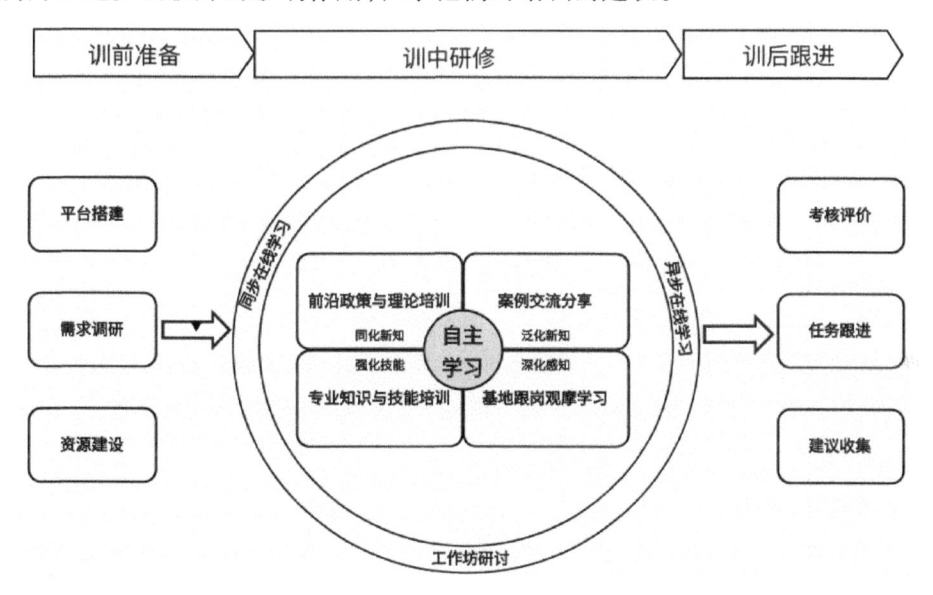

图1 "互联网+自主学习"的教师自主研修模式

1. 学习平台

为了支持"互联网+"教师培训、实现人工智能背景下的研修,笔者研究团队自主研发了以自主学习为中心的"陕西师范大学智慧研修平台"和"红烛工作坊"两个学习平台,支持多场景研修学习、混合式协同教研活动、多用户高并发访问、灵活多样的学习过程管控及多维度学员数字画像。

2. 培训的精准需求调研分析

"互联网+"环境下的需求调研方式多元化,本研究对中小学已参训教师和未参训教师进行精准需求调查,在线上自主学习平台、企业微信平台、UMU平台等发布调研问卷,以多元方式收集数据,这样的调研方式减少了时间、空间的压力,很大程度上保证了调研的实效性。通过问卷调查,使用数字工具,生成直观性数据来精准调研培训学员的需求,从教师的数字意识、数字素养、应用能力、区域指导能力、培养需求等方面摸底学员的专业发展需求,完成专业能力诊断,撰写个性化专业发展调查报告,并研制培训实施方案。

3. 培训资源的数字化建设

传统的培训资源是利用提前录好的课程进行培训,这样会导致培训内容固定化,缺乏针对参训教师现状的个性化知识库的更新。基于"互联网+"自主学习的资源通过平台进行数字化建设,需要体系化地设计与建设,通过知识图谱,将资源进行知识梳理、知识分层,拓宽知识延伸,筛选目标知识,最终形成知识点思维链条,具体包括四类资源:一是专家的主题报告资源,这类资源通过录制,采用xMOOCs的方式进行建设,以"微视频+小测试"的形式呈现,并且平台提供专家授课内容的数字化文档、PPT、思维导图等;二是直播课程资源,提供参训学员开展同步学习与交流互动;三是异步的课程资源,提供参训学员自定义步调和自定内容的学习;四是生成性的资源,教师个体或共同体在培训过程中通过研修活动产生的新看法、新观点、新问题,以及参训教师提交的课题研究、创新教育教学的优秀作品,包括教学(活动)设计、课堂实录、教学(活动)微课、案例反思、教学(保教)策略、教育教学研究论文和课题研究报告等。

4. 培训的评价

"互联网+"自主学习背景下的教师培训评价,注重教师知识与能力的迁移效果,需要在以往的评价机制里增加互联网支持的培训的学习效果检验。最终根据学员每阶段的具体培训内容和任务进展状况,结合学员实践影响的作用发挥,采用以"过程性学习评价、结果性任务评价、影响性作用评价"为基本考评维度(表1),对学员进行全面评价以研修学习(参与度+效能度)、研修任务(完成度+品质度)、研修影响(实践度+辐射度)为重点考评观测,以"教育行政部门评价、项目执行部门评价、学员主体自主评价"为多元评价载体的考评指标体系。

表1 "互联网+"自主学习背景下的教师培训评价指标

考评维度	考评内容	考评观测
过程性学习评价(60分)	集中研修(25分)	参与度+效能度
	跟岗学习(25分)	
	网络研修(10分)	
结果性任务评价(20分)	研修作业(10分)	完成度+品质度
	成果展示(10分)	
影响性作用评价(20分)	学校影响(10分)	实践度+辐射度
	学生影响(10分)	

四、"互联网+自主学习"支持的教师培训实践案例

1. "互联网+自主学习"的教师美育素养提升培训

陕西省教育厅从 2017 年开始就制约学校美育健康发展的瓶颈性因素进行深入调研。

培训前,笔者所在研究团队通过组织专家和一线教师采用线上问卷调研方式,从培训教师的个人基本情况、美育发展现状、困难、发展愿景几个方面做了深度分析。培训团队聚焦参加培训教师现实的、真实的"最近发展区",结合政策导向,确定培训目标,避免对目标任务的"好高骛远"。开始探索建设"美育微课程数字资源平台"及"美育工作数字化管理平台"。平台中提供了教授、专家及一线中小学优秀教师的美育课程,提供了课程资源包,包括课件、微视频、习题、讨论与交流、评价等模块。培训中,教师在平台自主选择需要的学习资源,教师可以在直播平台定时与授课专家互动,教师可以与专家组成研讨小组,以工作坊的形式进行研讨,形成的成果按照知识图谱分类成过程性的数字化教学资源。如图 2,在参训最后,组织教师在陕西省高校、博物馆等地进行观摩学习。培训后,通过线上调研的方式获取参训教师的学习情况及改进建议,参照参训教师"过程性学习评价、结果性任务评价、影响性作用评价"三方面的表现,对其进行培训评价。经过 8 年的探索和实践,数字教学资源促进了美育教育优质均衡发展。通过"美育微课程数字资源平台"和"美育工作数字化管理平台",以及评价机制的健全和完善,引领各地各学校加强学生美育教育和自身建设,切实提高了学生的审美和人文素养,促进学生全面健康成长。

图 2 "互联网+自主学习"的教师美育素养提升培训现场

2."互联网+自主学习"的教师数字化素养提升培训案例

2021年6月3日,陕西省教育厅办公室印发《关于组织实施陕西省中小学幼儿园教师信息素养提高培训项目的通知》。2021年7月,中共中央办公厅、国务院办公厅印发了《关于进一步减轻义务教育阶段学生作业负担和校外培训负担的意见》。结合"双减"提质增效的要求,需要借助信息技术在评价的过程性和联系性上发挥作业的最大功效。基于这样的背景,陕西省中小学幼儿园教师信息素养提高培训项目拉开序幕。

此次培训采用"互联网+"教师自主学习培训模式。培训前,在学习管理系统发放《中小学幼儿园教师信息化素养现状问卷调查》《中小学幼儿园教师信息化教学能力现状问卷调查》《中小学幼儿园家校共育信息化现状家长问卷调查》,探明参训教师的信息化素养及家长对教育信息化的认识和态度。组建网络工作坊,为后续的网络研修、协同教研等活动做准备;推送师德和思政等通识课程,供学习者自主学习;发布本次培训的目标任务,实施任务驱动。培训中,线上网络课程学习和直播学习,线下培训依托平台发布作业,依托平台开展智慧教学活动;通过学习管理系统对参训学员进行全过程考勤管理,确保线下学习效果;培训后,通过智慧研修平台和工作坊内的协同研修工具,实施双师课堂远程同步教学,开展跨校、跨区域、跨学科的教师研修活动。参训学员返岗后,可直接使用工作坊平台开展区域教研指导活动。

参考文献:

[1] 中共中央 国务院关于全面深化新时代教师队伍建设改革的意见[R/OL].(2018-01-20). www.gov.cn.

[2] 教育部 财政部关于实施中小学幼儿园教师国家级培训计划(2021—2025年)的通知[R/OL].(2021-04-30). moe.gov.cn.

[3] 冯晓英,宋琼,吴怡君."互联网+"教师培训与专业发展:深度质量评价的视角[J].开放学习研究,2020,25(3):1-7. DOI:10.19605/j.cnki.kfxxyj.2020.03.001.

[4] LITTLE D. Learning as dialogue:The dependence of learner autonomy on teacher autonomy[J]. System,1995(23).

[5] TORT-MOLONEY D. Teacher autonomy:A Vygotskian theoretical framework. CLCS Occasional Paper[M]. Dublin:Trinity College,CLCS,1997:48.

[6] 蒋红. 教师培训自主选学的大数据分析与思考[J]. 中小学教师培训,2017(10):26-28.

[7] 教育部关于深化中小学教师培训模式改革全面提升培训质量的指导意见[EB/OL]. (2013-05-08). http://www.moe.gov.cn/.

[8] Siemens George. Connectivism: A learning theory for the digital age[J]. International Journal of Instructional Technology and Distance Learning, 2005, 2(1): 3-10.

[9] 陈丽,冯晓英. 学习理论的发展与网络课程教学策略创新[J]. 北京广播电视大学学报, 2015(1): 1-8.

[10] Siemens George. Orientation: Sensemaking and wayfinding in complex distributed oline information environments[D]. Aberdeen: University of Aberdeen Doctoral Dissertation, 2011.

[11] 杨彦军. 教师信息技术素养教程[M]. 长春: 东北师范大学出版社, 2015.

[12] 柯清超,郑大伟等. 基础教育领域数字教育资源的评价研究[J]. 电化教育研究, 2014, 35(2): 55-61.

[13] 教育部教师工作司. 教育部教师工作司关于印发《教育部教师工作司2022年工作要点》的通知. [2022-02-24]. http://www.moe.gov.cn/s78/A10/tongzhi/202202/t20220225_602341.html.

基于成人学习理论的教师培训项目设计理念更新探微

全国中小学教师继续教育网　徐英俊

摘　要：步入"十四五"时期以来，我国中小学教师培训工作取得了显著成效，大幅度地提升了广大中小学教师的核心素养与关键能力，促进了我国中小学教师队伍的高质量发展。但在教师培训中仍存在着"以培训者为中心"的传统培训理念，以及忽视教师业已形成的"个体经验"的价值，不以"问题解决"为核心和以"专题讲座式"为主要集中培训方式的设计观。这在一定程度上影响了教师培训的实效性，降低了教师的满意度和获得感。新时代的教师培训应树立"以教师为中心"的培训项目设计新理念，关注以"个体经验"为基础的培训实施方案设计理念，以"问题解决"为核心的教师培训内容设计理念和以"参与式"为主要培训方式设计理念。这样才能落实精准培训的国家精神，满足新时代教师培训高质量发展的新要求。

关键词：学习理论；教师培训；项目设计；理念更新

传统的"以培训者为中心"的教师培训理念、漠视教师实际的教学实践经验、无法精准捕捉并聚焦教师面临的教育教学突出问题、"讲座式"占居集中培训的主导地位等教师培训过程中存在的突出问题仍在潜移默化地影响着教师培训项目的设计、实施和评价。成人学习理论的研究结论对破解当前教师培训中存在的难题具有直接的指导意义。因此，我们应在成人学习理论指导下，深度思考当前教师培训过程中的痛点堵点，及时有效地予以解决和破解，这样才能不断提升教师培训的实效性，从而推动我国中小学教师队伍的高质量发展。

一、树立"以教师为中心"的教师培训项目设计理念

（一）教师是学习的主体

美国著名成人教育家诺尔斯（Knowles）在他的著作《自我指导学习》中界定

了自我指导学习的概念。他将自我指导学习看成是一个过程,认为"在这个过程中,个人依靠自己或者在他人的帮助下,主动诊断自身的学习需求,规划学习目标,识别学习所需的人力和物力资源,选择和使用恰当的学习策略,并评价学习结果"[1]。这充分说明了成人是学习的主体,成人具有学习的规划性、自主性、主动性和积极性,成人可以通过自身的努力,利用一定的学习资源,完成所面临的学习任务。教师的学习属于成人的学习,教师更需要"主导"自己的学习,"主宰"自己学习的内容和方式,以满足自己学习上的个性化需求。美国人本主义心理学的主要代表人物罗杰斯(Rogers)在20世纪80年代提出了"以学习者为中心"[2]的教学理念,在21世纪初成为我国基础教育课程改革的理论基础之一。20多年来,广大中小学教师在教学实践中都在践行着"以生为本"的教学理念。因此,中小学教师在参训过程中更期待像他们所教学生那样在参训过程中获得主体地位。

(二)基于教师主体的项目设计

既然教师是学习过程的主体,就应"以教师为中心"来设计教师培训项目。实施方案模板中的"培训主题""培训目标""培训对象""培训内容""培训方式"等体现"以培训者为中心"的设计内容都应以体现"以教师为中心"的方式表达,如"学习主题""学习目标""学习对象""学习内容""学习方式"等。这不仅仅是把"培训"改成了"学习",更重要的是体现了"以教师为中心"的新时代教师培训新理念。不仅如此,在撰写具体的实施方案过程中,必须从教师角度出发,例如,从教师视角出发表述学习主题、学习目标、学习内容、学习方式等具体内容。特别是应把培训内容下的"培训课程"(课表)改成"学习课程",把课表中的"专题名称""内容要点"改成"学习专题""学习要点"。总之,应切实从教师培训实施方案的各个方面体现出教师的主体地位,在时时处处想着"谁学"的前提下,撰写教师培训实施方案的具体内容,在实施方案落地执行的过程中,更要把教师置于培训过程中的中心地位。

二、关注以"个体经验"为基础的培训实施方案设计理念

(一)教师教学实践经验的功能

诺尔斯提出了关于成人学习的五大特质:独立的自我概念、关注个体经验、现实需求、问题解决和内部驱动[3]。其中"关注个体经验"对于我们教师培训项目的设计具有直接的指导意义。广大中小学一线教师在长期的教学实践活动中积累了

大量的、丰富的、鲜活的教学实践经验,这些教学实践经验无疑是教师继续学习的重要基础。教师参加培训是带着自己已有的实际教学经验进入研修过程的,教师在学习中必然要与自己的实际教学经验产生联结。建构主义也认为:"学习过程并不是简单的信息输入、存贮和提取,而是新旧知识或经验之间的相互作用过程。"[4]这就意味着,教师在培训过程中的学习不是被动地、单纯地接纳来自外部的信息刺激,而是教师个体通过已获取的专业知识与专业技能、教学知识与教学技能或教学实践经验与外部信息现场进行复杂的交互活动,积极主动地构建新的认知结构的过程。很多学者都强调了实践经验在成人学习中的重要作用,认为"经验既是教育的生长基点,也是教育教学活动传输的媒介"[5]。

(二)基于教师教学经验的实施方案设计

教师学习是在现有实际教学实践经验基础上的学习。因此,在教师培训实施方案设计的过程中必须关注教师个体所获得的实际教学经验。无论是研修内容的设置、研修活动的安排,还是研修方式的设计、研修成果的生成,都应建构在教师现有的真实的教学实践经验基础上,务必考虑到教师实际形成的教学实践经验。在其已有教育教学经验的基础上得到的学习收获能更好地内化并形成新的知识体系框架。如果凭借主观意愿安排与其教学实践经验关联性不强的研修内容、研修活动、研修方式和研究成果的话,无疑是分割了教师固有的实际教学实践经验与教师培训诸要素之间的内在联系性,就无法使教师的实际教学经验与培训内容之间产生联结,无法构建新的认知结构。因此,在教师培训前,必须精准判断不同层次培训对象教学实践经验累积的现状。唯一路径就是对培训对象在培训前实施精准调研,采取远程问卷、现场问卷、座谈访谈、入校听课等方式,捕捉培训对象实际教学经验获取的真实现状,并以此为基点来设计培训实施方案。

三、以"问题解决"为核心的教师培训内容设计理念

(一)以问题解决为导向的学习

诺尔斯提出的关于成人学习五大特质中的"问题解决",对于我们设计教师培训的内容也具有现实的、直接的指导意义。问题解决意味着,教师研修是以问题为中心、以问题解决为导向的一种学习。这说明教师研修的目的是破解当前教育教学过程遇到的突出问题、难点问题、痛点堵点问题,满足教师当下教学上的急需。也就是说,教师通过研修,意欲获得基于真实情境的教学问题破解的办法,及时应对和解决教师眼前所面临的困惑和教学实际问题,从问题解决的过程中提升教师

的教育教学能力。我国学者也指出,教师学习是一种由经验性学习、基于问题的学习、自我导向的学习、同伴互助学习、职场学习等组成的综合体[6]。其中"基于问题的学习"观点清楚地说明了教师的学习是带着问题来的,通过参训来解决现存的问题。有的成人教育学者也提出过成人学习是以问题为中心的主张:"成人参与学习活动是一种问题中心的心理架构。"[7]可见,教师研修就是要从教师当前所遇到的教育教学实际问题出发,通过积极主动参与破解问题的研修过程,提升教师问题解决的能力。

(二)以问题解决为重点的培训内容设计

教师学习是基于问题解决基础上的学习,教师对可以立即应用的知识——即对解决眼下教育教学实际问题的方法抱有较高的期待。因此,在教师培训内容,即在每一个培训专题的设计过程中应遵循提出问题、分析问题、解决问题的逻辑顺序,以引发教师的学习兴趣。如果凭借主观意愿安排与其教育教学遇到的问题相关性不强的研修专题的话,就无法吸引教师的注意力,无法激发教师的学习兴趣,无法产生学习的内驱力,就会降低学习效果和培训成效。在当前,中小学教师面临的教育教学突出问题主要是基于学科核心素养的教学设计、教学实施和教学评价;可用于教学的数字技术有哪些以及数字技术与学科教学深度融合的方法、路径;"双减"背景下的作业创新设计、高质量课堂教学的新样态;如何设计与实施大概念(观念)教学、大单元教学、项目式教学;等等。不同区域教师遇到的教育教学突出问题究竟是什么,在培训前,仍然需要对参训教师进行精准调研,以准确找到教师所面临的教育教学突出问题,精准设计解决问题的培训专题,提升培训的针对性及参训教师的满意度和获得感。

四、突出"参与式"的教师培训方式设计理念

(一)成人学习是一种主动式的学习

诺尔斯认为,成人学习模式是一种自我导向性的、主动式的学习方式。教师不再是教学的中心,教师的责任在于关注学习者的进步和发展,为学习者提供学习资源,与学习者共同寻找最佳的学习方法。当学习发生在学习者想要学、主动学的时候,是最为有效的学习。[8]这说明在成人的学习过程中,培训者不再是培训的主角和主导者,培训者只是学习资源的提供者、学习活动流程的设计者、学习过程的促进者。这也意味着,成人的学习有高度的主动性、自主性,不希望来自外部的强行

"灌输"。因此,教师培训方式的设计应突出参训教师的主体地位,使参训教师在"做中学"中获得专业知识和教学知识,学会专业技能和教学技能。有学者指出:参与式"在心理学视野中,意味着个体对活动在认知、情感和行为上的积极卷入;在社会学视野中,它反映了个体之间、个体与群体之间的互动方式和影响程度;在政治学视野中,它体现了人人平等赋权、民主决策的发展状态"[9]。因此,集中培训应大量减少以培训者为中心的丧失教师主体地位的专题讲座方式,增加更多的参与式培训方式。

(二)集中培训"参与式"培训方式的设计

1."支架式"研修方式的设计

"支架式"研修方式是以建构主义为理论基础,以授课专家提供的研修环节流程框架为引领,以具体的研修工具、方法和资源等为"支架",以"训前准备(环节设计、工具设计)—现场分组(同质分组、异质分组)—自主研修(导学案、任务单)—小组合作(打磨工具、研磨工具)—成果表达(表达模板、呈现工具)—点评提升(点评指南、点评表单)"为主要环节(图1)。研修过程突出了参训教师主体地位,充分体现了研修活动的参与式和体验式。

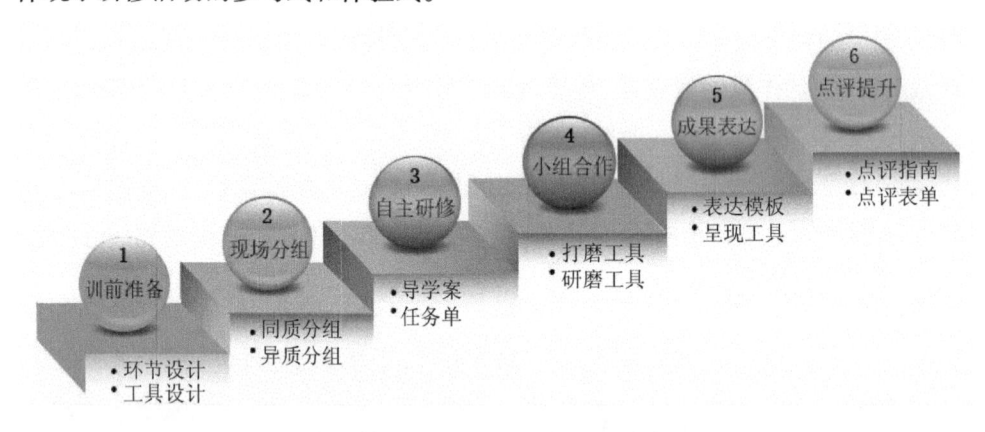

图1 基于建构主义的"支架式"研修方式流程图

2."实操式"研修方式的设计

"实操式"研修方式秉持"以教师为中心"的研修理念,体现了杜威实用主义所提倡的"从做中学"的观点,实现了以现场实战演练为核心的"从做中学"。研修过程突出了"六性合一":即现场性、即时性、卷入性、活动性、生成性和引领性。以"训前准备(专家准备、学员准备)—现场分组(随机分组、区域分组)—打磨研磨

(个人打磨、小组打磨)—实战演练(小组演练、班级演练)—点评优化"(即时点评、引领点评)为主要环节(图2)。

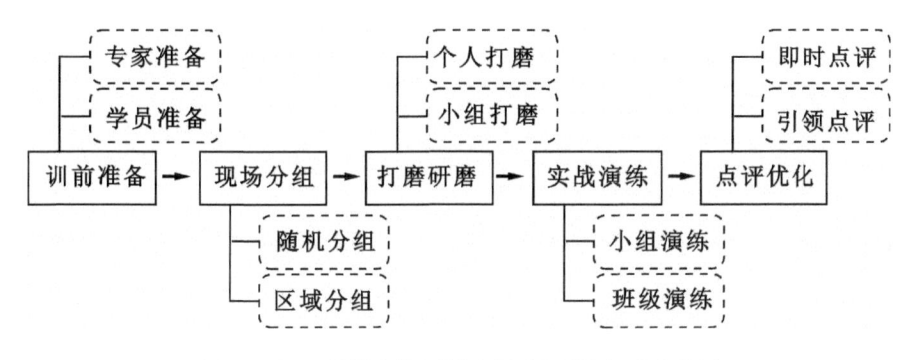

图2 基于"从做中学"的"实操式"研修方式流程图

如果把项目设计、项目实施、项目评价视为教师培训项目的一个完整过程的话,那么教师培训项目设计无疑是首要环节,这个环节极大地影响着教师培训项目实施和项目评价的效果。长期的教师培训项目设计实践经验表明,只有在教育理论的指导下,才可能设计出优秀的教师培训项目。因此,我们应研究教育理论,特别是要深入研究成人学习理论,在成人学习理论的指导下,树立并形成与时代同步的、与教师培训发展相适应的教师培训项目设计新理念。在当前,我们针对"十四五"时期教师培训项目设计过程中存在的突出问题,相应地提出了"四大"教师培训项目设计新理念:即树立"以教师为中心"的教师培训项目设计理念、关注以"个体经验"为基础的培训实施方案设计理念、以"问题解决"为核心的教师培训内容设计理念和突出"参与式"的教师培训方式设计理念。只有树立新时代教师培训项目设计新理念,我们才能精准设计教师培训项目,从而真正落实精准培训的国家要求,才能提升教师的核心素养与关键能力,促进教师个体的专业成长和教师队伍的高质量发展。

参考文献:

[1] KNOWLES. Self directed learning: A guide for learners and teachers [M]. Chicago: Follett Publishing Co,1975:18 - 19.

[2] 化得福.论罗杰斯的人本主义教育思想[J].兰州大学学报(社会科学版),2014(4):152.

[3] 裴淼,李肖艳.成人学习理论视角下的"教师学习"解读:回归教师的成人身份[J].教师

    教育研究,2014(6):18.

[4] 吴庆麟.教育心理学[M].上海:华东师范大学出版社,2003:200.

[5] 陈坤.杜威经验哲学对现代课程与教学的启示[J].教育探索,2017(3):9-12.

[6] 邓友超.论教师学习的性质与质量[J].教育研究与实验,2006(4):55-59.

[7] 黄富顺.成人学习[M].台湾:五南图书出版公司,2002:9.

[8] MALCOLM S. KNOWLES. The adult leaner:A neglected spe - cies [M]. Houston:Gulf Publishing Company, 1990:209-211.

[9] 曾琦.参与式教师培训的理念及实践价值[J].全球教育展望,2005(7):18.

依托课例研修进行精准培训，提升教研组长领导力*
——海淀区初中语文教研组长培训实践探索

北京市海淀区教师进修学校　迟淑玲

摘　要：教研组长作为教研组的直接负责人和领导者，是教研组建设的核心人物，在学科教学改进、教师专业发展、教研组建设等方面起着重要作用。教研组长领导力是教研组良好发展的关键性因素，它包含诸多能力要求。新课程改革对教研组长提出了更高要求。基于课例研修对教研组长领导力提升的重要作用和培训需求调研，以区域教师培训为引领，以教研组长能力提升为关键，以课例研修为抓手，笔者探索分类精准培训，提升语文教研组长领导力。该项目为期1年，构建了"两阶段—三模块—跟进式"深度培训课程。通过采用多种实施策略，推动教研组长开展课例研修，改进课堂教学，提升教学质量，促进教师发展，取得了显著成效。

关键词：课例研修；精准培训；初中语文；教研组长；领导力

一、背景与需求

1. 培训背景

随着2022年义务教育课程方案和课程标准的颁布实施，适应学生全面而有个性发展的教育教学改革深入推进。近年来关于教师队伍建设与教师培训的相关政策与举措不断完善，深化精准培训改革正处在由政策引领到实施落地的阶段。

为什么选择教研组长作为培训对象？教研组是集教学、科研、管理于一体的基层组织，它承载着研究、指导、培养、管理及服务等多项职能。教研组长是教研组建

---

* 北京市海淀区教育科学"十四五"规划课题（HDGH20210616）。

设的核心人物,其领导力是教研组良好发展的关键性因素,它包含诸多能力要素。海淀区研修实践及相关研究表明,教研组长领导力应具备学科教学能力、教学研究能力、教学指导能力、规划设计能力、团队建设能力、组织协调能力、课程建设能力和学术引领能力八项能力。

2. 课例研修

为什么选择课例研修作为培训主题?课例研修是教师团队围绕一个主题,围绕课堂教学,采用课堂研究的方法与技术手段,持续学习与持续实践的研修过程。它的一般流程是:学习、设计、教学、反思—再学习、再设计、再教学、再反思—继续学习、继续设计、继续教学、继续反思,并在学习中总结、提炼、升华。[1]课例研修作为教师专业发展的有效途径,能够促进教师深度反思与教学改进,增长教师的实践智慧,促使教师成为有研究能力的实践者。

3. 需求调研

为了解教研组长的工作情况和具体需求,开展了需求调研。从调研结果来看:绝大多数教研组长是区级骨干教师,具有较高专业水平,但教学研究能力不足;在学科研修设计与实施、团队建设等方面存在诸多困难;日常教研活动主题零散,缺乏系统;听评课少工具,多基于经验;教学反思较为随意;对课例研修初步了解,但缺乏实践经验等。他们期望"能够学会组织和实践'课例研修'的方法"并"在实践中帮助组内教师共同提升"。基于以上综合分析,2021年10月至2022年10月,笔者进行了精准培训的实践探索,以期推动语文教学改进与教师专业发展。

二、理念与设计

1. 培训理念

为了满足并支持教研组长学习、实践与发展需要,培训内容必须针对需求精心筛选关键资源,引领并激发学员主动积极学习。设计实施"双线结构"培训课程:一方面精心设计培训课程,充分发挥预设课程的指导、引领作用;另一方面,重视预设课程启发、激活学员教育理念更新、教学智慧生成与转化,这种生成资源尤为重要。笔者推行预设课程与生成资源交织共生,促进学员内化沉淀、学以致用。依托课例研修主题培训,进行实践探索,提升教研组长领导力。

2. 课程设计

培训课程分两个阶段:第一阶段——集中培训、系统学习、制定方案;第二阶段——岗位实践、跟进指导、成果固化。设置"公共培训、学科培训、实践研修"三个模块,从教研组长的理念认识、关键能力、课例研修设计与实施等角度设置若干专题,每个专题下设系列课程内容,采用适宜的培训形式,设计进阶式的培训任务,构建教研组长"两阶段—三模块—跟进式"深度培训课程(表1)。

表1 初中语文教研组长培训课程

培训阶段	课程模块	培训专题	内容要点	培训形式	培训任务
第一阶段	公共培训	组长职能与教研组建设	1.教研组长职责与能力要素 2.教研组学科研修内容与形式 3.教研组建设的理念与策略 4.教研组建设优秀案例分享	专业阅读 主题讲座 案例分享	课程选修: 选学2—3门课程 专业阅读: 《怎样做课例研修》 《课例研究》 《如何当好教研组长》等
		课例研修与观察技术	1.课例研修设计与实施方法 2.课例研修与优秀案例分享 3.教学评价与工具开发		
	学科培训	单元背景下的教学设计	1.语文单元教学设计与实施 2.语文学科教学关键问题 3.语文教学活动与学习任务设计	主题讲座 研讨交流 现场观摩	开展微讲座 回校交流、发挥辐射,在学校或学区进行30分钟微讲座 设计方案: 设计语文课例研修方案
		听课评课与案例分享	4.语文学科听评课方法与策略 5.语文学科课例研修案例分享		
		教学反思与改进	6.基于设计与实施的教学反思与改进		
第二阶段	实践研修	课例研修实施	1.开展三课两反思课例研修活动 2.总结反思,教学改进	岗位实践 跟进指导 研讨交流 成果固化	实施课例研修 积累过程性材料 梳理提炼,撰写课例研修成果
		成果提炼与总结	梳理过程性材料 撰写研修报告等成果		

三、策略与方法

1. 任务驱动,促进转化

该培训项目核心任务是要求每位教研组长学以致用,带领组员设计实施完整的课例研修,最后形成课例研修报告。笔者根据培训不同阶段的目标定位,设计不同类型的学习任务,以之为抓手,激发学员深入学习。如第一阶段利用焦点讨论法,调动学员及时吸纳所学,提炼学习成果,将思考条理化、内部思维外显化,学员就有学习的着实感和行动力。学员沉淀的内容有获得的知识、技能、方法以及职业态度与价值观的更新优化,还有借鉴运用的具体做法等。再如通过第一阶段主要任务设计课例研修方案,推动学员为第二阶段做准备;进行30分钟微讲座,目的是通过学员回校向更大范围内同行介绍课例研修,促其深入理解所学,进而发挥辐射与带动作用。

2.利用文档,交流共建

培训过程性学习成果输出主要利用腾讯文档进行即时分享,促使学员分享更加认真,因为有读者,自己的分享会被看到。大家互相浏览学习,能够互为补充、丰富视角。为了调动学员的内驱力,形成思维碰撞、智慧互享的培训氛围,需要精心设计学员与课程资源、学员与同伴、学员与培训者之间的互动内容与方式。笔者特别重视学员的独立反思和互相交流,培训全程在微信群建立若干腾讯文档,鼓励学员随时将学习成果粘贴进文档,进行全班同步分享、共建互学。

3.加强调研,补给课程

因为正处特殊时期,该项目周期长,需要学员实战,任务较重,所以根据实际进度等,笔者前后做了多次不同目的与内容的问卷调研,以精准确定培训课程的补给(表2)和具体指导方向,确保学员课例研修实践扎实有效推进。如:

调研问卷之一

为了搜集大家目前关于课例研修的问题或难点,现做一个问卷调研,请您利用5—8分钟认真填写。我汇总后,上传给相关专家,并请其有针对性地讲解和答疑指导。

1.您课例研修的主题是什么?涉及哪册书、哪个单元、哪篇课文?

2.课例研修初定什么时候实施?

3.在课例研修方案设计上遇到了什么具体困难?

4.预计在课例研修实施时会有哪些具体的难点?

5.在设计与实施中希望得到哪些外援与支持?

6.在这个过程中,作为组长,您是如何挖掘组内、校内人力、物力等资源潜力的?

7.您愿意在全班分享您的方案并得到专家的点评与指导吗?

表2 初中语文教研组长领导力培训课程补给课表

培训时间	培训课程	培训任务
2022年3月26日 第二阶段启动兼第一次在线交流与指导	一、初中三个年级学员分享介绍初设方案、实施后反思 1. 初三：分享课例研究"小说阅读关注细节" 2. 初二："诗歌教学有效提问策略研究——以《蒹葭》教学为例" 3. 初一：贴近本校教研需求开展课例研修 二、专家点评与讲座：如何做课例研修	1. 用焦点讨论法提炼收获、即时分享 2. 处于不同设计或实施阶段的学员进行相应的任务推进
2022年4月29日 第二次在线交流与指导	一、优秀案例分享——人大附分校课例研修阶段性汇报 1. 播放岳老师的研究课录像 2. 岳老师分享：课例研修——从阅读单元到学习单元的教学实践与反思 3. 苏老师分享：绝知此事要躬行——实践学习单元的收获与思考 二、特级教师评课，专家指导课例研修成果表达	1. 用焦点讨论法提炼收获、即时分享 2. 处于不同设计或实施阶段的学员进行相应的任务推进
2022年7月9日 第三次在线交流与指导	一、学员分享课例研修实践经验与报告撰写 1. 魏老师：课例研修复盘与反思 2. 刘老师：且思且行，如琢如磨——课例研修汇报 3. 岳老师：素材整理、报告撰写的体会与思考 二、专家点评指导+微讲座：如何从课例研修实践素材中提炼教学成果	处于不同设计或实施阶段的学员进行相应的任务推进
2022年10月23日 第四次在线交流与指导	一、学员分享课例研修经验与研修成果 1. 赵老师：分角色演读在童话教学中的应用探究，以《皇帝的新装》为例 2. 孙老师：课堂观察量表与教学改进 3. 刘老师：课例研修助力团队成长 二、专家点评+微讲座：如何撰写研修报告和小论文	依据档案清单，梳理过程资料，撰写研修报告等成果

4. 注重评价，保障质量

评价作为培训的重要环节，是实现精准培训的保障，也是促进教师高质量学习的手段。除了最后终结性评价需要精心设计以外，探索过程性评价，促进学员"瞻前顾后"、深度参训也特别关键。笔者探索设计了一种特色评价量表——自我评估表,一方面可以反馈学员培训前期的学习情况,另一方面为其后期学习进行督促和引导。对于学员,实则是借由评价而进行的复盘、反刍、梳理与巩固。笔者亦可从中了解学员学习进度,进行激励性反馈,鼓励、督促其继续推进。

四、成效与辐射

培训成效较为显著,成果丰硕。来自20多所学校的30位教研组长带动近50位语文教师参与课例研修实践探索,获得了不同程度的收获与成长。学员在培训过程中,积累了丰沛而鲜活的过程性资料,包括多轮次教学设计、教学录像与文字实录、课堂观察工具、研讨反思记录、课例研修报告等,合计至少85万字。开发了多个课例研修优秀案例,多篇课例研修报告入选海淀区成果《从"经验"到"循证"的学科校本研修——中小学教研组长课例研修报告集》。多位学员课例研修经验在区内外甚至市内外发挥了辐射作用,论文、报告等获得了各种市区级奖项。该培训项目促进教研组长在学校构建新型学习共同体,通过课例研修设计与实施,教师在教学中不断总结和提炼教学改进的途径与方法,共同探讨和解决教学中的问题,进一步完善了教师间相互支持、共同进步的专业发展机制。

五、经验与思考

依托课例研修,实施精准培训,提升领导力的海淀区初中语文教研组长培训实践探索,历时1年多,采用线上培训为主的混合培训方式,形成了区域学科教师分类培训特色,构建了教研组长"两阶段—三模块—跟进式"深度培训模式。在课程建构与实施、工具开发、专业赋能、成果固化等方面积累了较为丰富的经验,有待于日后继续提炼与萃取,反哺于区域教师培训实践。

"教师精准培训应该包括按需、个性和循证三个特征要素,这三个特征要素共同支撑精准培训改革的深化落地。"[2] 无论教研组长在校内开展课例研修,还是笔者设计实施区域教师培训,都要加强循证意识,提高循证能力,既指语文教学与教师培训关键环节的循证,也指其成效评价与持续改进的循证。以此确保教师培训及其影响下的课堂教学真正精准与提质增效。

参考文献:

[1] 齐渝华,刘悦.怎样做课例研修[M].北京:高等教育出版社,2010:8.

[2] 冯晓英,林世元,何春.中国教师培训发展报告:精准培训视角 2022[M].北京:国家开放大学出版社,2023:16.

精准研修 提质增效
——构建跨学科教师"学·研·教"主题研修新样态

上海市杨浦区教育学院 陈 琳

摘 要:跨学科课程育人是落实新时期教育改革的创新举措。以跨学科学习与高阶思维发展为前提的跨学科育人不仅需要跨学科教师队伍,更需要跨学科教师具备课程设计与实施能力。为此,以"学习、研究、实践"为行动整合的主题研修成了教师跨学科学习的突破点和生长点。"学·研·教"主题研修从对象、目标、内容、过程、评价等方面精准落实,引导教师自觉实现"跨界"组合,形成主动分享观念、提升课程设计水平、提高理论与实践融合能力。"学·研·教"主题研修是跨学科教师队伍专业化发展的"应然"要求,更是"实然"要求。

关键词:学·研·教;跨学科教师;主题研修

核心素养的提出明确了当代教育需要培养什么样的人。这是牵涉不仅要"知晓什么",而且在现实的问题情境中"能做什么"的问题。[1]依据核心素养的培育目标,当前的学校教育正从"知识传递"转向"知识建构",其中的课程设计、育人方式等都面临着深刻的变化。

2019年发布的《国务院办公厅关于新时代推进普通高中育人方式改革的指导意见》为课程改革指明了方向。《普通高中课程方案(2017年版2020年修订)》明确了以跨学科项目化学习为主的研究性学习学分标准。由此,"跨学科"正式走入我们的视野。

"双减"政策缓释了教育焦虑,其目标指向"向过重学习负担说'不',促进教学提质增效"。但相较以往,教师、家长,甚至学生自己需要寻找到新的路径以达成对在校学习状况的清晰分析与了解。因此,将基础教学学科以跨学科课程方式实施,达成教与学的精准"落点",是对学生学习能力提升的重要补充,更是对教师教育教学和研究能力的挑战和机遇。"学·研·教"主题研修则引导教师走出常态化学科教学,从单一走向综合,从本体走向全面,提升跨学科课程意识与能力,进而实现专业化、全面化发展。

一、"学·研·教"是跨学科教师研修的主要模式

(一)"学·研·教"模型的建构理念

为厘清跨学科课程的开展现状,区域组建核心团队,通过访谈、问卷等调研方式获得关于实施、管理、评价、培训等方面的真实信息,掌握实施的基础和资源,从对象、目标、内容、过程、评价等多方面精准落实,建构主题研修理念。

"学·研·教"主体研修以教师对跨学科课程的理解与需求为重要依据,以自愿参与为根本原则,确定研修对象。倡导基于问题的"订单"研修模式与"学习、研究、实践"的行动整合,关注实效与时效,从而达成对象精准和目标精准。主题研修着力自主实践和同伴社群学习,有效促进教师从个体学习转向联合发展学习。同时,在与专家的沟通中拓宽跨学科专业视野、提升跨学科教研能力,向研究型、学者型、智慧型教师转变,从而达成个性化内容精准和社交型过程精准。而教师在实践过程中,主动反思与提升意识,积极改进与完善教学,深度感悟以评促教的效能,进而达成自修型评价精准。

(二)"学·研·教"模型的设计思路

如图1,教师围绕跨学科学习的课程理念、课程目标、实践流程、教学评价、实

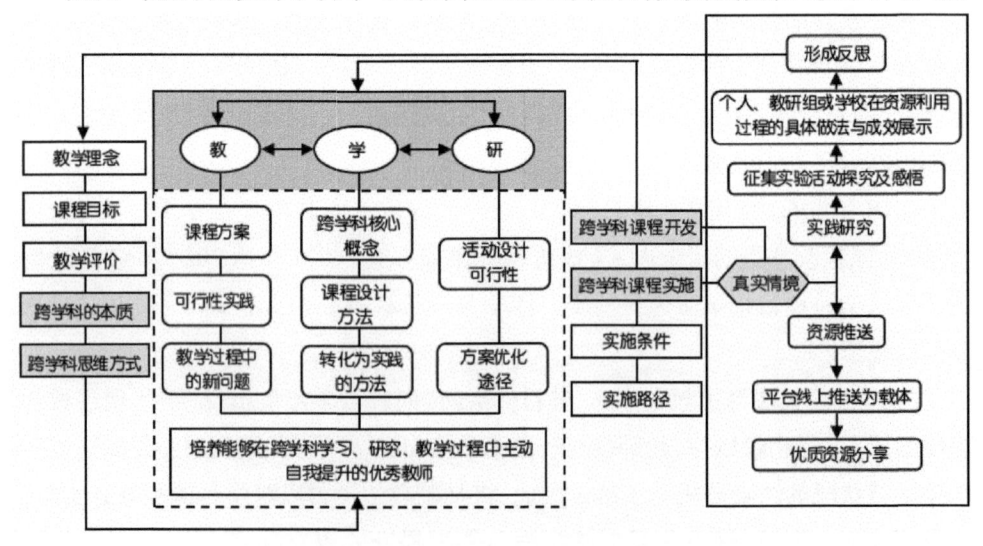

图1 "学·研·教"主题研修模型

现条件等,在跨学科课程实施中充分结合具体课题的真实情境,采用"概念输出—实践研修—资源推送—案例验证"的研修机制。在分享优质活动资源的同时,通过征集、展示实验探究活动与感悟,以及教师撰写的个人、教研(备课)组或学校在资源利用过程的具体做法与成果。推动教师在资源开发与利用的实践过程中,围绕跨学科教学形成有价值的反思,切实促成跨学科教学理念的更新与教学方式的转变和终身发展。

(三)"学·研·教"模型的实践意义

1. 有利于教师拓宽课程视野

教师参与跨学科学习有利于最大限度地摆脱知识范式对个人能力发展的束缚,聚焦核心素养的凝练,让深度学习真实发生。同样,跨学科教学也是超越单一学科视野,以现实问题的研究和解决为依托,关注复杂问题的全面认识与解构,关注研究方法与思维模式的形成,引导教师的行为更贴切社会发展的需求。

2. 解决跨学科资源短缺问题

基础教育阶段的科学类学科对跨学科教学资源提出"适切""丰富"等具体要求,但现有教学活动资源短缺且无法很好满足教师开展相关教学活动的需要。教师需要通过自行改进与设计活动方案以解决这一问题。如"初中科学跨学科活动方案的开发与剖析"课程聚焦"科学类学科跨学科活动方案的开发与实施"主题,剖析课程开发团队前期设计的、较为成熟的活动方案。研修者通过理论学习和实践感悟相结合的方式,经历跨学科活动方案的设计过程。通过活动方案的实施,调整与优化方案的合理性和科学性,并积极实践、思考、感悟,以达成提升跨学科意识与能力的目标。研修课程既提供了跨学科活动资源,也为教师自主设计跨学科活动提供关键工具和重要思路。

二、"学·研·教"可催生跨学科教师的研究共同体

(一)自觉实现教师跨学科组合

来自不同学校、不同学科背景、不同年龄阶段、不同爱好特长的教师进行"跨界"学习,突破原有边界,围绕"学·研·教"开展主题研修,变单学科共同体为跨学科共同体。"跨学科"要求下,传统和常用的"同校同科"教师研修模式的适用性不尽如人意。只有打破学科屏障,才有可能"跨"出学科界域,真正走向学科融合。"跨学科"教师研修模式的构建是转变研修方式、深化课程改革、促进教师发展的第一步,也是关键一步。为此,"异校同科""同校异科",甚至"异校异科"的全新联

动模式应运而生,由学习者与助学者自主形成跨学段、跨学校、跨学科的区域性学习型组织,有效促进学段、学校、学科的交叉、融合、渗透。

(二)围绕主题开展跨学科研究

主题研修课程可用基于问题的"订单"式研修模式扭转被动参与的学习方式。所谓"订单",即以解决在"跨学科"教学中遇到的问题和难点,更好地实现教师自身专业发展这一实际需求为导向,规划研修内容,既解决被动参与方式下研修内容与实际需求游离的问题,又有效加强研修的深度与广度。

对学生而言,跨学科学习的实质是利用学科知识进行现实生活的观察和对真实问题的分析。例如用数学的眼光观察现实生活、用数学的思维分析思考现实生活、用数学的语言表达现实生活,并从中抽象出数学问题加以解决,再返回到具体的生活中。真正的跨学科不能脱离对学科知识的应用,不能因"跨"而忽略学科的根本任务。跨学科的实现,必须依赖学科的坚实基础。所以,教师的跨学科研修不能脱离学科本质。

表1 初中数学项目化教学("比和比例"模块)

项目名称	课程	内容	项目化能力维度
六年级上册"比和比例"项目活动:探索蛋糕的配方	第一课	1. 知晓蛋糕的制作流程 2. 了解蛋糕的材料组成 3. 自行归纳制作蛋糕的工具的使用和操作注意事项	核心知识
	第二课	1. 根据提供的标准配比,进行蛋糕的制作 2. 蛋糕烘焙过程中合理进行蛋糕的分配(根据提供的教具,进行合理的分配) 3. 分析探究,影响蛋糕蓬松度的材料	学习实践
	第三课	1. 教师引导,设计科学实验,探究泡打粉及其不同比例对蛋糕蓬松度的影响 2. 蛋糕蓬松度评价(主观方面)	驱动性问题 公开成果 学习评价
	第四课(拓展课)	1. 探究其他可能影响蛋糕蓬松度的材料 2. 运用掌握的探究方法,设计实验进行实验验证 3. 总结分享,PPT展示	/

如表1所示,以初中数学项目化教学"比和比例"为例,主题研修设计了引导教

师基于学科知识,融合劳动教育,培养创新创造能力的研修内核。研修过程强调自发参与、沟通交往、情景体会、深思分享,将研修者已有经验、理论融入研修过程中。研修者不仅是受训者,更是积极的理论转化者和问题解决者。指导者以共同参与的角色聆听、评价以及问题解决。用民主、平等、合作的研修共同体方式,真正挖掘教师的自身价值,将学习过程变成自主突破的过程,将枯燥的学习变成思维碰撞的过程,将被动听讲变成快乐分享的过程,将完成任务变成生命自我实现的过程。

表2　初中英语项目化教学(人文模块)举例

Project	Topic	Task
Project 1: Get Ready for an Asian Trip	Period 1 Topic 1 The Announcement of an Asian Trip	Task 1: Do a survey about your last trips Task 2: Announce the Asian trip Task 3: Welcome to our new trip
	Period 2 Topic 2 Make a Route for Our Trip	Task 4: Find the Asian countries to be visited in the map Task 5: Make out the route for our trip Task 6: Show our great work
	Period 3 Topic 3 Economy in Asian Countries	Task 7: Collect economic information of Asian countries Task 8: Make a bar chart for economic information of Asian countries Task 9: Introduce the economy of the Asian countries
	Period 4 Topic 4 Cultures in Asian Countries	Task 10: Cultures in China and other Asian countries Task 11: What activities we would like to enjoy during the trip
	Period 5 Topic 5 Plan for Our New Trip	Task 12: List what we have got ready for our new trips Task 13: Make a plan for our new trips Task 14: Presentations of our plans for new trips to Asian countries

如表2所示的初中英语项目化教学主题研修,将学科学习划分成人文、社会、

自然、科学四个模块。其中,人文模块以"制定出国旅游攻略"为问题驱动,设计项目式学习内容,涉及英语的阅读和表达,地理、历史等学科知识,以及交际等相关技能。

三、"学·研·教"能提升跨学科教师的"课程领导力"

(一)"学·研·教"研修中的实践案例

表3 基于五育融合的学科项目化教学教师研修

教师项目化 教学培训三步骤	学科的核心 知识点梳理	基于项目化能力、 方法的项目设置	五育融合结合项目主体的 多方位考量、评价
准备阶段 体验阶段 创新阶段	相应学科知识点梳理	提出主题,明确任务 收集资料,制订方案 自主协作,具体实施 点拨引导,过程检查 展示成果,成长分享 反思迁移,修正完善	德育:学生具有坚定正确的政治方向,具有良好思想道德素质的教育 智育:传授系统的文化科学知识,发展学生智力的教育 体育:增强学生体质,发展他们的体力和运动能力,养成他们锻炼身体和卫生习惯的教育,也就是身心素质的教育 美育:形成学生正确的审美情趣和审美观,培养他们感受美、鉴赏美和创造美的能力教育,也就是美的教育 劳育:养成劳动观点和劳动习惯,初步掌握现代生产和基本知识和技能的教育,也就是劳动素质的教育

注:加点文字为说明性文字。

如表3所示,基于五育融合的学科项目化教学教师研修是"学·研·教"主题研修内容之一。该研修引导跨学科教师将学习转向学科与专业支持并重的研究视野,既基于学科的独特性质,更关注学科间共同的育人价值表现。不仅基于学科特有的课程构架、过程策略,更重视优化学科育人成效共同的策略、路径和机制。研究路径既是学科的,也是跨学科的,开发的核心样例既具有学科独特性,又具有跨学科普遍性。培养教师以育人价值为优化教学基点、以创新能力为专业发展重点,从而获得跨学科的专业理解力,提升跨学科课程的思想力、设计力、执行力及评价力。

(二)"学·研·教"研修中的教师成长

1. 提升了跨学科课程的设计水平

任何一种有意义的学习都离不开目标的指引,好的目标不仅可以明确方向,帮助选择与组织内容,还可以作为实施的依据和评价的准则。为避免"大而无当"或"形同虚设",研修从"成人""成文""成事"三个维度思考与设定目标。首先,以满足研修对象的需求为核心目标,帮助教师实现理念转变、教学转型,持续提升课程建设水平与合作能力,实现教师专业发展,此为"成人"。通过任务驱动的方式,在提高主观能动性的同时,形成学习案例,生成课程资源,成为研修的专业成果,此为"成文"。通过多途径、多元素组合活动,探索共同聚焦的问题,探讨国家课程校本化实施、校本课程特色化建设,此为"成事"。

2. 形成了主动分享的研修观念

中学教育过早地分科教学和细化教学,不能很好地发挥学生的综合学习能力。《中国学生发展核心素养》提出的素养是融合性目标,必须在融合性学习中才能实现。跨学科学习就是和其他人一起行动,在感受个人力量的同时,能够深切体会到与他人共在。跨学科学习中既要独立,更要合作。"学·研·教"研修中,变单学科共同体为跨学科共同体、变被动接受为主动分享、变单一目标建设为复合目标建设的教师行为,为教师观念转变提供了强劲动力。

3. 提高了理论与实践融合能力

"学·研·教"主题研修生成了可应用的资源,形成了可推广的案例,促成了可发展的反思。教师深刻理解了科学类学科的核心素养,提升了跨学科意识与能力,不仅"收鱼,更获渔"。在实践活动中,教师从信息技术整合、实验探究内涵、教学研究精神等方面及时总结反思,分享心得,从行动上为其他教师提供了切实的教学与研究指导。

课程改革是新时期教育注重学生健康和全面发展的重要举措之一。相关政策的良性实施,需要以切实提高课堂教学效能,挖掘和发挥学科核心素养内涵为保障。新课程改革为教育教学搭建了新的平台,给教师提出了新的挑战。持续学习将是教师专业发展与提升的应然之路与必然之路。为此,教师需要主动进行自我提升,学习与研究之前从未或较少涉及的领域,体悟新的角色定位。一定程度来讲,理想的教学过程更多的是教师与学生同步开展的协作型教学过程。教师在学习的同时应积极开展教学研究,研究跨学科课程设计与实施的科学性、合理性、严谨性,以及对接学生发展需求的适切度。教师需要自主开展围绕教与学的检验与反思。教师应树立这样的意识,不能将学、研、教割裂开去,而是要主动构建起"学·研·教"整合的学习新样态,以促进"学·研·教"在不同范围里的循环与发展。

参考文献:

[1] 钟启泉.基于核心素养的课程发展:挑战与课题[J].全球教育展望,2016,45(1):3-25.

指向"强师计划"的教师培训"三部曲"*
——以一次区域教师教育论文写作培训为例

重庆市万盛经开区教师进修学校　石　莉

摘　要：教师培训对教师专业素质的提升起着重大作用。在"强师计划"要求下，区域研训机构可以在问题诊断和充分调研的基础上设计培训方案，通过混合互动与主体多元实施培训课程，借助评价反馈和改进跟踪了解培训效果。

关键词："强师计划"；教师培训；方案设计；课程实施；培训效果

培训是教师专业发展的重要途径，是提高教师专业素质的重要手段。2018年，教育部等五部门印发的《教师教育振兴行动计划（2018—2022年）》明确提出"全面提升教师培养培训质量""教师培养培训的内容方式不断优化"[1]的要求；2022年，教育部等八部门印发的《新时代基础教育强师计划》（以下简称《强师计划》）中要求"全面提高教师培养培训质量""教师培训实现专业化、标准化""深化精准培训改革"[2]。两大文件都对教师培训提出了新要求。

区域研训机构肩负着教师培训的重要职责。在新时代，应该如何深化教师培训改革，以切实提高教师培训的质效呢？笔者将以一次区域教师教育论文写作培训为例，从培训方案设计、培训课程实施、培训效果评估，谈谈如何优化教师培训。

---

* 本文系重庆市教育科学"十四五"规划2021年度一般课题"新时代背景下区域教育科研高质量发展的实践研究"（课题批准号：2021-40-695）、重庆市教育评估研究会2022年度重点课题"新时代中小学教师科研素养提升的课程开发与实施研究"（课题批准号：PJY2022051）、重庆市教育学会第十届（2021—2023年）基础教育科研重点课题"高质量教育体系下高中语文教师自主发展的实践研究"成果。

一、前奏曲:优化设计培训方案

1. 精准分析问题

教师培训的逻辑起点在于精准分析问题,根据教师存在的问题进行有针对性地培训,才能有效改变教师观念及行动。2022年5月,笔者根据《重庆市教育学会关于开展第七届重庆市中小学教师教育教学优秀论文评选活动的通知》要求,在全区组织了初赛,要求参赛教师按照征文主题"'双减'与课堂教学改革",撰写学术论文、调查报告、实验报告等。征文要求重点突出、富于创新、论证科学、面向实践。笔者共征集到89份作品。但经过筛选,真正符合比赛要求的论文却不到30篇。这暴露出教师论文写作存在的极大问题。获奖通报发出去后,很多教师认为自己的论文写得不错,却没有获奖。为了打消教师的疑虑,解决教师的困惑,笔者决定举行一次区域性教师教育论文写作培训会。

2. 充分调研需求

现代培训理论认为,培训要取得好效果,必须事先对被培训者进行需求调查,使培训具有针对性。[3]《中小学幼儿园教师培训课程指导标准(专业发展)》要求"在需求调查和发展水平诊断的基础上,研究制订满足相应水平层次教师发展需求的中小学教师专业发展培训方案"。这启示我们,培训方案的设计需要进行需求调查。为掌握第一手资料,充分了解我区教师的论文写作情况和培训需求,笔者设计了"万盛经开区2022年教师教育教学论文写作培训需求调查问卷",包含教师基本信息、论文写作认知和行为、写作效果与经验、写作困惑与支持这些维度,有单选、多选、简答三种题型。笔者通过问卷星平台形成二维码,当日发在"万盛2022年论文写作研讨"钉钉群里,邀请群里教师根据自己情况如实填写。最后回收了349份问卷。分析问卷,笔者发现绝大多数教师认为加强论文写作培训能够有效提升论文写作能力,希望有接地气的论文讲座指导;希望有具体的论文写作方法指导,尤其渴望知道如何设计结构、打磨段落、分析观点、找到素材、拟写标题等。基于问卷,笔者开发设计了培训课程"评审视角下中小学教师教育教学论文写作探讨",明确了课程目标、课程内容。

3. 培训对象自选

课程教学之父泰勒认为,教育是学习者主动投入的过程。《强师计划》中要求"建立完善自主选学机制和精准帮扶机制"[4]。教师学习是一种内生的需要,是自我设计、自觉反思的学习。教师培训也应当聚焦于教师自身的学习需求和发展愿望。本次论文写作培训的参加通知明确写道:"若教师自身有需求,都可以扫码入群学习;若无需求,不用入群。"在培训机会上面向每位教师,人人都能平等参与;把参培的主动权完全交给教师自己,由教师自行选择,一定程度上,调动了参训教师的学习热情,让其化"被动学习"为"主动学习"。最后,有近700人进群学习。入群学习的教师参训率达到99.2%。

二、进行曲:精准实施培训课程

课程是教师培训的核心与载体,是培训活动得以顺利实施的关键资源。教师培训课程应当怎样优化实施呢?

1. 实施内容

有学者指出,"成人学习往往具有极强的目的性和实践指向性。与实用脱轨的知识会降低教师的参训积极性"[5]。笔者在实施课程"评审视角下中小学教师教育教学论文写作探讨"中,以自己多次评审论文的经历,谈了论文评审的原则,包含评审方式、人员、时间、程序、标准;基于评审原则重点讲述了八大视角,即文献规范、摘要准确、案例典型、理论充足、要素齐备、选题扣题、标题亮眼、结构有序,并充分结合自身写作实践,以自己发表论文为案例,分析了论文写作过程和其中的感悟;也以区域内教师论文写作存在的典型问题,指导教师根据论文写作技巧,引导教师修改完善。同时,在课程实施过程中,要求参训者提前打印好一份自己比较满意的论文,会上对照研讨内容,修改完善。

2. 实施平台

灵活的培训方式是培训课程有效呈现的前提。《强师计划》中要求"创新线上线下混合式研修模式"[6]。弹性学习理论指出:成人学习的自我导向性强、工学矛盾突出,他们期待能够在任何时间和地点学习,可重复学习课程内容,可自定步调。[7]这启示我们,教师培训课程的实施,可以充分借助网络,网络培训具有学习时间灵活、培训成本低、操作便捷等优点。本次论文写作培训,笔者充分借助了钉钉平台。要求参培教师有时间就跟直播,没有时间就看回放,确保了工学两不误。在钉钉群里,人人都可以发起直播,直播过程中,参培者可以通过文字或连麦形式询问问题,培训者可以通过语音解答,进行实时互动,实现对话。直播后,授课视频能够长久储存、回放、下载,便于参培者反复学习;培训者也能导出直播教学的数据,如观看直播的人数及时长、直播回放数据等,作为参培者的参培依据。培训后,因为钉钉平台的承载容量比较大,笔者还将自己搜集到的一些论文写作讲座视频、典型论文,传到钉钉群里,供参培者补充学习,获得他们极大的好评。

3. 实施主体

注重培训主体的多样性。首先是笔者作主讲，作了《评审视角下中小学教师教育教学论文写作探讨》的专题讲座，讲座长达两个半小时。同时，为了发挥优秀教师的辐射作用，增强培训的影响力和效果覆盖力，邀请了区内4名不同学段的骨干教师，结合自己成功发表论文的经验，谈自己的写作经验和感悟。如：中盛小学唐雪林老师以发表在《重庆教育》上的论文《小学数学绘本教学"角的初步认识"评课》谈评课式教学论文的写作；溱州中学冷佳青以发表在《教育评估与监测》上的论文《新冠疫情背景下线上教学深入发展的路径探究》分享了经验总结式的论文写作方式；四十九中学校胡灵老师以发表在《重庆教育》上的论文《问渠那得清如许 为有源头活水来——从2021年语文高考题看高中语文活动教学的推进》，分享了一线教师如何巧握高考契机进行有效写作；四十九中学校石亚娜老师以课题研究为契机，谈了自己如何征服畏惧意存笔先撰写《区域高中语文教师自主发展的调查报告》的经历。四位骨干教师，既是参培者，也是培训者，他们以已有的经验作为课程资源，借助培训充分交流、分享与展示的机会，对他们自身的成长有重大帮助。同时，多个培训主体，增加了课程的丰富性，也避免了一言堂，让参培者学到了更多的经验和技能。

三、片尾曲：评估跟踪培训效果

1. 问卷调查明想法

培训之后，"各教师培训机构要设计培训满意度评价表，对教师的现场表现和教学实践改进等方面的实际效果进行科学评价"[8]。评价是对培训的有效监督和激励。论文写作培训结束后，笔者设计了"万盛经开区2022年教育论文写作培训会后调查"，有336位教师填写了问卷。针对选择题"这次论文写作研讨会，您觉得自己收获如何"，认为"收获非常大，终于明白了一篇优秀论文的正确打开方式"占比91.37%，认为"收获一般，这些方法虽好，我却用不上"占比7.14%，其他比如认为"收获很大，但是还需反复观看，琢磨"占比1.49%。会后，还有30余名教师向笔者索要培训的视频，准备后期再次学习、领悟。数据和行为都反映出，此次研修受到了参会教师的极大好评。针对选择题"参加今天的论文写作研讨会后，您对教育写作有无新认识、新行动"，认为"教育写作很重要，我以后要坚持在教育实践后写作，并积极参赛、投稿"占比33.04%，认为"教育写作重要，以后有论文比赛，我会积极参加"占比44.35%，认为"教育写作重要，但是对我来说很困难，我会偶尔参加论文比赛"占比21.73%，认为"教育写作不重要，我还是好好抓好教学"占比

0%,其他比如认为"结合教学实践问题和解决方法,写一些相关的论文"占比0.89%。这表明,教师经过培训后,观念有了改变,行为有了改进。

2. 改进跟踪明行动

培训的最高境界是,让所学的知识影响教师的行为。正如华盛顿儿童博物馆中的格言:"我听见了,就忘记了;我看见了,就记住了;我做过了,才会真正理解。"教师的行为有没有实质性地改变呢?培训后,笔者又在区域举行了一次论文比赛。本次共收到论文140篇。教师们的论文写作情况有了很大改观。笔者在专题讲座中呈现的八大视角,即要素齐备、选题合题、标题亮眼、结构序化、理论具备、案例典型、摘要准确、文献规范,绝大多数教师都做到了。最后在市级评选中,我区有96篇作品获奖,其中特等奖13篇、一等奖39篇。一位参培教师获得一等奖后,给笔者发来一条热情洋溢的短信:"非常感谢石校长的论文讲座,给予我们写论文的专业指导。以前,我都是自己凭感觉写事例,以为记叙文就是论文。您的论文讲座,让我学习到如何系统地从理论层面构架论文,从标题拟定、标点符号、谋篇布局、小标题的拟写、理论支撑等各个细节方面,您都做了详细讲解,让我这篇论文竟然能够获得一等奖。这是我迄今为止论文获得的最高奖项,在此,由衷表示感谢!谢谢石校长的专业引领。"这也让笔者感到,培训的意义和价值。

当然,教师培训是一个复杂的系统工程,以上只是笔者一次论文写作培训的三大实施过程。在"强师计划"下,研训机构通过多种渠道,优化培训方案、实施培训课程、评估培训效果,一定能让教师培训实现专业化、标准化,让参培教师实现专业发展和素质提升。

参考文献:

[1] 教育部等五部门关于印发《教师教育振兴行动计划(2018—2022年)》的通知[EB/OL].(2018-03-22)http://www.moe.gov.cn.

[2][4][6] 教育部等八部门关于印发《新时代基础教育强师计划》的通知[EB/OL].(2022-04-11)http://www.moe.gov.cn.

[3][5] 王星霞,闫艳.中小学教师培训的高质量发展困境与改进:以河南省P市为例[J].沈阳师范大学学报(教育科学版),2022,1(2):89-94.

[7] 冯晓英,等."互联网+"教师培训NEI模式构建:基于扎根理论的研究[J].开放教育研究,2019:2.

[8] 教育部办公厅.关于印发中小学幼儿园教师培训课程指导标准(义务教育语文学科教学)等3个文件的通知[Z].2017-11-15.

探索过程性评价,促进教师深度学习*
——以海淀区高中语文新任教师培训为例

北京市海淀区教师进修学校　迟淑玲

摘　要:本文基于海淀区新任教师培训的实践探索,笔者提炼出高中语文新任教师学科培训取得良好效果的五个策略:优质课程是关键,精设任务是抓手,分享交互促生成,有效评价助深入,全程激励是赋能。在上述策略指导下,探索培训有效评价方式,确保培训质量与目标达成。通过设计培训中期自我评价表,促使新任教师进行复盘梳理和自我评价,进而促进新任教师深度学习,汲取课程营养,获得专业成长。

关键词:语文新任教师;培训评价;深度学习

引　言

　　新任教师是教师队伍的希望与未来,新任教师培训是教师队伍建设非常重要的任务,也是区域教师培训工作的重要组成部分。新任教师学科培训以提高教学基本功为核心内容,为新任教师立足课堂、站稳讲台奠定扎实的基础。为此,笔者认为培训者的角色定位:一是专业的服务者——从需求调研、课程设计、资源整合,到任务驱动、促进生成、过程评价、总结反思,亲自设计并全程陪伴;二是由衷的激励者——努力成为学员深度学习的促进者,情感与策略并用,鼓励推动学员学以致用并及时分享;三是虚心的学习者——真心向专家名师和学员学习,不断进步,这种"身教"的学习精神既对新任教师具有真实的示范带动作用,又能实现自身专业的可持续发展。基于以上定位,为了确保学科培训质量与培训目标的达成,笔者不断探索学科培训的有效评价方式。因为评价作为培训的重要环节,是实现培训目标的保障,也是促进教师高质量学习的手段。除了最后终结性评价需要精心设计以外,

---

* 北京市海淀区教育科学"十四五"规划课题(HDGH20210616)。

探索过程性评价方式,以此促进学员系统学习、前后衔接、深度参训尤为重要。

一、指导思想与培训理念

汤丰林在《教师培训:理性与实践的核心关注》一书中提出,"培训者需要对教师培训进行三个层次的思考。第一是观念层次,即要对教师及其培训有自己的认识和理解,并建立自己的教师观与培训观;第二是实践层次,即要把教师与培训植根于学校实践场,从教师与学校共同发展的关系中去构建培训体系,且要考虑到培训内容既要源于实践又高于实践;第三是工具层次,即培训者要立足于培训目标去形成或采用相适应的培训策略与方法,并使教师在培训中获得教学的灵感,以充分发挥培训的工具作用、工具价值"[1]。

基于此,笔者在培训中注重以下几点:首先,坚持"以学习者为中心""以学员为中心",用智用情,点燃带动学员专业发展的热情,激发其学习内驱力。其次,注重课程设计与开发,尤其注重培训课程激活、辐射后新任教师教学智慧的生成与共享,推行培训课程明线与生成资源暗线"交织共生"的结构。最后,采用灵活的培训形式。基于教育改革形势的新变化、新要求,以及新任教师学历增高、素养较强的情况,课程资源开发采用线上线下混合、直播录播结合、必修选修互补、显性隐性互促的方式。

笔者在设计与实施海淀区高中语文新任教师学科培训时,为了不断激发和维持新任教师参与学习的积极性,使学员充分卷入培训中,想方设法将外部动机转化为内部动机。运用很多适宜的策略方法,开发了一些实用有效的工具,让学员参与、体验、思考、实践、表达,促进学员对培训课程的理解转化与输出表达。注重培训过程的即时沉淀、学习内容的实践转化,形成学员即时看得见的学习成果。

经过培训实践研究,笔者提炼出语文新任教师学科培训取得良好效果的五个策略:优质课程是关键,精设任务是抓手,分享交互促生成,有效评价助深入,全程激励是赋能。综合运用五个策略,培训显性课程丰富,隐性助力策略得法,生成资源成果丰实。

二、设计过程性评价,促进学员深度学习

评价作为衡量和检查培训效果的重要手段,具有诊断、激励、调节和反馈等功能。但如何设计并实施培训评价以达成这样的功效,这是摆在培训者面前的实际难题。笔者发现新任教师容易在培训中期产生倦怠心理,于是探索设计一种特色的评价量表——"培训中期自我评价表",一方面可以反馈培训前期的学习成果,

另一方面为其后期学习进行提醒和引导。对于学员,是一种借由评价的复盘、反思、梳理与沉淀。大家认真填写,全班分享,横向交流,互相补充、彼此激励。笔者从中了解学员学习情况,进行激励反馈与具体引导。

为了降低心理压力、鼓励学员,笔者在设计评价表时的语言多采用"刚柔相济"的风格,一步步鼓励、陪伴、督促其向前推进。下面介绍笔者在培训过程中设计的中期自我评价表(表1),并阐释设计意图。(每年在实施中,根据具体情况有微调。)

表1 培训中期自我评价表

引言:时不空行,路不空过;走过一段,留痕一程。 2022年3月15日海淀区高中语文新任教师学科培训启动,开始为期两个多月的在线学科研修。至今,我已完成了5次课程。为了检视与反思这些天的学习成长之旅,促进收获的进一步沉淀与转化,更为了大家换一种方式巩固所学的课程,梳理前面的成果,提升后期学习的质量,完成<u>阶段性的学习反思与自我评价</u>,特设计本表。 希望大家回顾培训课程,翻翻课程资料包,读读自己和同伴所写的学习成果、实践心得,认真回想并填写自己参训的真实样貌,无所谓高低、好弱,真与诚最佳!请大家找个完整时段,精心完成,于5月5日中午12时前通过邮件或微信提交即可。 意图:交代已发生课程,"勾起"学员回忆,提示完成此表的路径与方法——回看课程列表与课程资源、回读自己和同伴文字,进行全面回顾与梳理表达。通过以学员为主体的中期评价,希望学员能够及时复习与巩固,最大化吸收内化前半段培训课程的营养,有力助推后期更加认真学习、持续深度卷入、及时运用转化。
(一)5次培训,您共参加了____次。 意图:培训有考勤制度,有个别学员因公因私请过假,在自我统计时,无形中提醒自己尽量克服困难,珍惜余下课程。
(二)请简要描述您印象最深的课程内容、培训环节、理念观点、方法工具、课例、人物等对您的具体影响、启发以及学以致用的做法。

1—3次课程内容	
1—3个培训环节	
1—3个师资观点	
1—3个方法策略或工具	
1—3个人物(培训中接触的专家名师或同伴)	
阅读了哪位同伴的学习成果?欣赏其文中的什么内容或观点?	
自选课程,你学了哪些?	

续表

说明:焦点讨论法 ORID 可以为学员学习整理提供一个有效的逻辑框架,帮助他们厘清自己的信息获得、思考阐释、具体收获以及行为改进,故在培训中反复地运用。第一次培训就介绍了这个方法,前面学习成果分享也建议学员用这个工具梳理提炼培训收获。此评价表灵活运用了 ORID 四个层次的问题,为了便于学员回顾这个工具,理解表中问题的含义,在此附上 ORID 具体内容(篇幅所限,在此省略)。

(三)您一共写了_____篇学习成果,大约_____字。请简述其中自己最满意的2—3篇学习成果的特色,并简述为什么最满意,自我承诺将写几篇。

说明:学科培训全程10次,笔者要求学员撰写学习成果不少于5篇,每篇不少于500字。如此布置,学员方能深度"卷入"学习,将培训内容与教学实践进行联系,学以致用,获得专业成长。统计文字输出,写得多者会有获得感与成就感,持续给自己赋能;写得少者,会有紧迫感,利用后面课程学习,内化运用并写作表达。"自我承诺"的篇数,是引导学员进行自我要求、具体计划,给自己制订努力的目标。

篇数	题目	字数	特色是什么?为什么最满意?
第1篇			意图:引导学员对自己的学习成果进行反思与评价,剖析最满意的学习成果的特点,潜移默化促进他们学习转化落实,继续凝练出好的成果。学员自己满意的成果都是经过实践运用后梳理的,或是自己下功夫深度整理、融入思考的文字。
第2篇			
第3篇			
撰写学习成果的体会			意图:学员回顾写作时的心路历程、情绪体验、发现和心得,也可算作一种"元反思"或写作回溯,可从中获得更进一步的情感动力与价值认同。
简述学以致用效果最佳的具体做法1—3个			意图:这是笔者最希望获得的信息,因为新任教师想获得具体扎实的成长,应然状态是每次培训活动后,选择贴近自己教学实际的培训内容、教学案例、环节设计等进行迁移借鉴、尝试运用,以促进教学行为的真正优化。学员深度学习并且有相应的行为改进,是有效培训的关键指标,也是培训者所追求的最终效果。此栏梳理呈现的过程,也是学员重视转化、建构经验、理性提升、巩固发展的过程。

续表

(四)参训以来,您开始阅读哪些书刊?每天阅读时间大约有多少?

　　意图:学科培训之前,笔者曾经建议学员阅读专业书刊。在培训中专家名师都在讲座中提及一些专业书籍文章。此题既是了解学员阅读情况,也是进一步推动学员重视专业阅读,加强自我充电。

(五)参训以来,您开始关注(或将持续关注)哪些教学理念、教学概念、教学方法和策略?

　　意图:本题检测学员关注或记住了前五次培训中哪些重要的教育理念、教学概念、教学方法策略等,了解他们自己继续追踪、查阅学习了哪些相关内容。有意推动学员利用学科培训,借着书目检索,拓展性地自学相关知识、理论与方法。

(六)您是否浏览班主任撰写的"砖头文字"和分享的额外资源?你读后有何触动、启发或建议?

　　说明:为了身教带动、人心引导、促进交流,每次培训活动后,笔者都坚持撰写开篇文,抛砖引玉,自称"砖头文字"。提炼课程内容,强化学习重点,引发深度思考,推动学员实践。笔者以身则、真实学习,把学员当作一起成长的伙伴,努力用正确理念、专业引领,促进学员潜心学习。"砖头文字"是激发调动学员内驱力非常有效的策略工具,蕴含着培训育人、影响人的情感态度价值观,是一种"隐形牵引线"和温暖的助力资源。它链接供需,起到"勾兑""催化"之用;促进学员深度参训,共建众筹充实的培训成果。

　　意图:一是了解实际情况,同时调查学员是否能学以致用,迁移运用到引导学生的学习上;二是提醒学员要阅读班主任的"砖头文字",里面有重要信息、相关要求和方法引导等。希望这种交流方式能使学员保持学习热情,"搅动"学员额外多学。同时,学员也能获得做学生班主任带班的理念、方法、情怀等方面的启发。当然,也希望他们提出更适宜可行的具体建议,笔者采纳并优化,更好地服务于学员实际需要。

(七)培训匆匆走过了一半,您对自己的学习满意吗?对后期培训有何具体期待或自我承诺?

　　意图:前面是"回头看",促内化与沉淀,希望学员在自我评估中反思自勉。此题是"向前瞻",希望学员提出建议,以使后面课程更加适宜。让学员重申自我承诺(前期需求调研有此题),是让他们进行持续学习的自我鞭策。任何培训,学习者的内在动力、投入程度、转化能力最为重要。笔者在全过程中都会在不同时机,用不同方式,多角度鼓舞、鞭策、激励学员。

(八)完成此表后,您有何感触、发现或想说的话?

　　意图:期待学员完成此表后有成就感、新发现或其他的启发。

三、探索发现与持续研究

培训评价作为教师培训不可或缺的重要一环,能够检验新任教师培训的完成度和有效度,检验学员是否把培训所学转化为学习成果,优化教学行为,提升教学能力。笔者探索的培训评价,在培训全程中,起着承上启下的关键作用,能够适时地促进新任教师回顾省思、萃取精华、赋能前行,有力地促进学员继续深度学习、保证参训质量。培训过程性评价,主要侧重于柯氏培训评价模型的第二、三层,即学习层与行为层,这在培训过程中一定程度上是可以检测的。本评价主体是新任教师,凸显评价的主体地位,让学习者自评自查、自我调整,更能促进他们观照自身学习、反思致用程度,进而自我督促与鞭策。

经过培训评价的实践探索,发现学员所写非常丰沛、深刻和真实,既有知识、方法、技能等方面的学习所得、所思、所用,又有职业情意、情感态度、价值观等方面的积极呈现。这份看似理性与感性相结合的自我评价,实则是一种理性探索和有效实施的专业推动。这种较高质量的培训中期评价成果除了起到检测、引导和激励作用之外,也是一种特殊的培训课程,是生成性的多功能的培训资源,值得深入研究与提炼。

笔者将继续探索这种有特色的培训评价对语文新任教师培训实践研究以及培训资源转化与利用的价值和意义。我们的目标是更好地为海淀区高中语文新任教师提供深度学习、专业成长的支持,为更高质量的中学语文教师培训提供经验和借鉴。

参考文献:

[1] 汤丰林.教师培训:理性与实践的核心关注[M].北京:北京师范大学出版社,2018:62.

项目式教师培训助力农村英语教师专业发展的实证研究

北京市通州区教师研修中心　冯少民

摘　要：本文从农村英语教师教学存在的问题出发，结合城乡一体化区域培训实践，阐述了项目式培训的实施背景、培训主题、组织策略、实践探索、实施效果等方面内容，同时指出了项目式培训的迭代效应与实施建议，为促进教育均衡化发展提供了实践策略。

关键词：读写结合；项目式培训；城乡一体化发展

项目式教师培训是以设置项目的方式提出富有挑战性的培训主题，围绕教师专业发展中生发的真实问题进行任务驱动，在学科、课程或评价专家的引领下，参训教师通过设计解决方案、自主决策或合作探究，最终以多元化的形式呈现培训成果的一种培训方式。因此，项目式教师培训就其本质来讲是以满足教师专业发展个性化需求为工作目标，从而实现引领教师专业成长，这也是教师专业发展关键问题解决的过程。[1]本研究将依托区域培训实证，探讨项目式培训促进城乡一体化发展的实践策略，进而提升农村英语教师专业水平，推动区域教育高质量发展。

一、项目式培训的背景

面对农村小学英语教师专业知识背景薄弱、教师培训针对性不强、缺乏高质量校本教研等问题，我们开展了两批四期的农村小学英语教师培训项目。在听说技能培训的基础上，第二批培训以落实"双减"为目标，聚焦教师课堂实施展开。在充分调研的基础上，我们结合教师实际情况，锁定"读写素养融合发展"这一关键问题，整体推进教师培训，助力农村教师专业成长。

二、项目式培训的主题

写的技能培养是小学英语教学的难点，主要体现在学生表达不够准确、内容之间缺少逻辑性等方面。为了解决这一难题,我们通过课堂观察、教师访谈、问卷调研等多种方式反思我们的课堂教学。

通过调研,我们发现部分教师不能站在单元视角有效整合语篇资源,输入方式单一;有的教师由于课堂时间有限,把写的任务留在课下完成,教师指导的针对性不强;另外在课堂教学中读写分离,不能从写的目标出发设计读的活动,缺乏写作支架的搭建,学生很难完成写的任务。这些问题致使小学英语写的技能的教学效能有待进一步提高。

2022年通州区小学英语六年级进行了质量调研,从阅读与写作得分率关系图(图1)可以看出,不同类别学校的学生在"读"与"写"能力方面高度一致,呈现正相关关系,读的水平影响着写的技能的提升。因此,在教学中教师可以实施"以读促写"策略,同步协调发展学生的英语读写能力。

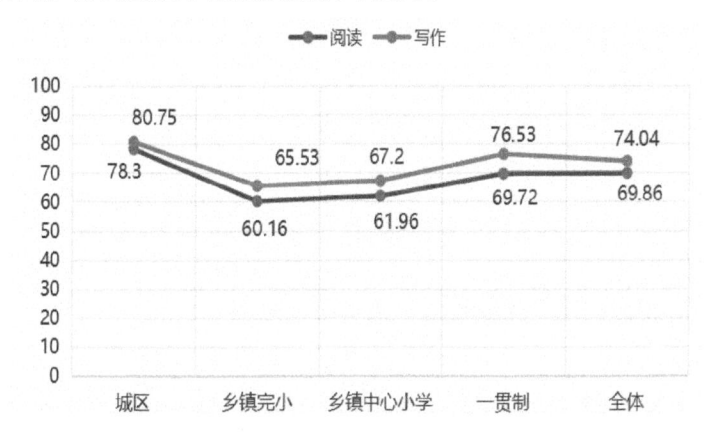

图1 2022年通州区小学英语六年级质量调研中阅读与写作得分率关系图

基于以上分析,我们把"单元整体视角下以读促写策略的实践研究"作为项目式培训专题,以此提高教师专业技能,促进学生学业水平的提升。

三、项目式培训的组织策略

借助高校及市级专家资源,以区级研修员和市区级骨干教师为主体组建培训团队,在区域内遴选农村教师共计45名,依托农村学校开展项目式培训活动,进而带动农村学校整体水平的提升。

学习共同体是这次项目式教师培训的有效载体。在培训之前我们组建了一个名为"1+N"的学习共同体,其中"1"是指研修员或市区级骨干教师,"N"是指项目式培训的参训教师。组根据参训人数,项目组组建了3个学习共同体,每个学习共同体共计15人。每个学习共同体有着各自不同的研究任务,学习共同体教师之间通过线上与线下相结合的方式共同推进研究工作的开展。

四、项目式培训的实践探索

(一)整体思路

在学习"课标"的基础上,三个学习共同体围绕专题开展讨论,在汲取大家智慧的基础上构建了项目式培训整体思路。即"坚持以素养为导向,站在单元视角,整合与主题相关的语篇资源,丰富语言输入;围绕主题语境和写作情境明确写作任务,确定读写结合之间的连接点,设计多样化的进阶活动,内化学生语言表达;为学生搭建写作支架,引导学生综合运用所学内容完成写的任务,并持续反思与调整,促进读写素养的融合发展"。

(二)研究内容

为了深入开展研究,我们把项目研究专题分为三个维度实施,每个学习共同体主要负责一个维度的研究工作,旨在通过对一个小问题的解决,深化对项目中大问题的认知与理解。大家分工合作,密切配合,共同促进研究工作的顺利开展。具体如下:

维度一:主要探究单元内素材与多模态语篇整合的策略,进而建构单元内读写结合教学逻辑框架。

维度二:引导教师确定读写结合的关联点,设计层级递进式活动,丰富学生的主题表达。

维度三:借助阅读语篇,为学生搭建适量适切的写作支架,促进学生写的技能的形成与发展。

(三)培训目标

通过三个维度的实施,期待教师能够站在单元视角整体规划写作任务,运用读写结合策略设计教学活动,进而帮助学生达成"课标"中关于写的技能的要求,同时带动学生阅读技能的协同发展,进而提升学生学业质量,为升入初中做好准备。

(四)实施过程

1. 理论学习——逆向设计夯实研究基础

基于逆向设计理论,从项目培训目标出发,我们聘请了多位专家针对农村教师队伍现状,结合当下读写结合教学动态,设置引领性主题讲座,为一线教师输送新鲜血液。之后,在学习"课标"的基础上,学习共同体教师结合课程六要素的学习范围和学习要求,细化了"读"与"写"的学业质量标准,在不断研讨与交流的过程中,明确了研究的目标和路径。

2. 实践研修——多维互动探究解决方案

结合研修工作,我们采用多种路径,多维互动,营造浓厚的研究氛围,不断提升教师教学技能,缩小城乡差距。

路径一:学段研修,引领区域教学发展

在细化学业质量标准的基础上,我们从研究的三个维度出发,通过教学课例实践、学科基地校建设、市区校联研活动等方式,深化读写微技能的训练,促进学生的全面发展。在研修活动中,参训教师利用课堂观察量表,记录自己的所感与所思,依托观察数据进行研讨,积累研究实证,营造了浓郁的研究氛围,带动了农村教师的发展。

路径二:研修员亲身实践,共学、共研、共成长

为发挥研修员的专业引领示范作用,在农村学校开展了研修员示范课活动,和青年教师共同进行课例展示。在研磨的过程中,我们一起设计教学活动,共同探讨解决方案,不断碰撞出智慧的火花。之后,在区域内进行展示与交流,青年教师从对学生的不自信到最后学生的精彩生成,无一不展现出教师的成长和进步。同时,研修员通过亲身实践将研究成果分享给大家,促进了农村教师教学技能的提升。

路径三:深入学校参与校本教研,助力学校发展。

结合区级研究专题,各个学校根据实际情况,确定了自己校本教研专题,构建了区级引领,多维互动的研究氛围。我们先后深入多所农村学校参与校本教研活动,了解专题开展的情况。在研讨交流中,教师明晰了研究方向,形成了学校校本教研的持续科研能力和学习能力。

路径四:陪伴式教研,持续跟进农村学校教学

根据二八定律,抓住驱动事物的20%关键因素可以带来80%的收益。在研究的过程中,持续关注农村教师的专业成长,采用线上线下相结合的方式,围绕专题研究、课堂教学、作业设计等方面,答疑解惑,进行全方位指导,助推农村教师专业成长。

3. 展示交流——评价引领凝练研究成果

在实时掌握培训进程和效能的基础上,梳理研究成果,并将其作为典型案例,

适时举行成果交流分享会。每个学习共同体进行成果展示,并接受其他参训教师的提问或质疑,再由专家进行点评,共同论证项目研究成果的可行性。随后,学习共同体负责人和专家分别做研究分享,从不同的视角切入研究专题,交流研究成果,深化对读写结合教学理念的认识。

4. 成果反哺——迁移应用落位课堂教学

结合农村学校实际情况,立足教育目标,转化研训成果,在课堂实践中吸纳创新,开展区域说课竞赛、课堂评优、论文评比等多样化的教学活动,提升农村教师专业能力和文化素养,促进教育均衡化发展。

五、项目式培训的实施效果

(一)创新实施"五化"措施,提升校本教研质量

在参与各校校本教研的过程中,通过深入课堂、访谈交流、入校指导等多种方式,了解校本教研开展的实际情况。在此基础上,提出了校本教研"五化"措施,即内容主题化、问题校本化、形式特色化、研究理论化、时间固定化,改进了校本教研"表面化"现状,促进了区域教研质量的提升。

(二)建构读写结合策略,带动区域教师发展

在研究的过程中,形成了读写结合的语篇整合策略、活动设计策略以及写作支架搭建策略,教师们有了开展"以读促写"教学的抓手,并且不断尝试,在课堂教学中深化对"以读促写"策略的理解。在学习共同体成员的影响下,越来越多的教师加入研究中,不同学校之间还组建了校际共同体,通过校际联研和彼此交流专题研究的方式,带动了区域教师的专业成长。

(三)学生达到二级要求,读写素养稳步提升

通过对比 2022 年与 2023 年六年级质量调研阅读和写作得分率,我们可以看到,农村完小 2023 年的阅读得分率比 2022 年高了 6.04 个百分点,乡镇中心校高了 7.9 个百分点,写作全区整体水平提高了 1.87 个百分点,学生的读写素养得到了稳步提升。

(四)丰富阅读体验,提高学生写的丰富性、逻辑性与深刻性

通过以读促写专题的研究,农村学生毕业时已经达到二级标准的要求,学生能够观察图片,利用关键词完成意义连贯的写作,形成了基本的写作能力。跟城区学生相比,从语言表达的丰富性、深刻性、逻辑性等方面,农村学生也有了一定的提升。这些效果的取得是教师引导学生丰富阅读体验,帮助学生积累语言知识,搭建

写作支架等助学措施的集中体现。

六、项目式培训的启发与思考

(一)项目式教师培训的效果

项目式教师培训不仅完善了培训理念,而且产生了迭代效应,构建了教师专业发展的新路径。

第一,变革教师培训方式,构建新型研训体系。培训团队以项目为载体,构建了理念、策略和行动三位一体的情境体验式教师培训新格局,强化了基于教学现场、走进真实情境的培训环节。区级教师培训变革所带来的影响,也辐射到校本教研工作中,农村学校纷纷创新校本教研方式,基于教育教学中的真实问题开展探究式研究,初步形成了具有鲜明特色的校本教研新样态。

第二,赋能教师专业成长,形成自我发展新动能。在项目式培训过程中,农村教师的专业知识、教学技能、教学理念得到了大幅度改善与提升,发现了自我位置和自身价值,增强了自信心,教师们深深感受到了培训带来的职业幸福感,形成了教师自我发展的持续动力。

第三,培育农村典型教师,促进教师整体水平提升。在项目式教师培训中,教师的综合素养得到凸显,潜在的农村优秀教师脱颖而出,起到了辐射示范作用,产生了溢出效应,在此基础上有效促进了农村教师专业水平的群体性提升,提高了教育均衡化发展水平。

(二)项目式教师培训的思考

项目式教师培训促进了农村教师的专业发展,缩短了城乡之间的差距,但同时培训设计者也应从以下方面不断进行反思与提升。

第一,深化教师需求分析,凸显培训针对性。面对农村教师队伍变化大的困境,项目式教师培训要进行动态调研,时刻回应教师专业发展的关切,贴近教师专业发展的需求,根据教师专业发展的诉求进行顶层设计和有效实践。

第二,精心设计培训内容,与新时代发展同步。项目式教师培训应依据"课标"及课程方案的要求,从教师关注的热点与焦点问题出发,设计与时代发展同步的培训内容,不断完善城乡一体化培训体系。

第三,关注培训后的反馈评价,提高教师的培训效度。培训者应通过多种途径了解参训教师把所学知识、方法、理念运用到课堂中的效果,以及在教学中遇到的新问题,不断优化培训方案,使培训真正促进农村教师的专业发展。

总之,项目式教师培训引发了课堂教学的新变化,同时提升了教师的专业化水平,优化了教育教学管理。在持续聚焦农村教师专业成长,引领农村英语教学质量提升的过程中,项目式培训创造了教育均衡发展的新样态,促进了城乡一体化的进程。

参考文献:

[1] 王大新.基于教师专业发展的项目式教师培训模式建构与实践[J].教师教育论坛,2021(12):76-78.

研学促教学　精准提成效
——中学地理教师"研学+培训"新模式

西南大学地理科学学院　王　勇

南昌市新建二中　温仪霞

昆明市官渡区第一中学　范天兰

泸州市龙马高中　曾巧芸

西南大学附属中学校　李九彬　郭　锐

摘　要：随着新课标、新教材、新高考的基础教育改革的深入，精准培训、提质增效对新时代地理教师专业成长提出了更高的要求，本文以精准研训和研学旅行为基础，通过设计融合研学活动与旅行体验的研学课程，建设区别于传统研学机构教育的导师队伍，打造科学严谨的评估体系，以期促进地理教师人才培养与中学地理教育的紧密结合。

关键词：教师培训；精准研训；专业成长；研学+

新课标、新教材、新高考给教学提出了新要求，中学地理教育面临新挑战，中学地理教师亟须丰富教学方式、学习地理教育的新知识、新理念、新方法。本团队从当前的基础教育改革背景出发，基于学员对新教材如何使用、选必修课程如何规划设计、如何在课程与高考中落实"地理核心素养"等问题的需求，将培训的模式定位为中学地理教师"研学+培训"，培训模式面向全国范围内地理教师，核心成员主要是从教5到10年的中学地理教师。

中学地理教师刚进入工作阶段时，面临的问题主要表现为对学科基础性知识掌握得不够理想，一方面，地理教师对地理概念、地理特征和地理成因的理解易含混；另一方面，部分教师对地理教学论、心理学、教育学等条件性知识掌握不到位。而工作了5年及以上的中学地理教师更多在地理创新能力、地理实践能力等方面有所欠缺，缺乏对地理教学的创新思考与研究，科研成果较少[1]。

本团队针对中学地理教师面临的困境,制订详细的研学课程设计,在研学导师的带领下,在野外进行为期半月的研学培训活动,同时拥有一套详实、可量化的评价体系,制作规范、体系完备。在真实的地理环境中研究地理问题、思考中学教育,有利于激发教师的学习兴趣,增强中学地理教师的创新能力和科研能力。在培训途中,本团队为每一项课程都做好安全预案,从研训前到研训中再到培训后,构建完整的安全体系,并为研训成员免费购置最高旅游意外险,在行程中提供独家安全保障方案,24小时全程监控,充分保障参训人员的安全。

一、教师培训理念

(一)精准培训、提质增效

精准培训、提质增效是我国"十四五"时期教师培训的重要理念。精准培训的要义,即培训对象精准,强化分层分类;培训主题精准,聚焦核心问题;培训目标精准,细化需求靶向;培训内容精准,凸显重点领域;培训方式精准,体现示范引领;培训成果精准,体现提质增效;培训机制精准,推进重点改革。

(二)三新背景,实践提升

地理实践是地理学科的重要组成部分。但地理野外实践能力易被很多中学地理教师忽视,在新课标、新教材、新高考背景下,对学生地理实践力的培养显得格外重要,而教师则起到主导作用,担任研学导师,因此本次培训重点在于培养中学地理教师的地理野外实践能力和强化其地理思维,引导地理教师学会用地理的视角去解读世界,帮助地理教师把生活中的素材用到教学中去,增强地理教学的实践性和实用性。

(三)场域拓展,导师引领

不同于传统的室内培训和线上培训,本次培训采取"研学+"的培训方式对教师进行培训,拓展教师培训的实践场域。通过研学的方式,在资深专业研学导师的带领下,中学地理教师在野外真实的环境中去感知、探索地理环境,解决地理问题,锻炼地理思维,增强学科素养,提升教学能力。

二、培训管理与模式创新

充分了解培训对象的特点和需求,解读新课标、新教材、新高考的要求,结合各个区域的地理特征,将旅游景点与研训课程相结合,通过对传统旅游景点、景区进行实地勘察,深入挖掘景点的人文文化、民俗、历史等,开发相应的优质课程内容,在全国范围内设计独具特色的教师研学培训路线。路线设计完成之后,在培训开始之前,导师需要提前进行路线踩点,并根据实际情况调整路线和研学培训内容,最终呈现一份完整的研学路线和研学培训课程设计(图1)。

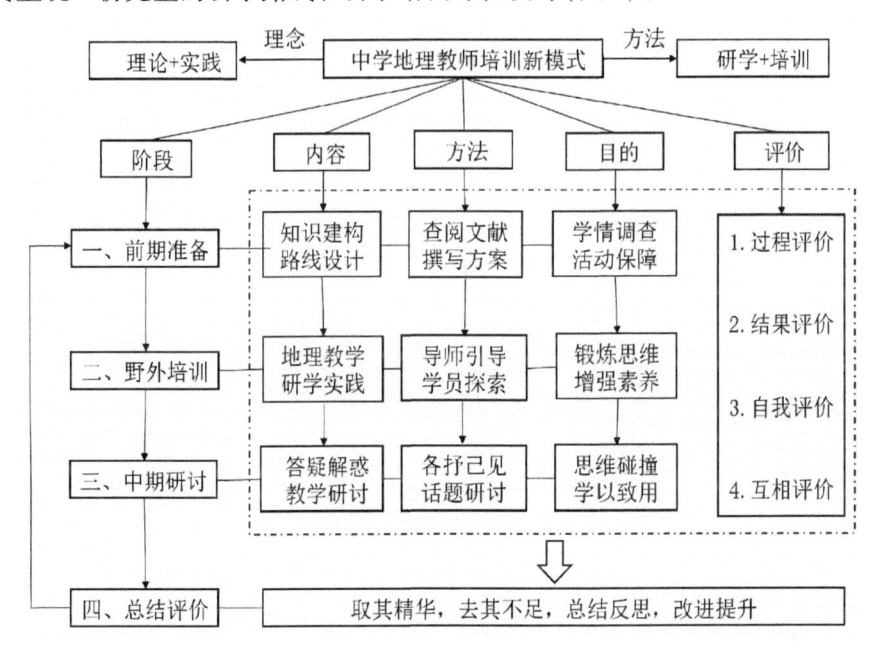

图1 研训模式

(一)前期准备

本团队聘请的导师具有丰富的教学经验,长期深耕地理研学领域,理论和实践经验丰富,学科素养强,同时,本团队前期通过查阅文献、需求调查、实地调研等形式进行研学路线和培训内容等的设计,为培训的顺利开展提供保障。参与培训的教师在确定研学地点后需主动查阅相关文献,积累基础知识,培训中在导师带领下进一步拓宽内容。

(二)野外培训

到达培训地点后,导师以研促学,根据提前设计的研学清单提出地理问题,在给出部分线索提示后,鼓励学员通过各种途径寻求问题的答案,既能锻炼学员野外实习的实践能力,又能增强学员的自主探索能力。在培训途中,团队将根据研学场景的具体变化,针对非预期的生成性问题、突发性情况及时做出调整,从而保障研学任务的高质量完成。

以"甘青蒙——西行足迹"为例,培训内容既包括探究植被和土壤的空间差异与时间演化、串珠状盆地与地貌演化、黄河阶地与峡谷发育机制,也包括了解城市地理、大洪水与古文明等。自然地理与人文地理相融合,涵盖中学地理科学专业基本体系。

(三)中期研讨

在培训中期,学员将研学中的思考、问题、答案等进行汇报分享,团队成员与导师将针对培训中出现的情况以及研学清单中的问题为参与教师进行答疑解惑。同时,地理教师将对共性的具体问题进行聚焦,在中学地理教师之间开展专题研讨会。培训模式将研学旅行与课程培训相结合,可以在很大程度上提高研学旅行活动在中学地理教学过程中的推广度。

(四)总结评价

在理论学习、野外培训和中期研讨中,建立了过程性评价、结果性评价和自评互评相补充的多元开放型评价机制。评价环节旨在监测和检验优秀地理教师研学+培训模式的实施效果。

三、川渝地理研学课程设计

(一)前期准备

本次研学培训在川渝地区开展,因此在川渝地区选择部分典型的地质、地貌、水文、规划景点景区作为实习单元(表1),通过点—面结合,自川西高原至成都平原再到川东平行岭谷地貌,结合成渝双城建设和大规划来开展地理学的大空间到小区域的联系与学习。

表1 川渝地理研学课程设计

时间	地点和路线	活动	内容
第1天	成都市	报到+自由活动	
第2天	成都市区	成都规划馆	了解成都市的区位条件、历史沿袭、城市空间结构与功能分区的演变等
		天府新区公园城市展示厅	了解公园城市的科学内涵、发展范式、时代价值及创新实践

续表

时间	地点和路线	活动	内容
第3天	成都市郊区	安仁规划展示馆	(1)建川博物馆选址及博物馆聚落;(2)古镇文化保护与开发;(3)博物馆小镇建设与运营
		安仁古镇	(1)乡村振兴与产业融合发展;(2)农村新居建设;(3)高标准基本农田建设与现代农业生产
第4天	都江堰	都江堰水利工程	都江堰水利工程的建设背景、原理和作用
		水文站	水文观测的项目、手段、方法
第5天	泸定	大渡河干热河谷	(1)考察干热河谷的植被、土壤特征;(2)植物形态和生理适应特征调查;(3)大渡河的水文特征
		泸定桥	泸定桥的建筑特点、相关历史事件与旅游开发
第6天	海螺沟	干河坝索道站	(1)海洋性冰川表面特征、冰裂缝、冰塔林、冰川磨光面和冰川擦痕;(2)古冰川侧碛物及崩塌滑坡
		大冰川瀑布观景台	(1)观察冰川大瀑布,了解冰川和冰川大瀑布的成因;(2)考察周边峨眉冷杉、高山杜鹃等高山植被;(3)植物样方调查、植物形态和生理适应特征调查、森林木材生产力水平调查
		冰川雨林	(1)观察亚高山暖温带针叶林、阔叶混交林带的植被特征;(2)观察原始森林中的独特生态现象
第7天	乐山市	三江口	三江口的水文与地貌特征
		乐山大佛	乐山大佛的地质背景
第8天	重庆市	北碚区温塘峡—碚石—观音峡	(1)川东平行岭谷地貌的形成机制;(2)了解中生代地质地貌演化历史;(3)长江流域—嘉陵江流域河谷地貌的演化及第四系沉积学证据;(4)重庆温泉之都的地质背景及形成机制

续表

时间	地点和路线	活动	内容
第9天	重庆市	白公馆	参观红色纪念馆,进行爱国主义教育
		重庆规划展览馆	参观重庆规划展览馆
		解放碑、江北嘴	考察重庆中央商务区、城市立体交通、城市空间结构
		南山	考察山地城市、重庆夜景
第10天	阆中市	阆中风水馆—锦屏山风景区—华光楼	(1)认识阆中古城空间布局;(2)了解阆中风水文化特征
第11天	广元市	米仓山国家级自然保护区	(1)参观博物馆;(2)探究河谷形成和发展过程;(3)观察河流溯源侵蚀现象,思考瀑布的成因;(4)识别主要的岩石和地层;(5)寻找化石
第12天	剑阁县	剑阁县剑门关	(1)考察剑门关地形地貌、地质构造、岩石类型等特征;(2)考察古蜀道的建设背景与原理
第13天	北川县	北川县地震遗址	(1)考察北川老县城的地震效应,分析地震成因与规律;(2)考察地质灾害的要素特征与治理工程,分析其成因、规律
第14天	成都市		研学结束

(二)野外培训

野外培训在地理教师具有一定的对应基础知识后进行,研学过程中以3—4人为一个小组,分为4—5个小组,以小组讨论的形式展开活动。学员到达相应地点后,依据研究问题进行川渝地理位置、气候环境、人文现象等地理特征的考察。研学旅途中,导师向各位学员讲解川渝地区的地质水文情况、空间结构特征等,鼓励地理教师将家乡与川渝做类比、对比,进行地理问题的凝练和思考。当天实地研学后,小组内部组织会议进行讨论,导师为学员一一解答疑问,实现精准培训。

(三)中期研讨

中期研讨鼓励学员在研学川渝后根据当地实际情况以及自身感悟思考完成特

色化主题研学探究方案。以重庆为例,课程设计可分为"川东平行岭谷地质地貌""现代都市""山地城市""重庆市典型古镇保护与开发"四个主题,在重庆市北碚区,选取典型地质地貌区域——川东平行岭谷及嘉陵江小三峡区域进行。培训内容涵盖了辨别岩石类型、判断地质构造(背斜、向斜和断层)、河谷地貌(含阶地地貌)、水文调查(河水及温泉等)、地质灾害调查等。

四、培训效果评价与转化

在进行了研学培训后,项目设置了多类评价方式,以期发现并总结不同阶段过程中出现的问题,及时调整方案和策略,进行针对性处理,进一步完善中学地理教师精准培训模式,加强培训效果[2]。

一是采用研学清单、问题测试等形式考查、评估地理教师的专业知识和专业技能学习情况(表2)。采用问卷收集教师参与前、参与中和参与后在知识、能力等方面的变化,用真实、有效的数据反映地理教师的专业知识、技能运用是否有新的提升。

二是采用自评、互评等方式了解学员的真实感受。部分研学公司的反馈泛泛而谈,有研学反馈但较粗浅,本模式通过对地理教师的评价进一步了解学员的培训效果。

三是形成培训总结报告。培训教师需要对整个活动以及沿途的认识进行分析和思考,在导师及其他学员的帮助下形成专业的总结报告。通过地理教师自身的反思总结让学员自行判断自身的专业素养是否得到提高。

表2 地理知识表现性评价

分值	表现性评价
C	能够搜集到与实习点地理要素相关的信息,但是存在信息不全面、不充分的问题
B	能够搜集到实习点相关自然要素信息,但是信息以多点结构为主,不成体系
A	能够搜集到实习点地理要素(含地图信息)信息,并且能够形成关联结构,能反映自然要素之间的相互联系、相互影响

个人评价:_____ 小组评价:_____ 导师评价:_____

五、展望

在未来,团队将联合其他社会力量,由政府主导,先集中打造两三个重庆市的研学旅行基地,并以此为核心,扩大对周边研学旅行市场的影响力,从而有主次、有重点地开发出西南地区的研学培训线路。团队也将着力打造当地具有地理特色的景点,与各地高校学生、教师进行探讨和学习,大力培养从事地理学科研学旅行的专业人才。目前,本模式的研学课程设计依托当地特色自然、人文资源,针对正处于或即将处于发展瓶颈期的优秀中学地理教师,即具有亲身教学经历,拥有一定的教学经验,但对改进自身教学发展不足有需求的教师进行定制化服务,从粗放、重数量向精准、重质量转变,促进教师精准研训的深远变革。未来,本模式研学培训的主题课程也将通过与第三方教育机构合作,聘请相关行业专家参与,增加产品的普适性与吸引力,为中学地理教师的专业成长助力。

参考文献:

[1] 陈建华.浅谈新课程下高中地理教师的专业成长[J].城市地理,2015(18):232.

[2] 姜春美.教育精准扶贫:山东省乡村学校薄弱学科教师研训的实践与创新[J].基础教育课程,2019(22):70-73.

新课程背景下对高中教师专业发展的需求调研报告[*]

海口市教育研究培训院 张 华

摘 要:根据《海南省深化高等学校考试招生综合改革试点方案》的要求,为深入了解新课标、新教材、新高考背景下海南省海口市高中教师在教育教学工作中遇到的困惑和问题,助力高中课程教学改革深入推进,促进教师队伍专业成长,2023年7月利用调查问卷从教师基本情况、教育教学中最欠缺的知识,以及新教材使用过程中主要困惑、教师成长中最需要提升的专业知识、教师教学能力提升的有效途径等方面进行在线调研,并提出提升教师专业能力培训需求的建议与策略。

关键词:教师专业发展;教学能力;创新模式

一、调研基本情况

(一)调研目的

以本次调研为契机,了解海口市直属学校高中教师基本状况,梳理大家在新课标、新教材、新高考推进过程中遇到的困惑和问题,精准分析教师针对专业发展的培训需求,以便于科学制订教师培训方案,增强教师培训工作的针对性和实效性。

(二)调研方式

本次调研主要采用网络问卷调查和访谈的方式进行。

(三)调研对象

本次调研对象为海口市26所直属学校的普通高中教师(涵盖高中全学科),共

---

[*] 海南省教育科学规划2022年度立项课题"指向深度学习的高中物理问辩式课堂的教学研究",课题编号:QJY20221028。

回收有效问卷705份。

二、调研结果分析

（一）海口市直属高中学段学科教师基本情况统计分析

本次调研的高中教师工作于城区学校的占大多数(84.26%)，约1/3教师的教龄在5年以下(30.35%)，大部分的教师职称是中级(59.58%)，教师队伍整体呈年轻化态势。在学科分布上，高考学科中的语文教师数量最多(21.84%)，数学、英语学科教师次之(均略超14.00%)，理化生政史地六学科教师均为6%左右(其中化学、生物、地理教师均为7.38%)；其他非高考学科教师比例较低。

调研分析：海口市直属高中学校规模整体都比较大，座谈中发现教师队伍偏年轻化，这对学校方方面面的工作都带来了很大挑战。学校工作的关键在教师，好在市直属高中学校教师队伍基础扎实，管理队伍年富力强，学科教师队伍年轻有朝气，在当前高中新课标、新教材、新高考的背景下，加强教师队伍建设，提高教师专业能力，是应对新高考和新课改挑战的重要保障。

（二）海口市直属学校高中学段教师调研结果分析

1. 培训内容分析

（1）教育教学中最欠缺的知识以及新教材使用过程中主要困惑与结果分析。

图1统计数据显示，目前教师最欠缺的知识为任教学科以及与其相关的社会、自然科学知识(32.91%)；其他是生涯发展规划的相关知识(24.26%)、教育理论与教学知识(21.99%)和心理健康方面的知识(18.01%)。

其他(请填写)	2.84%
教育理念与教学知识	21.99%
心理健康方面的知识	18.01%
生涯发展规划的相关知识	24.26%
任教学科以及与其相关的社会、自然科学知识	32.91%

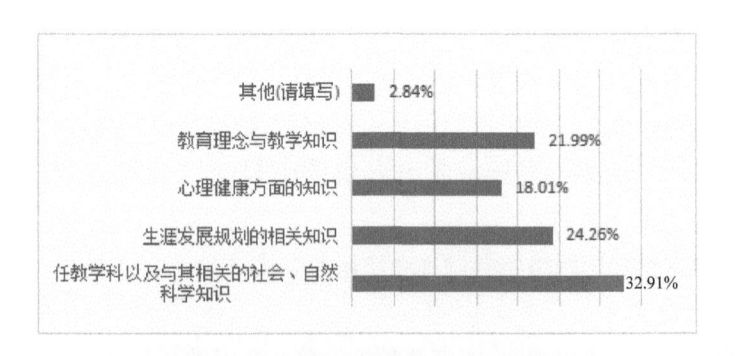

图1 高中学科教师欠缺知识调查表

图2的高中学科教师在新教材使用中的主要困惑调查显示，知识教学与核心素养培养的融合和教与考的关系处理占比最高(均占54.89%)。其他是：老教材

的体系根深蒂固,新教材体系把握不准(43.40%);知识储备不足,需要学习大量新内容(40.85%);教材容量大,难以完成教学目标(40.00%)。

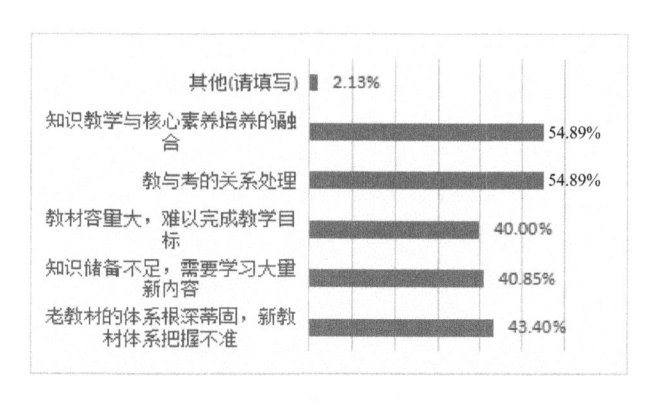

图2 高中学科教师在新教材使用的主要困惑调查表

调研分析:当前社会科技发展日新月异,在此背景下,"课标"及教材的改变,迫切需要高中教师尽快补充更新知识体系,在具体教学实践层面,时间紧任务重,核心素养怎么落地?怎样对教材进行统筹处理?如何做到教与考的一致?面临以上挑战,学科教师唯有加强学科专业知识储备,厚实专业素养,以学科建设为抓手,主动深化课堂教学改革,才能破解课堂教学以及考试评价难题。

(2)新课标、新教学、新高考培训,更加倾向的培训知识和工作坊成员成长的过程最需要培训的是知识结果与分析。

图3统计数据显示,针对新课标、新教材、新高考培训,教师们倾向的培训知识排列前三的为:新高考方案解读及应对策略(66.67%),基于学科核心素养的教学设计能力(58.87%),组织自主、合作、探究学习的能力(55.04%)。其他是:课程资源开发与利用能力(43.40%);信息技术与学科教学深度融合的能力(41.13%);学生管理与学生沟通能力(37.16%);综合实践活动的组织与实施能力(31.49%)。图4是针对工作坊成员成长过程中培训内容需求调查,培训需求排前三的为:课堂教学改革实践与探索能力(79.86%);主题研究课设计与实践(54.33%);理论提升方面(48.79%);教育教学论文撰写、课题研究及教学主张形成方面的知识需求在30%—40%。

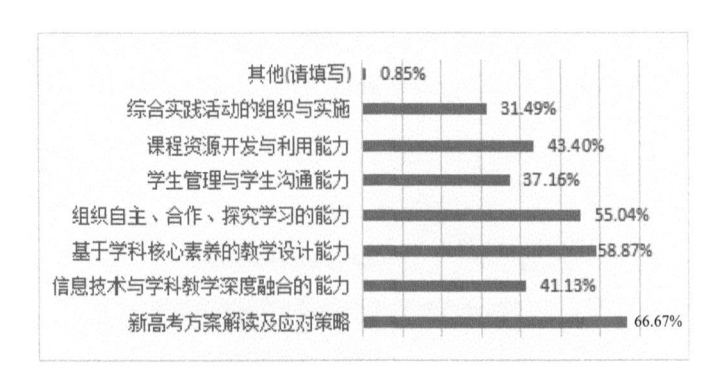

图3 新课标、新教材、新高考下培训内容需求调查

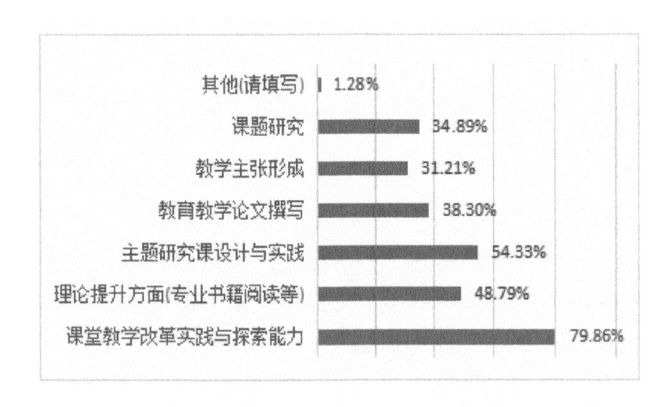

图4 工作坊成员成长过程中培训内容需求调查

调研分析：在新课标、新教材、新高考改革的背景下，教师们在理论体系、课堂教学、班级管理等方面都面临着新的挑战与困难。一方面对新高考方案及应对策略的解读要能够贯彻到日常教学与管理中。另一方面基于核心素养下立足学科与理论知识，深化自主、合作、探究学习，充分把握新课程标准、理解新教材，突出"引导教学"的核心价值是重要保障。

2. 获得教学资源途径的结果与分析

图5统计数据显示，教学资源获取最主要的途径来自网络资源（83.69%），其他途径还有教师用书（78.16%）、课外辅导材料（62.84%）以及各版本教材（61.28%）。把各种培训活动、评优课的课例作为教学资源占比分别为43.97%、49.08%。

调研分析：教师们的教学资源获取是以网络资源优先，对于培训活动的资源和评优课的课例分析利用率有待提升，如何利用教学资源高效转换到课堂教学，让教学资源活起来,更便于教师们学以致用是今后培训的重点。

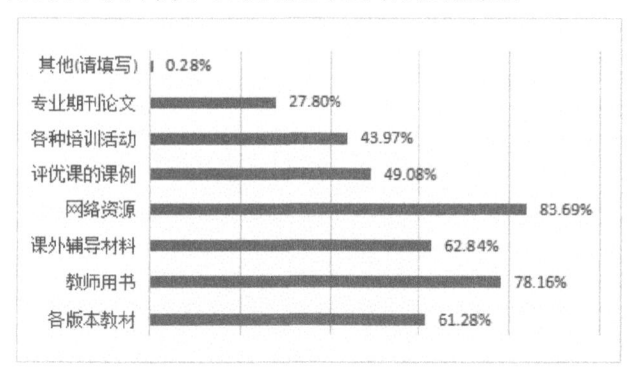

图5 高中学科教师教学资源获得途径调查

3. 教师教学能力提高的有效途径与结果分析

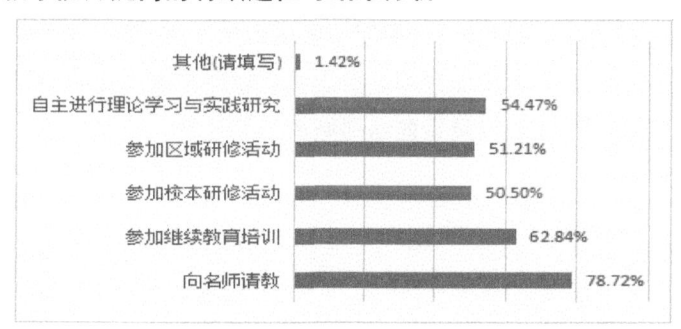

图6 高中学科教师教学能力提高的有效途径调查

图6 统计数据显示,教师教学能力提高的有效途径向名师请教是首选(78.72%)。其他分别是参加继续教育培训(62.84%)、自主进行理论学习与实践研究(54.47%)、参加区域研修活动(51.21%)、参加校本研修活动(50.50%)。

调研分析:从调查结果来看,教师们认为教师教学能力提高的有效途径主要为向名师请教,其次是参加继续教育培训;校本研修和区域研修以及自主进行理论学习与实践研究为辅。也可以看到,集中培训对于教师的专业成长是最为重要的成长途径。向名师请教和继续教育培训则是常规学习培训模式。

4. 培训模式需求结果分析

图7 统计数据显示,教师对集中面授+网络课程研修的培训模式最为青睐,如名校访学(63.83%)、网络课程研修(48.73%)、导师带教(44.96%)、集中面授(40.71%)、跟岗实践(30.07%)。其他较受欢迎的培训模式分别是送教送培

(23.69%)、论坛研讨(20.43%)及挂职锻炼(14.75%)。

```
其他（请填写）   0.71%
送教送培        23.69%
导师带教        44.96%
论坛研讨        20.43%
跟岗实践        30.07%
网络课程研修     48.37%
挂职锻炼        14.75%
集中面授        40.71%
名校访学        63.83%
```

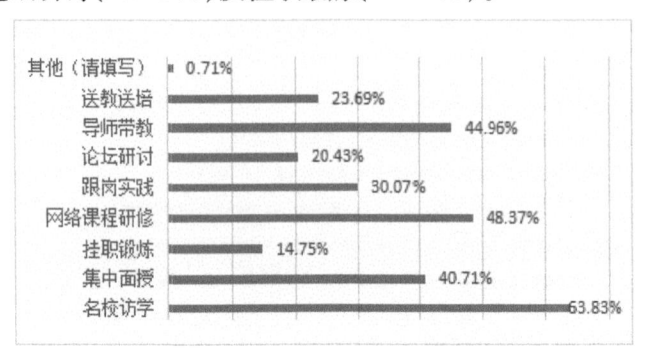

图7　高中学科教师培训模式需求调查

调研分析：从调查结果来看，教师对集中面授+网络课程研修的培训模式更为青睐。互联网+教育培训模式，一方面能够解决工学矛盾，另一方面也方便教师随时随地进行专业培训。而集中面授则是更能够让教师快速成长的培训模式。

5. 培训时段、时长、频次以及意向培训城市结果分析

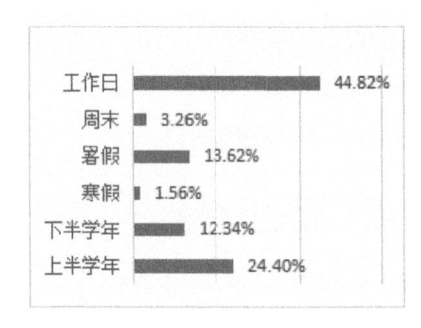

```
工作日     44.82%
周末       3.26%
暑假       13.62%
寒假       1.56%
下半学年    12.34%
上半学年    24.40%
```

```
6次以上    29.65%
4—6次    34.18%
1—3次    34.89%
0次       1.28%
```

图8　高中学科教师培训时段调查　　图9　高中学科教师培训频次调查

调研分析：从图8的调查结果中可以看出，教师更倾向于将培训安排在日常工作时间内；从图9的调查结果中可以看出，教师更希望培训天数在1—3天，其次是一周以内；平均每年培训频次为1—3次为好；从调查中发现教师更倾向于参与教育发达的华东地区（浙江、上海、江苏等）举行的培训。所以，在培训课程安排上，不宜过于集中或开展超过7天的集中面授培训，这样会占用教师的教学时间，影响教师的教学进度，教学任务可能难以完成，学习效果也会造成影响。

6. 培训授课师资结构与分析

统计数据显示，培训授课师资需求排名前三的是：一线优秀教师(88.37%)、全

国知名专家(65.11%),高校教师(33.05%),对于研训机构人员和一线优秀校长进行授课的需求占比较小。

调研分析:培训授课师资主要以优秀一线教师和全国知名专家为主,以研究机构人员和高校教师等作为补充,构成完整的教师培训者团队;认可程度最高的来自一线的优秀师训者,说明教师们希望得到既有丰富教学实践经验又能将实践上升到一定理论高度的名师、专家和骨干教师的培训引领。

7. 教师培训需求意见与建议结果与分析

根据网络问卷"针对市骨干教师培训的工作提出自己的需求与建议"数据统计表显示,一共收到有效词条598条,排名前十的高频词条如表1。

表1 高中学科教师培训需求与建议高频词条统计

名校访学	针对性	案例教学	主题明确	一线教学
理论实践结合	集中+网络	优质资源	外出学习	成果展示

三、精准提升教师专业能力需求的建议与策略

(一)聚焦真实需求,分层分类安排培训内容

通过调研,能够更加真切地感受到,培训必须科学诊断、切实应对培训对象的真实需求。教师培训应侧重于立足新课标、新教材的学科知识培训及相关教育理论,新高考方案解读及应对策略,基于核心素养的教学设计能力,组织自主、合作、探究学习的能力等知识的培训,以及课程资源开发与利用能力和信息技术与学科教学深度融合的能力等相关知识培训学习。

(二)创新培训模式,优化培训方式,增强培训成效

针对培训模式,高中教师倾向于集中面授+线上培训模式,如"名校访学+网络研修培训""导师带教+网络研修培训""跟岗实践+经验分享"等参与式、实践性培训,有效提高参训教师的研修积极性和主动性,将培训可视化和具身化,使参培教师置身于真实的教育教学情境当中,以此实现对培训内容的立体吸收和自主建构。

(三)合理安排培训时间,确保减负增效

问卷调查显示,高中教师更加倾向于把培训安排在日常工作时间内;培训天数在1—3天为最佳,控制在一周以内;每年培训频次为1—3次为宜;更倾向于参与教育发达的华东地区(浙江、上海、江苏等)举行的培训。在培训课程安排上,不宜过于集中或开展超过7天的面授培训。可以选择"多频次少时长"的培训形式。尽

可能地让培训实施与学校教育教学工作同步,切实解决参训教师的工学矛盾,确保培训项目真正做到减负增效。

(四)研发、提供助力教学研的辅助工具

在问卷调查中了解到,教师们渴望获得有用、好用的研修与学科教学辅助工具。教师专业培训机构必须急教师之所急,借助现代信息技术和人工智能手段,加大研发力度,尽快地为他们研究、设计、开发出更多更好的研修与学科教学辅助工具,助力教师有效进行常态化研修和个性化教学,全面提升专业能力和专业素养。

(五)优化培训师资资源,促进培训师资队伍专业化

通过调研发现,高中教师都更加倾向于一线优秀教师和名师专家进行培训授课。培训要注重对一线教师的遴选考察,注重选用一线优秀教师加入培训师资队伍人才库中,规范培训者资质的遴选机制和保持培训者队伍开放性的流动机制,促成优质培训师资团队的建立。

探研式培训模式的凝练与实践
——以福建教育学院文科研修部培训项目为例

福建教育学院文科研修部　曾呈进　陈秀鸿

摘　要：为贯彻《新时代基础教育强师计划》精神，开展精准培训改革，福建教育学院文科研修部开展了探研式培训模式的凝练与实践。探研式培训模式坚持立德树人、增效减负、赋能提质的教学指向，总结了培训目标化、目标课程化、课程情境化、情境问题化、问题活动化、活动环节化、环节精细化等培训教学策略，并在2022年福建省县域高中教师能力提升培训（地理班）项目进行了实践，取得了一定成效。

关键词：探研式培训模式；问题式教学；教师专业发展

2022年，教育部等八部门印发《新时代基础教育强师计划》，其中特别提到要聚焦基础教育课程改革的理念、要求和教育教学方法变革，深化精准培训改革。在此背景下，我们结合近年来的培训工作总结和思考，谈谈福建教育学院文科研修部开展的一项精准培训改革，即探研式培训模式的凝练与实践。

一、探研式培训模式的内涵、流程

探研式培训模式的内涵是培训院校依据项目文件、训前调研、政策解读、学情分析、专业标准等方面开展精准的项目设计（包括培训主题生成、培训目标确定、培训课程设计），通过情境、问题链、合作学习团队等三个关键抓手，[1]启发、引导学员融入探研式培训课程，开展自主合作探究，师生、生生在探研中不断交流、交锋，持续地解决问题，形成新的认识，训后再通过反思、评价凝练出新的成果，推动成果辐射应用，从而进一步助力学员的训后专业发展。

探研式培训模式一般分为探研式项目设计、探研式培训实施和成果凝练与辐射应用等三个阶段,其一般流程如图1所示。

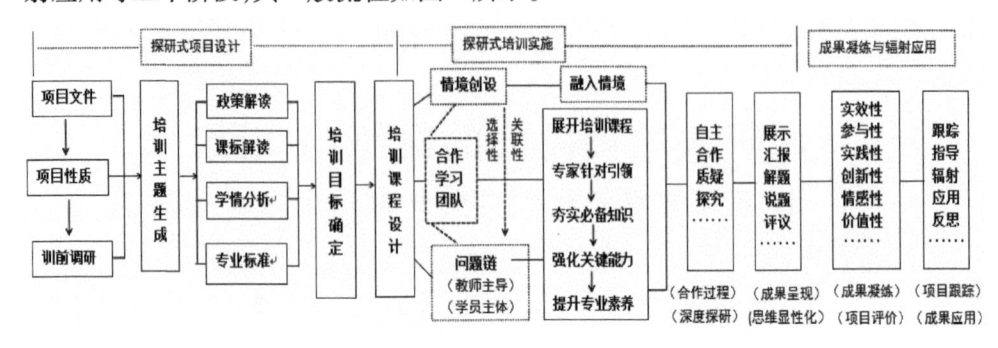

图1 探研式培训模式示意图

二、探研式培训模式的教学指向

1. 立德树人

探研式培训旨在引导和帮助学员学会主动建构教师教育的必备知识,掌握教师教育的关键能力,培养立德树人、科教兴国、可持续发展和生态文明等价值观念,从而更好地实现教师培训在立德树人方面的育人价值。

2. 增效减负

苏联教育家苏霍姆林斯基认为:"只有让学生不把全部时间都用在学习上,而留下许多自由支配的时间,他才能顺利地学习……(这)是教育过程的逻辑。"[2]通过探研式培训,参训教师努力追求"双减"政策的一个重要目标,就是倡导按照教育规律办事,按照学生身心发展规律从事教育教学,切实减轻学生不必要的、过重的学业负担。

3. 赋能提质

探研式培训通过创设培训教学情境和教学问题,使学员沉浸于探研过程中,强化学员的自主学习和探究能力,帮助学生将旧知识和新知识建立关联,实现知识的迁移和能力的提升,培养了学员的综合素养,为教师成长"赋能提质"。

三、探研式培训模式的一般模式

探研式培训的一般模式包括:培训目标化、目标课程化、课程情境化、情境问题化、问题活动化、活动环节化、环节精细化。

1. 培训目标化

探研式培训要求培训院校项目组依据项目文件、训前调研、政策解读、学情分析、专业标准等方面开展精准的项目设计,制订可操作、实效性强的培训教学目标,从而使培训任务具体化、明确化,这就是我们所讲的培训目标化。

2. **目标课程化**

探研式培训要求项目组根据培训目标进行精准的课程设计,从整体性、阶段性、差异性等方面考虑设置引领类课程、实践性课程、研讨类课程等,在课程实施后实现培训目标的落地,这就是目标课程化。引领类课程就是设计专家课程,请专家对学员进行教学理念、教学思想、教学能力等方面的引领,包括政策、课程标准、专业标准的解读,学科发展最新成果的介绍,教师教育教学技能的示范,等等。实践性课程是指在教师设计、指导学员以自主、合作形式投入研修的多样化实践性学习课程,强调学员对实际的活动过程的亲历和体验,包括教师教育教学技能的演练、跨学科主题学习方案的设计,野外综合研学实践,等等。研讨类课程是指教师为有效提高培训针对性和实效性而组织学员开展研讨、交流的课程,其目的是把学员内在经验和思考、研究成果通过讨论方式实现思想碰撞、认识升华和能力提升,其特点是以学员为主体,以实践中的热点难点问题作为研讨主题,促使学员不断进行质疑反思,在研讨过程中进行学习与提升,通过团队学习方式,提供交流平台,增加彼此之间交流,促进思维碰撞,共同学习成长。研讨类课程包括经验分享、案例分析、问题研讨、专家点评或答疑式交流研讨等。

3. **课程情境化**

课程情境化是指在探研式培训中,根据课程教学目标选择和设置一定的培训教学情境,并在情境中完成学习任务。具体而言,课程情境化指的是选择和创设与学员生活环境和知识背景相关的、学员感兴趣的、有现实意义的相对"真实"的自然和社会情境作为教学任务,使学员在观察、操作、推理、交流、反思等活动中加深对培训任务的认识。[3] 探研式培训强调从课程培训目标出发创设培训教学情境,激励学生积极参与情境化的"探研"过程,实现学科知识的体系化建构和专业素养培育。

4. **情境问题化**

情境问题化就是项目组引导学员从情境中提炼问题,通过情境让学员认识问题、定义问题,并运用一定的方法解决问题,完成任务,逐渐提升学员的学科核心素养和教师的教育教学专业素养。在好的培训教学中,教师需要以情境为依托,以问题为纽带,开启学员改变思维的闸门和转变行为的通道,让学员在体验中感悟,在感悟中思考,在思考中创新。情境问题化,开启学员思维之路径,激发思维之活力。情境问题化以培训教学目标为导向,以情境为载体,通过问题任务引导学生求索和思考。

5. 问题活动化

问题活动化是指教师基于培训目标和学员特点设置具有驱动性的系列问题，并通过这些系列问题引导、推动学员积极参与课堂探究、活动体验、合作研讨等教学活动，培养学员分析问题、解决问题的能力，提高学员自主学习及与他人协作的能力。探研式培训倡导问题活动化，强调知识的获取和素养的培育必须经历一定的学习过程，完成一定的学习任务，学员在充分展开的培训活动过程中，学会突破思维障碍和技能提升瓶颈的方法，提高素养水平。

问题活动化强调"以问题为主线、活动为主媒、教师为主导、学生为主体"。它将以传授知识为主的培训教学理念，转变为以解决问题、完成任务为主的多维互动式的培训教学理念；将再现式培训教学转变为探究式培训学习，使学生处于积极地学习状态，每位学生都能根据自己对当前问题的理解，运用自己的知识和经验提出方案、解决问题。

问题活动化需要把握"问题"与"活动"的关系。我们把问题活动划分为两种类型：一是阶梯式问题活动化；二是中心式问题活动化。在探研式培训中，师生要围绕阶梯式问题或中心式问题，大胆"探研"，自主体验知识的发现与研究过程，并在交流与分享中优化解决问题的方法与策略，培养学员的自主探索精神和实践能力。

6. 活动环节化

活动环节化就是项目组要根据培训要求和问题导向明确几个大的培训任务（环节），再细化任务、落实责任，把好每一个环节，做好每一个细节，全力以赴确保活动成功圆满开展。如探研式培训主要有三个大的培训任务，即探研式项目设计、探研式项目实施和成果凝练与辐射应用等，其中探研式项目设计可以再分解为培训主题生成、培训目标确定、培训课程设计等环节。所以，项目组要强化协同配合，确保活动各环节严谨细致、衔接顺畅，充分展示专业培训者的良好形象。

7. 环节精细化

环节精细化就是要求项目组在环节实施中要精益求精、注重细节，严把细节关、服务关、流程衔接关，重视培训行为的规范和要求，增强细节意识、服务意识、规范意识和系统意识。在新时代背景下，项目组要善于利用信息技术手段、培训平台和学员的主观能动性助力培训环节的精细化实施。

四、探研式培训模式的实践案例

按照新时代党和国家对教师培训工作的要求，福建教育学院文科研修部在承办的几十个国培、省培、委培项目中紧密联系新课标、新教材、新高考等,融入曾呈进工作室研究了十几年的探研式教学的理念和做法,逐步形成探研式培训模式。下面以2022年福建省县域高中教师能力提升培训(地理班)项目为例,介绍探研式培训模式的实践案例。

1. 深入调研,开展精准的探研式项目设计

县域高中在推进教育高质量发展和乡村振兴战略中承担着重要使命,寄托着广大农村学生对接受更好教育的美好期盼。但是,一些地方县中发展还存在生源和教师流失比较严重、基础条件相对薄弱、教育质量有待提高等突出问题,即"县中塌陷"问题。解决"县中塌陷"问题是一项系统工程,其中一个重要举措即加强县域高中教师培训,为促进县中教师专业成长和教育教学改革提供有力支撑与服务。

基于以上的原因,项目组深入十几所县域高中进行实地调研,结合网络调研和专家电话咨询,了解了一些培训需求:①很多县域高中地理教师接受省级培训和专家指导的机会较少,他们期待通过培训得到专家名师的指导,促使自己更新教育理念、拓宽教育视野、增长新知识,提升其教学能力;②到2022年秋季,省内普通高中各年级全面覆盖采用新教材,进一步推进高考综合改革。但据调查至少有70%的县域高中地理教师对如何很好应对新教材、新高考教学这一问题感到困惑和迷茫,他们迫切希望学科专家、名师能够进行引领、指导和示范。

在深入调研的基础上,再根据福建省教育厅的项目文件、课标、专业标准等要求,我们开展了精准的探研式项目设计。首先,我们生成了2022年福建省县域高中教师能力提升培训(地理班)的培训主题,即"新课程背景下县域高中地理教师教学能力的提升"。其次,根据培训主题和学情确定了具体培训目标主要有:①着力提升县域高中地理教师针对高中地理新教材的深度剖析能力和教学设计能力,促进立德树人理念和核心素养培育的落地;②面对近2年自主命制学业水平等级性考试地理试卷的变化,能够分析和研究学业水平等级性考试地理试卷特征,进行基于学业水平等级性考试的试题设计尝试;③领会新课程精神,尝试培养学员基于地理综合实践的野外研学能力及进行命题探究。最后,根据培训目标设计了培训课程,如引领类课程"基于高中地理新教材、新高考引领的核心素养评价与教学思考",实践性课程"探研式教学观摩与引领""做中学:尝试编制新高考试题",研讨类课程"学员论坛:探研式教学设计探讨"等。

2. 创设情境,推进有效的探研式培训实施

项目组通过情境、问题链、合作学习团队等关键抓手,启发、引导学员融入探研式培训课程,开展自主合作探究,推进有效的探研式培训实施,其一般逻辑是:展开培训课程→专家针对引领→夯实必备知识→强化关键能力→提升专业素养。这里特别要说明如何使用三个抓手促进培训课程的深度实施。

一方面，抓好合作学习团队建设，构建同伴互助与成长机制。训前要了解调训名单，研究学员情况，按照同组异质、异组同质的原则组建若干个培训学习小组（或工作坊）。例如，2022年福建省县域高中教师能力提升培训（地理班）有48名学员，我们把该班分为4个培训学习小组。

另一方面，构建真实的培训教学情境，创设探研式培训问题链，促进培训课程的深度实施。例如，为促进培训课程"基于地理综合实践的野外研学能力提升"落地，项目组选择福州鼓岭宜夏村作为培训基地，以"鼓岭故事"作为培训教学情境，介绍2012年习近平同志在访美期间向中外嘉宾深情讲述的"鼓岭故事"，这是一段中美友谊佳话，令人动容不已。根据情境，我们以"研学鼓岭：乡村振兴与地理实践"为主题创设了探研培训问题链：①鼓岭宜夏村"宜夏"的原因是什么？②为什么百年前西方人在鼓岭兴建别墅？鼓岭宜夏村的民居有何特色？它与当地自然环境有什么关系？③为什么说鼓岭宜夏村在乡村振兴行动中大有可为？据此，各小组查阅资料后制定了跨学科主题学习方案，包括综合考察路线和主要探研任务。8月28日上午项目组带领全体培训学员前往鼓岭宜夏村研学实践。这次鼓岭宜夏村研学实践大致路线为：柳杉王公园→百年泳池→万国公益社→鼓岭老街→鼓岭邮局→鼓岭古道→揽月台→加德纳纪念馆→鼓岭疗养院旧址。整个综合研学考察行程大概花费了3个多小时，研学内容丰富多彩，体验过程让学员乐此不疲，受益匪浅。

3. 评价反思，助力培训成果凝练与辐射应用

在体验"浸入式""参与式"的探研式培训过程后，积极引导学员学习团队发挥主观能动性，开展自主合作学习，形成培训成果，在班级论坛中展示交流。项目组、一线专家与学员一道认真开展对培训过程、培训成果的评价反思，助力培训成果凝练，再要求学员返校汇报，将培训中学到的理念、经验、成果向其他教师介绍，促进培训成果的辐射应用。

参考文献：

[1] 郑友强,曾呈进,吴孟宇,等.中学地理探研式教学的蕴意及其教学模式建构[J].福建基础教育研究,2021(4):86-88.

[2] 苏霍姆林斯基.给教师的建议[M].杜殿坤,译.北京:教育科学出版社,1984:69.

[3] 梁枞.谈基于"真实任务情境"的教学[J].地理教育,2011(12):9-10.

"名师课堂"视域下乡村小学智慧研训的实践探索*

安徽省安庆市宜秀区罗岭中心学校　郑小林　龙鹏飞

摘　要：聚焦网络教研共同体建设的"名师课堂"是实现教育优质均衡的重要途径之一。学校立足智慧平台依托本地师资开展"名师课堂"模式下的校本研训活动，设计了符合成人学习特点的游戏、直播、点播研训一体化场景，形成了以网络透视—群体实践—协同指导为基本流程的"闭环研训"工作思路，构建了稳定的网络研训团队，营造了浓郁的网络研修氛围，摸索出了一条智慧环境下乡村教师群体学科教研能力提升的精准研训新路径。

关键词：优师课堂；名师课堂；闭环研训

众所周知，城乡差距主要集中在师资上。实际上，随着社会的发展，乡村学校教育现代化也正在迅猛发展，硬件已与城区学校并驾齐驱。要想实现真正的教育优质均衡，聚焦网络教研共同体建设的"名师课堂"是个很重要的途径。对存在中老年教师群体观念不先进、青年教师先进理念与实践不协调等问题的乡村小学来说，"名师课堂"提供了一个实施精准研训的新视角。

笔者所在校是一所典型的乡村中心校，下辖三所完小、三所教学点。因地处偏远，点多面广，优秀人才留不住，骨干力量不集中。各村小日常英语校本教研呈现难以开展、低水平重复、不能有效解决发现的问题等现象。2021年起，学校立足"优师课堂"组织本地师资开展"名师课堂"模式的校本研训活动，构建了市级"三名"人员领衔带动、区校骨干教师示范驱动、青年教师仿学创新联动的阶梯型网络研修团队，形成了以网络透视—群体实践—协同指导为基本流程的"闭

---

* 安徽省2022年教育信息技术立项课题"'双减'背景下乡村小学英语名师课堂有效应用实践研究"（立项号：AH2022131）研究成果之一。

环研训"工作思路[1],营造了浓郁的研训氛围,摸索出了一条智慧环境下乡村教师群体学科教研能力提升的精准研训新路径,产生了较好的社会效益。

一、网络透视:游戏引领研训自主化

人本主义心理学观点认为:在游戏的时候,我们就会放下防卫心理,这时我们才乐意接受新信息,才会学得最好。"闯关答题"是平台推出的一项游戏化学习方式。题库主要是由单选题、多选题、判断题和填空题等客观题型组成。题库能按照指定内容、数量分类随机组卷检测指定读物的自学效果。

(一)游戏答题促理论研学

日常研训中,学校主要采用公开课研讨、讲座学习等方式开展,理论引领乏力。因此,笔者构建了单个题型组成的单项模式和多个题型组合而成的复合模式,引领教师自主研学相关理论知识。

1. **单项模式**

发布活动时,活动组织者可以设置指定的单一题型和过关题数。全部答对后,将会获得奖杯等"数字徽章"予以奖励。如果中途答错,则会自动提示"结束过关"或"重新再来"。若选择"重新再来",题目会按照规定要求重新随机抽取。这种方式比较适合在主题活动前温习用,主要借助简单的选项营造既新鲜有趣、又富于挑战的情境,促进参与者知识的复苏。如在完小自主开展以英语核心素养为导向的课例研训前,围绕英语课程标准中核心素养板块内容设置了总计10题的过关活动。以考促记,以记促学,帮助参训教师精准强化了关于核心素养原文论述的薄弱项。

2. **复合模式**

复合模式就是两个或两个以上题型的组合。答题规则与单项模式一致。这种方式适合在自主完成指定的开放式理论学习任务后进行。如教师在国家智慧平台学完专家讲座视频后,英语学科组围绕学习知识点分别拟定了单选题、判断题和填空题,然后构建了单选(5题)—判断(3题)—填空(2题)组成的过关活动,最后邀请参训教师参与答题,较好地消化了讲座知识,实现了学习的高度自主化。

(二)实时闯关促时空联动

乡村中心学校管理模式下,学科大组组员分散在各完小、教学点。地理上的间隔让大组教研呈现氛围不浓厚、意识不强烈等现象。笔者为此推出了以下两种游戏方式。

1. 现场同步闯关

学科大组结合每月一次集中备课活动的契机,现场组织组员登录平台手机端开展与备课主题相关的闯关活动。组员全部过关后,才正式进入备课环节。这种培训能在短时间内缩小认知差距,激活了教学点教师的专业精神,有助于生成高质量的教学设计。

2. 异地同步闯关

在学科大组分散自主研修时,笔者在每周四下午发布复合闯关答题活动,要求组员们在指定时间段(如下午1时—5时)里完成闯关任务即可。这种方式时间宽松,充分尊重了组员的工作实际,同时也通过"考一考"的方式唤醒了日常的教研意识,让枯燥的教学工作在"训"的驱动下变得更加有趣。

(三)动态榜单促深刻记忆

每年学校都会分来若干名考编而来的青年教师。一般情况下,学校会将这些青年教师分配到师资急缺的岗位工作,这也导致了青年教师的考编学科与任教学科不一致,因此方法缺乏、心理浮躁等现象自然就会出现。

美国"刻意练习"法则研创者安德斯·埃里克森认为,在一个具体的领域持续不断地进行专注的、设计好的、重复的练习,外加一位教师或教练做实时反馈与重复,就能达到专家级水平。[2]利用平台的"自动批改"功能代替这位外加的教师,再采取定期练习的方式就能实现教学专业技能的理论提升。

笔者首先组织校内优秀学科教师整理了学科教学法相关的优质文章,发布到平台并推荐给青年教师日常阅读;其次组织文章推荐人拟定客观题组建题库;再次发布闯关活动,设置公开的学习排行榜;最后邀请青年教师参与并关注排行榜变化情况。在游戏活动中,很多青年教师不甘心自己的答题排名落于人后,在边阅读边练习中努力提升榜单名次,通过有感的竞争形成了深刻记忆,实现了工作场景下的有效培训。

从本质上看,教师理论知识研学的过程就是从新的或矛盾的证据里获取意义,并把它们纳入自身心智模式中的过程。而"答题闯关"的游戏模式让教师在网络透视下冷静校正偏见,重新认识知识。在认知冲突中,有效研训也就悄悄地自主发生了。

二、群体实践:直播引领研训可视化

在"优师课堂"上,教师通过小程序就能将手机摄像头和直播模块进行关联,能实现随时随地的自主直播,开启"名师课堂"研训模式。笔者根据平台直播关联的技术工具,有层次地促进了观课教师群体思想交流可视化,提升了研训效率。

(一)直播弹幕促实时交流

弹幕是指观看视频时弹出的评论性字幕。在平台上,也设置了弹幕功能。教师在观看直播的时候,可以根据直播内容分享瞬时观课短评,可以与其他教师进行了同屏讨论,共同克服"锚定偏差"现象。

如在市级"智慧课堂赋能学科教学"直播课活动中,为了增进网络备课组的协作性思考,激活备课组成员的教研火花,笔者在直播前集中动员组员们一定要对自己备课的过程中精心研究的环节,提前撰写精准的短评备用。在直播过程中,四位备课组成员轮番弹幕分享设计所应用的技术工具、达到的功能成效、现场反响等,不仅带动了本地其他教师积极踊跃地发布弹幕分享感受,还吸引了外地观课教师的跟进点赞。在短短40分钟内,屏幕成了火热的、密集的信息交换场,累计发送了180条直播弹幕,较好地帮助观课教师理解了背后的设计意图。课后复盘的时候,观课教师给予了一致好评,较好地进行了一场生动的智慧教学示范培训。

(二)分享截图促过程记录

在直播过程中,笔者发现观课教师有时会对直播教师的教学细节、课件、板书等方面感兴趣,忍不住和同伴小声交流,同时也会及时截图保存到手机中,以便直播后快速回顾教学,内化为自身的教学行为。

笔者认为,可以将上述常见的非正式交流转化为正式交流。根据"大脑盲视"理论,任何人的观察视角都存在着局限性。[3]平台小程序提供了"上传作业"功能,即只要输入直播活动代码,就可以在直播期间或直播结束后批量上传截图画面。多人协作,就能将有意义的信息进行汇聚,更能促进其他观课教师快速了解视频内容。通过这项功能,观课教师也可以将自己在听课本上记下的感受实拍分享。

在学校青蓝工程日常听课活动中,笔者作为师傅在观看徒弟直播教学的过程中,对其教学待提升项——"教学语言音量控制"进行实时跟踪,并依据听觉舒适度对相关环节进行了截图,最后上传到平台。直播结束后,徒弟直接根据截图时间顺次了解自己的教学语言调控状况,并结合自身体验进行优化调整。这种形式让带教工作更加精准有效。

(三)填写表单促定量反馈

在公开课教学直播前,笔者会提前在平台通过"开始议课"功能构建议课表单,并通过后台指定议课人员。观课教师在直播结束前五分钟,也就是在课堂教学进入总结状态时通过预设条目移动滑竿进行赋分。将总分及分项得分在平台上进行汇总。授课人在直播结束后就可以查阅分数,第一时间定量了解自己的优势与不足,促进深度反思。

如在一次村小英语直播活动中,一名新入职的教师通过评分后发现自己"教态"和"辅助教学"两栏表现优异,均为该项分值的96%,但是在"理念"栏上却只得了该项分值的60%。在现场的自我反思中,她也如实地提道:在学生活动中应该加强指导,不能做一个旁观者;在总结的时候可以让学生参与谈一谈,不能唱独角戏。字里行间,没有喊口号式的空洞理念,而是流淌着对"教师是学习的组织者、引导者与合作者"的深度思考。

弹幕、截图、表单,形式不同,指向一致,都是一种批判性思维工具,抑制观课教师成为"懒惰的思考者"[4],而不是习惯性地为已有的信念进行辩护,有助于从信念中将自我分离出来,也使情景式培训更具可视化,促进知与行的快速融合。

三、协同指导:点播引领研训立体化

"三人行,必有我师焉。"在非营利化的培训活动前,只要教师知道他们的贡献是"受到重视的,这些贡献是朝着一个更大的目标"时,就会有人自愿贡献。[5]基于此,笔者在"优师课堂"上将传统的信息单向传播的"点播"行为变成了一个信息互动、资源交换的异步训练场。

(一)视频标记促互相指导

学校立足平台的视频标记功能,倡导视频主讲人回看视频,反复确认表现优秀的环节然后自主标记时间戳。标记成功后,视频播放条上就会形成点播"小圆点"。观课教师只要点击"小圆点"即可实现快速跳转浏览。这就是主讲视角教学的优点。学校还鼓励观课教师点播时通过"录像弹幕"功能动态标记视频中教学优秀之处。这就是学员视角教学的优点。

所有用户之后任何时间点播时点击弹幕信息也可实现和视频标记一样的跳转效果,同时也可以通过"录像弹幕"功能添加自己的看法。这种群体协同异步共议的方式放大了观课教师的主体作用,也将随时随地的跨时空对话成为可能。

(二)AI 评测促多元评价

为增加视频分析维度,平台对教师上传的视频添加了机器元素——AI 评测。经过分析后,平台会对教师教学中的行为、表情、走动、语速、积极用语、互动类型、问题结构、教学风格等项目进行客观分析。通过查阅报告,主讲教师能了解自身客观存在的优势与不足,观课教师亦能通过他人行为观照自己。这些 AI 报告与前述直播、点播过程中参训教师留下的人工数据共同形成了人机教学评议信息,也为学科组进行"专家评述"提供了丰富的信息。

笔者通过平台数据发现,在 2023 年 4 月、10 月的学校公开课展示月活动期间,随着 AI 数据的推出,教师本人或其他教师点播的浏览次数也越来越多,较以往提升了 80%,主动参与议课的信息也呈上升趋势。边教边研、主动研训的个体有意识行为越来越频繁。

(三)专辑推荐促仿学创新

通过平台"H5 助手"功能可以将相近内容的资源汇总在一起。为方便教师查阅,英语组将发布在平台上的两节及两节以上的同名课例编纂成集并公开推荐,形成"同课异构"专辑,供教师们日常研究使用。

如学校新一轮青蓝工程实施后,每一位青年教师都要上一节汇报课。笔者及时指导他们登录平台浏览相关专辑。其中一位青年教师发现组内一位曾获得省级优质课奖项的同事执教的热度较高的一节课能模仿得好。笔者就鼓励她记下教学流程,再融入自己的对该课题的理解,进行仿学创新。最后,这位教师成功执教了这节课,获得了"优秀"等次。这节课的现场教学视频也被同步收纳到了"专辑"中,并作为实证供其他教师在进行自主点播时参考。

美国资深学习科学研究专家凯茜·戴维森认为,"最受到问题困扰的群体应该在解决问题的过程中发挥首要作用"。[6]乡村小学的教师研训增效提质工作应该由该群体发挥主要作用。自 2021 年 4 月基于智慧平台的"名师课堂"项目在学校实施以来,已经顺利完成 7 次全学科校级公开课展示月活动及 3 次优质课比赛活动,累计上传了 611 节(次)公开课视频及学习活动。教师集体荣获 1 次市级优秀网络教研备课组,个人荣获 3 次省、部级"基础教育精品课",6 人次获市级优质课评比一等奖。学校立足智慧研训环境,通过共享和协同成功激活"名师名课"示范效应,轻松汇聚了群体经验智慧,最大限度地满足了青年教师的场景培训刚需,提升了学校整体教学水平,进一步加速了国家"双减"精神在地方的有效落实。

参考文献:

[1]智俊启.闭环思维[M].北京:中国友谊出版社,2019:3 - 54.

[2][4][5]赫斯.学习的科学[M].北京:中国青年出版社,2021:27 - 61.

[3][6]戴维森.重新认识学习[M].浙江:浙江教育出版社,2020:2 - 6,64 - 69.

基于国培实践反思的幼儿园教师"微培训"模式建构

全国中小学教师继续教育网研究院　李　菊

摘　要：聚焦精准培训、落实提质增效是当前教师培训改革的研究与实践方向。本文基于国培实践反思提出了幼儿园教师培训模式改革的客观需要，针对学前教育领域与幼儿园教师保教特点，建构了以微诊断、微设计、微实践、微生成为支撑的"微培训"模式，展示了模式架构，规定了实施要点，提出了迁移应用建议，为新形势下幼儿园教师培训主动适应需求、深层融入实践、充分彰显特色提供了借鉴与参考。

关键词：幼儿园教师；"微培训"模式；变式辐射应用

"国培计划"作为推进我国教师队伍建设的开创性重大举措，10余年来在培训理念更新、培训体系建设、培训模式建构、培训经验积累、培训成果转化等方面取得了显著绩效。幼儿园教师培训乘着"国培计划"的东风，借鉴中小学教师培训的经验，也取得了前所未有的成果。与此同时，伴随教师培训从粗放走向精准、从离散走向常态、从外输走向内驱的变革趋势，幼儿园教师对现行培训模式的不适应也日益显露，提出了变革创新的迫切需求。

一、幼儿园教师的"研训"变革需求

目前幼儿园教师队伍专业能力呈现"一长两短"的特点，其中"一长"是幼儿园教师工作实践性强，结合保教实践进行专业提升事半功倍。"两短"一是幼儿园教师团队整体学前教育专业积淀较弱，对高密度培训内容的专业理解记忆困难；二是幼儿园教师的保教工作呈"碎片化"倾向，知识存储与输出较难形成完整体系，其专业发展更期待基于实践改进的查缺补漏与专业链接。幼儿园教师"一长两短"的专业与工作特点，对以集中培训为主大循环实施的现行培训模式提出了三方面的变革需求。

其一,如何缓解因基础差异导致的培训低效。参差不齐的专业基础对于统一实施的项目培训,存在着吃不饱、听不懂、记不住、用不好等情况。让每个人都能在培训中各取所需,是培训模式创新的重要价值取向。

其二,如何基于保教实践推动幼儿园教师专业链接。由于幼儿园教师工作对象的特殊性,教师的知识储备和经验获取常常呈现随机性和碎片化的特点,较难推动幼儿园教师系统化知识体系的建构。因此,有效助力幼儿园教师在保教实践中建立专业链接,是当前幼儿园教师培训亟待解决的问题。

其三,如何使培训更适合幼儿园教师实践性强的工作特点。幼儿保教工作实践性很强,"做中学"常常比"学了做"效果要好。在保教真情实境中进行"行不行""好不好""错哪了""怎么做"的点拨指导,更有助于当事人知行转化与技能提升。

以上三个不同维度需求的交汇点是"保教实践",故聚焦保教实践破解多重难题、满足三大需求,是幼儿园教师培训模式创新的关键点与突破口。《中共中央 国务院关于全面深化新时代教师队伍建设改革的意见》中明确要求:"创新幼儿园教师培训模式,依托高等学校和优质幼儿园,重点采取集中培训与跟岗实践相结合的方式培训幼儿园教师。"为我们基于保教实践重构"双场景叠加"培训模式,提供了重要依据。

二、幼儿园教师"微培训"模式构建

(一)"微培训"基本构想

引入"微"创新培训,意在以"微"解构"先学后用"的传统培训模式,重构"边学边用"的高质量发展生态,以四大变革满足三个需求。

1. 强化理论指导,坚持"教学做合一"

落实"精准培训"要求,发挥成人学习的自主性、实践性、建构性优势[1],以陶行知的"教学做合一"为理论指导,致力于"在做上教,在做上学",遵循"事怎样做便怎样学,怎样学便怎样教"[2]的实践逻辑,破解时下幼儿教师大循环培训与滞后性应用造成的培训信息衰减与实践转化低效等矛盾。

2. 稳固研训支点,设置"微培训单元"

"微"指微小、细化,把传统培训一次性完成的培训任务,分解为微诊断、微设计、微实践、微生成四个微培训单元,再把每个单元培训融入幼儿园日常保教工作,在"教学做"高度合一中及时发现、同步分析、即时解决问题,实现认知拓展、能力提升、行为改变三个突破。

3. 优化驱动机制,做实"学研用评导"

四个微培训单元均以"学、研、用、评、导"为培训机制驱动,其中"学"在应需自主,"研"在问题探究,"用"在实践展示,"评"在集思融智,"导"在点睛引领。五个环节基于问题、环环紧扣、步步递进,促进个人创造潜能、同伴实践智慧、专家学术造诣的整合叠加。

4. 变革实践策略,着力"激活微场景"

本模式拟采取三项举措激活微场景:一是以微场景介入迁移培训阵地,把培训的主阵地由集中宣讲课堂迁移到师幼活动现场,谋求"双场景"叠加;二是以微场景研学变革培训序列,变"先学后做"为"边学边做";三是以微场景在线强化技术赋能,通过网络空间与物理空间的整合互动,推动幼儿园教师培训从"整体、集中"向"微格、常态"转型。

(二)"微培训"模式建构

基于以上基本构想,采取"4—2—4"微培训模式,其中第一个"4"为微诊断、微设计、微实践、微生成四个微培训单元,"2"为微课程、微场景两个微支撑元素,第二个"4"为数字化平台、动态型基地、点睛式引领、协同性管理四个保障条件,"微培训"模式如图1所示。

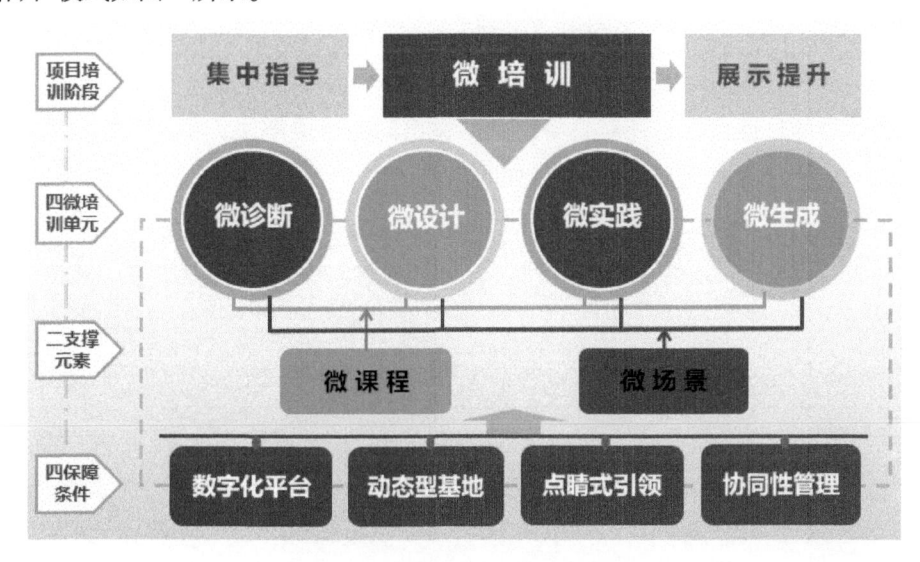

图1 幼儿园教师"微培训"模式

(三)"微培训"实施要点

1."微培训"单元实施要点

在集中导学完成项目启动与前期专业引领后,项目进入微培训单元,各"微培训"单元实施要点如下:

(1)微诊断

微诊断的显性目标是诊断自身保教存在的突出问题,隐性目标是幼儿保教诊断能力提升,实施要点如图2所示。

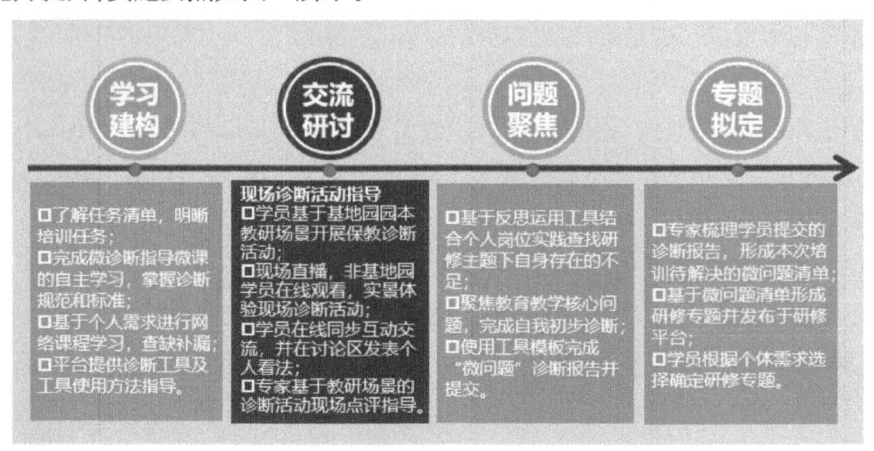

图2 微诊断单元实施要点

(2)微设计

微设计的显性目标是针对自身存在的突出问题形成解决方案,隐性目标是幼儿保教活动设计能力提升,实施要点如图3所示。

图3 微设计单元实施要点

(3)微实践

微实践是"微培训"阶段的关键环节,其显性目标是基于设计方案实施保教活动,包括集体教学、区域活动、户外活动、游戏活动、生活活动等多重活动现场,隐性目标是幼儿保教活动实施能力提升,实施要点如图4所示。

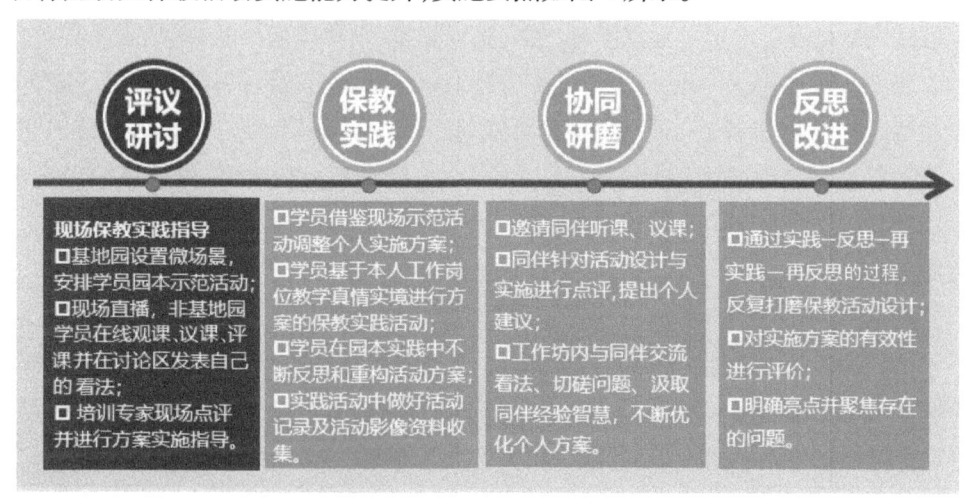

评议研讨
现场保教实践指导
□基地园设置微场景,安排学员园本示范活动;
□现场直播,非基地园学员在线观课、议课、评课并在讨论区发表自己的看法;
□培训专家现场点评并进行方案实施指导。

保教实践
□学员借鉴现场示范活动调整个人实施方案;
□学员基于本人工作岗位教学真情实境进行方案的保教实践活动;
□学员在园本实践中不断反思和重构活动方案;
□实践活动中做好活动记录及活动影像资料收集。

协同研磨
□邀请同伴听课、议课;
□同伴针对活动设计与实施进行点评,提出个人建议;
□工作坊内与同伴交流看法、切磋问题、汲取同伴经验智慧,不断优化个人方案。

反思改进
□通过实践—反思—再实践—再反思的过程,反复打磨保教活动设计;
□对实施方案的有效性进行评价;
□明确亮点并聚焦存在的问题。

图4 微实践单元实施要点

(4)微生成

微生成是微培训最后一个单元,其显性目标是形成优质保教案例,隐性目标是幼儿保教成果打磨与思想凝练能力提升,实施要点如图5所示。

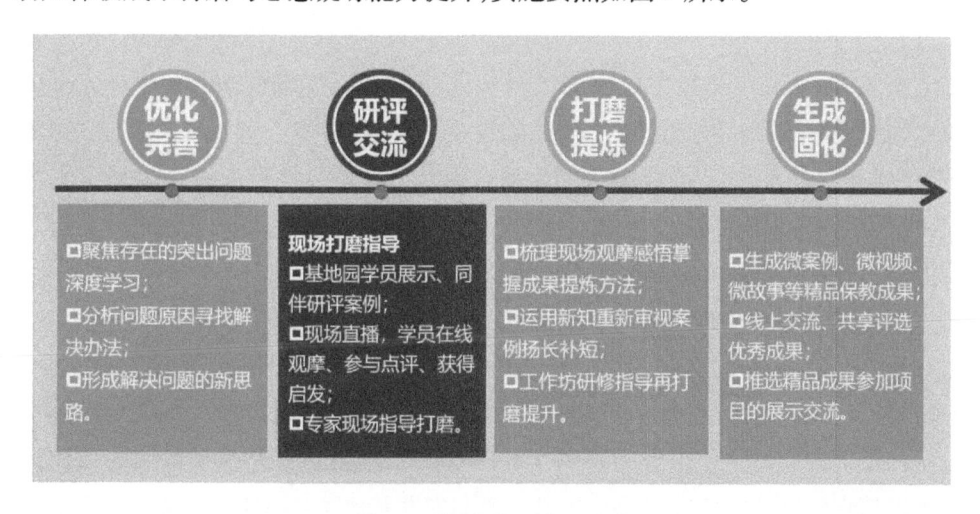

优化完善
□聚焦存在的突出问题深度学习;
□分析问题原因寻找解决办法;
□形成解决问题的新思路。

研评交流
现场打磨指导
□基地园学员展示、同伴研评案例;
□现场直播,学员在线观摩、参与点评、获得启发;
□专家现场指导打磨。

打磨提炼
□梳理现场观摩感悟掌握成果提炼方法;
□运用新知重新审视案例扬长补短;
□工作坊研修指导再打磨提升。

生成固化
□生成微案例、微视频、微故事等精品保教成果;
□线上交流、共享评选优秀成果;
□推选精品成果参加项目的展示交流。

图5 微生成单元实施要点

2. "微培训"支撑元素实施要点

支撑元素是实施四个微培训单元的必要条件,也是微培训目标能否实现的重要保证,各支撑元素的实施要点如下:

(1)微课程支撑元素

模式运行由集中指导专家引领、单元微课指导、学员现场展示、同伴现场评议、专家现场点评、在线网络课程六类资源支持,其中微课程是针对每个微单元开发的专题指导课程,有三个突出特点:一是针对每个微培训单元设计;二是内容聚焦该微培训单元易产生的突出问题;三是文字量小,简洁地分析问题,给出解决办法。微课程在相关微培训单元启动前导入平台,从导学、预学、深学多个维度优化微单元培训资源支持。

(2)微场景支撑元素

微场景是微培训依托的特定培训场域,是培训场景与工作场景的双场景叠加。微场景包括基地园和园本两个方面,承载培训与保教实践双重功能。其中基地园是在各微培训单元中支持学员展示、同伴评议与专家指导的活动现场,园本是支持学员在本园完成培训任务的实践现场,是基地园现场活动的转移与延伸,两者有机结合高质量完成每个微培训任务。

3. "微培训"保障条件实施要点

数字化平台、动态型基地、点睛式引领、协同性管理是本模式实施的四大保障条件,各自承载的功能与实施要点如下:

(1)数字化平台

"微培训"依托三类数字化研训平台实施:一是搭建好网络化异步平台,实现PC端与移动端APP无缝对接,为学员创设全天候、超时空学习环境;二是要搭建好数字化同步直播平台,确保微培训现场直播环节在学员保教工作实践真情实境中展示交流并实现同步信息采集;三是能链接"国家中小学智慧教育平台"等公共服务平台,让微培训活动获得更广泛的背景与延伸支持。

(2)动态型基地

微培训基地不是已有的预设固定基地,而是依据以下条件动态选定:一是基地园项目学员,确保培训环境与工作环境一体化;二是实践展示活动需要项目学员实施,确保培训内容与工作内容的一致性;三是展示、交流、点评是基于实践的认知提升,确保培训活动依托实践又高于实践。项目实践基地需要在项目启动后基于学员与学校双重情况选择确定,不同微培训单元与内容要选择不同学校作为基地园。

(3)点睛式引领

本模式实施需要高水平、点睛式、跟进型专业支持,其中"高水平"主要用于培训开始时短期集中导学,体现在基于项目需要的前沿、热点与高端引领;"点睛式"主要用于"微培训"在线直播环节的点评指导,通常遵循"学员现场展示—同伴线上评议—专家点睛指导"的实践路径;"跟进型"主要服务学员分散园本实践环节的应用指导,通过研训交流、直播答疑、个别指导等方式助力学员及时解决学用问题、促进认知提升。

(4)协同性管理

基于微培训伴随保教过程且在学员工作园所实施两大突出特点,微培训管理需要助力微培训活动与保教活动的良性互动,在三方面突破传统项目管理模式:一是坚持同步性,培训活动与日常保教活动同步;二是关注兼容性,安排的培训内容与保教活动不冲突;三是追求集成性,培训活动与保教活动互促共振、提质增效。

三、"微培训"变式迁移与辐射应用

"微培训"模式是基于幼儿园教师工作特点、需求特点、发展特点的创新建构,其"双场景"叠加的创新意蕴,可以迁移到其他幼儿园教师研培形式。

(一)向幼儿园区域教研的迁移运用

幼儿园区域教研是以教研为载体、通过分享与探究全面提升区域内幼儿园教师专业能力的交流研讨活动。研训流程一般是确定主题—制订教研计划—园本实践(教研员检查指导)—形成教研报告—成果分享—总结评估等。这一模式暴露出的弱点:一是教研下沉少,注重自上而下的顶层设计与共性问题的解决,较难满足教师保教实践中的个性化需求;二是园本实践阶段相对封闭,各园所根据教研计划和要求自行开展主题教研活动,既缺少来自外部的专家指导,也缺少园所之间的借鉴交流与分享。把"微培训"模式迁移到区域教研,落点在"园本实践"环节的变革:一是根据教研需求选定示范园,运用四个微培训单元对保教一线的"真问题"进行"学研用导评";二是把"园本实践—检查指导"过程,改变为"精准指导—以点带面"过程,在选定的示范园内开展现场活动展示、同伴评议、专家(教研员)指导等"保教+培训"活动;三是以线上、线下相结合的方式辐射区域,以"微培训"方式提供精准示范,助力区域教研的实效与质量大幅度提升。

(二)向幼儿园名师工作室的迁移运用

名师工作室是名师牵头、教研开路、培养骨干、带动园所的幼儿园教师研训形式,这种形式有优势也有短板。把"微培训"模式引入名师工作室：一是可以利用信息技术开展混合研修缓解工学矛盾，进而方便更多一般成员参与工作室研修活动；二是在送教园点上采用"微培训"模式系统化实施讲座、听评课、教研等活动，再通过企业微信、腾讯会议等直播方式同步辐射工作室成员所在校，使更多园所教师得以异地同境感知实情、参与讨论、接受指导，实现培训范围、引领功能与实践感悟的三重拓展。

(三)向幼儿园园本研修的迁移运用

园本研修是幼儿教师基于本园的常态化专业发展形式，研修流程一般为确定研修目标—制订研修计划—研修活动准备—研修活动实施—总结与评估等。而其存在的突出短板是园所自身指导力量薄弱，很难助力教师重构认知体系并有效链接实践。把"微培训"的思路与做法迁移到园本研修，可助力传统园本研修实现三个突破：一是在园本研修中设计"双场景叠加"环节，营造工作和培训的真实场景，确保培训活动与教师日常保教工作的同步、深度融合；二是设计"微培训"之"现场教研"指导活动，聘请相关专家线下或线上莅临保教现场，基于教师的日常工作，采用保教实践展示、同伴互评、现场打磨、即时评导等形式的精准指导；三是园所教师根据专家指导建议在工作岗位实践中不断反思—实践—改进—创新—生成，以园所实践优势与域外专家优势的"双优互补"提升园本研修的品质绩效。

学前教育的普惠发展，必须有一支数量充足、质量上乘、爱岗敬业的幼儿教师队伍支撑，而目前这支队伍还存在不小的差距[3]。这就要求幼儿教师培训工作者，站在新的历史起点上，以更强烈的责任心、使命感把握机遇、迎接挑战，以模式创新为切入点，深入研究、创新实践幼儿园教师培训，凝心聚力构建起突出领域特色、彰显时代风范的幼儿园教师高质量培训新体系。

参考文献：

[1] 余新.教师培训师专业修炼[M].北京:教育科学出版社,2012:68-69.

[2] 陶行知.陶行知教育箴言[M].哈尔滨:哈尔滨出版社,2011:2-6.

[3] 教育部师范教育司.教师专业化的理论与实践[M].北京:人民教育出版社,2003:1.

指向内生力的教师发展"自我决定"管理模式校本实践

浙江省杭州市临安区石镜小学　娄森锋

摘　要：教师发展"自我决定"管理模式是基于自我决定理论，借助于自我发展需要来实施教师发展管理。历经 C 校和 S 校两所学校的实践，构建"双导、三营、四阶"教师发展体系，通过整体推进式、专项深研式、循环实证式、沉浸卷入式、成果孵化式等予以实施，试图实现教师更好的自主发展。

关键词："自我决定"管理模式；"双导、三营、四阶"

一、现状直击——学校教师发展之"五弊"

历经两所学校的实践，以示分别两校命名为 C 校和 S 校。笔者分析两校教师发展的现实情况发现以下特点。

（一）循环式工作自我兴趣度减弱

现实学校中教师在循环式的工作中兴趣减弱。教师工作是循环的，一是任教年级的循环，二是课堂教学结构循环。学校现有任教 15 年以上教师占 70%，这些教师经过几轮循环，对工作兴趣开始减弱，影响这些教师的进一步自主发展，学校需要重新定位行动策略。

（二）重复性工作自我价值感遗失

学校工作中教师承担着大量重复性工作，导致一旦形成惯性，很多教师不愿意尝试改变。原来很有效的方法，经过一段时间或者换一批学生就不再适用，因而教师常常声嘶力竭，价值感遗失。

（三）终端式工作自我挑战性缺乏

学校环境缺乏挑战和发展机会不能满足心理需要。支持个体健康成长与发展的营养是对其基本心理需要的满足。提供适宜挑战、积极反馈与发展机会的环境才能满足个体的能力需要。

(四)制度化管理忽视了心理的需求

S校采用制度化管理,一旦制度缺失监督和执行,部分教师就会安于现状,缺乏对工作的创新。如何激发教师内心的心理需求,变"要我做"为"我要做"是教师发展管理方式革新的关键。

(五)常规发展忽视了自我决定价值

常规的教师发展培训方式寻求统一、注重形式,不重内涵和个性化,难以体现教师自我决定的价值。综合协调各层次教师发展内驱力,创新机制充分利用校内资源协同发展,需要学校寻找新机制。

二、意义探寻——基于自我决定理论的教师发展管理之"三促"

(一)操作定义

1."自我决定"管理模式

指基于自我决定理论的教师自主发展管理模式。基于自我决定理论强调人不断发展的内部心理资源对人格发展与行为自我调节的重要性,个体良好发展要满足其基本心理需要(自主需要、能力需要、归属需要)[1],借助自我发展需要来实施教师发展管理。

2."双导·三营·四阶"教师发展体系

"双导":即三长(教研组长、学科组长、项目组长)引领导学·导研,把备课学生学习活动设计实施与科研以解决教学问题为主的课题研究紧密融合,分工协作。

"三营":构建青年教师成长营、成熟教师学术营、卓越教师孵化营,形成教师发展进阶层级,设计跨学科融创项目学习培训,打破学科壁垒,实现人员之间角色互换、协同发展,满足心理需要。

"四阶":以问题、规划、实践、反思这四阶为抓手,实施收集梳理教育教学问题—形成课题研究方案—三长引领多元研修实践—形成研修成果四个环节的校本研修进程。用科研视角解决实际教学问题,激发教师工作的兴趣、体现自我价值感。

(二)理性探索

1. 探索自我决定理论下教师发展管理新内涵,促进教师自主管理

基于自我决定理论,探索教师发展"自我决定"管理策略,相信教师能在自我管理的基础上,形成教师发展"自我决定"的管理策略,激发教师心理需要,推动教师自我发展。[2]

2. 探索自我决定理论下学校教师发展新模式,促进教师自主发展

基于满足教师自主需要、能力需要、归属需要,达成自我实现。探索设计出学校校本培训新模式,促进教师自主发展。构建双导三长制、三营学堂制、四阶科研制培训体系,形成校本培训五样式,生发满足教师成长心理需要的举措。

3. 探索教师发展与学科重建融合实施新路径,促进教学方式的转变

学科重建是学校发展的必然追求,教师发展同样需要以学科建设为载体。探索教师发展与学科重建融合实施路径,着力进行镜思课堂系列、单元整体教学研究,形成教师发展多元平台,构建良好的校园软环境,既满足教师的心理需要,又促进学校教学方式的转变。

三、校本实践——教师发展"自我决定"管理模式

教师发展"自我决定"管理模式实践研究包含管理样式创新、管理理念创新、运行方式革新、校本培训创新四个方面的实践。

1. 管理样式创新

(1)价值引领,发现自主需要

教师发展"自我决定"管理需要管理者进行学校价值观的梳理,需要对教师进行不同时空的引领,让教师醒悟自身,也就是发现自主需要。

C校对教师实施"名誉管理",秉承"让学习好玩起来、让智慧流淌于指尖"的课程价值观,不断创新课程建设,"让教育走进儿童心灵"。学校秉承"陪伴教师成长"是对教师最好的管理的理念,建设教师发展"磁力场",让教师"为幸福而教"。

S校学校秉持"以石为镜,正身立人"的校训,以"正品行、求真知、扬个性、见未来"为培养目标,做人做事思石品、明镜理,教育教学精进不辍,诲人不倦。

两校管理者以学校文化引领教师自主发展,形成学校教师自主发展的"磁力场",激发教师发现自主需要。

(2)平台搭建,实现能力需要

着力搭建教师发展平台,在各层次舞台上使教师获得名誉,搭建的平台要具有层次性,在分层中尽力做到最大,舞台越大教师的名誉感越强,能力需要越容易满足。

几年的实践中除主题式的校际交流、深度型的项目组研究、融合型的学科组建

设、精准型的科研课题指导、成长型的年轻教师规划、展示型的学校论坛、草根式的学校经验等之外，打造了青年教师成长营、成熟教师学术营、卓越教师孵化营，利用互联网＋教共体、名师工作室等平台，创生了镜思学堂、镜思小学问等新举措。

（3）全程激励，满足归属需要

教师在校发展的全过程就是管理者激励的过程，管理者要善于发现每一位教师的点滴发展，及时反馈评价。采用发现式管理，校长室坚持点赞式评价，罗列教师获奖情况后第一时间在教师群点赞。每周工作例会增加一栏"校长点赞"，把教师教学研究获奖、课堂展示、班级管理出新等点滴汇集表扬。让教师体验自身价值，满足自我归属的需要。

（4）理而不管，达成自我实现

教师发展"自我决定"管理模式与制度管理最大的不同是"理而不管"。"理"学校价值观，"理"培训运作方式，"理"学科重建体系，"理"教师成长路径。"不管"是指不考核、不批评学校教师发展程度，全程激励，一切交由教师自己做主。[3]教师珍惜名誉，达成自我实现，从而推动其自我发展。

2. 管理理念出新

（1）从"控制教师"到"引导教师"

教师发展"自我决定"管理模式强调教师发展的自主性、自由度。不控制教师，不组织周前例会，实行教师发展半日排空制。我们不组织集体性低效培训，而是实行教研组专题研讨展示制。不统一班级管理样式，实行班级管理一班一品制。不统一教学常规检查，实行学科组循环备课制。不统一教师培训模式，实行备课组、教研组、项目组活动轮流制。从"控制教师"到"引导教师"，理念的不同，方式的不一，教师创新的思维被激发。

（2）从"集体有序"到"个体有序"

从教师发展的角度思考，我们要打破"集体有序"，一所学校所有教师不可能同步发展，不可能同步推进。我们需要建立教师个体成长发展的"序"。[3]双导三长制、三营学堂制、四阶科研环、五样培训场是教师教学科研发展的"序"。青年教师成长营、成熟教师学术营、卓越教师孵化营是教师修炼的图谱。自主需要、能力需要、归属需要，达成自我实现是教师个体心理发展的"序"。

（3）从"行政驻点"到"现场陪伴"

教师的力量来自团队，学校的每一位教师都不是孤军奋战，他们每走一步都有同伴的现场陪伴。小组的活动由组员陪伴，新教师成长有成熟教师的陪伴；在相互陪伴中,团队的凝聚力越来越强,教师成长的动力越来越大。学期初每个学科都组织项目申报,学期中每个研修小组都有一个"现场",并且"现场"的形式多种多样。在这个过程中,行政人员与组内教师共同陪伴,形成磁力"现场",从而实现让同事陪伴现场,让教师卷入"现场"、忠忘"现场"、成长"现场"。

(4)从"评判管理"到"自主发展"

教师发展"自我决定"管理模式不以考核分来评判教师,允许教师发展的快与慢、允许教师发展的高与低。引导教师自我管理和发展,不是靠外界的评价、监督来管教师,而是由教师内在的动机来调节自我发展积极性。[3]管理者提供安全的心理环境,有利于提高教师在不同程度的发展中的参与度。

3. 运行方式革新

(1)双导三长制

三长指教研组长、学科组长和项目组长,教研组长负责整个学科的教学研究,学科组长负责本年级、本学科的教学研究,项目组长则主要负责本年级的管理研究。三长负责是学校常态校本研修的主要路径。

"项目研究、集体推进"是三长负责的主要实施方式。学校每年都确立一个集体研究项目,项目是由学校教学处分析研判各教研组、学科组的培训需求,结合当下教学方式变革的新趋势,并依据学校的现状和基础来设计的。确定本学年的学校项目主题后,学校召开三长会议,理清项目的实施要求,项目的进程节点,项目成果呈现时间、地点、对象的安排。教研组长、学科组长在学校项目解读之后,与组员协同理出本组的备课合作方案、项目研究方案、展示交流方案、周五研修方案,确定各项分工与人员的落实。学校制作"学期交流展示课一览表""学期各组项目申报一览表"等表格,教研组和学科组围绕研修项目按"教研组活动—学科组活动—项目组活动"三周一轮进行多元实践,按"学校交流展示课一览表"的安排展示研修成果,并邀请专家指导加持。

(2)三营学堂制

"三营"指将教师分成三个不同层次的群体:青年教师成长营、成熟教师学术营、卓越教师孵化营。将不同层次的教师分成不同的培养单位,提出有区别的成长要求;设计跨学科融创项目学习培训,打破学科壁垒,实现各科教师之间角色互换,协同发展,改善教学思维。

青年教师成长营、成熟教师学术营、卓越教师孵化营是很多学校采取的教师发展分层进阶方式。所不同的是我们采用了"学堂制"的实施办法,如青年教师成长营称为"镜思学堂",以学堂制管理青年教师发展营,每月一主题一任务。以镜之见和鉴促学促思,实现深度研修,深度教学。以夜读活动聚焦表达力、教学力、写作力、信息力、研究力这"五力"的培养。

(3)四阶科研制

"四阶"指主题式校本研修的四个阶段:问题、规划、实践、反思。在主题式研修中,按照"收集梳理教育教学问题—形成课题研究方案—三长引领多元研修实践—形成研修成果"四个环节展开,使教研与科研较好地结合在一起。

"双导"实现了每一个年级学科组都进驻"专家",由"专家"引领学科教学和课题研究;"三营"规划了每一个教师的成长目标和修炼图谱,"四阶"设计了每一项校本研修的实施进程。三者结合,形成学校教师发展的结构闭环。

4.校本培训维新

(1)教·研·训——整体推进

学校校本培训存在孤立、重复、随意的问题,教研训三位一体可以很好地解决这个问题。第一层面:学校在制订发展规划、学年计划的时候要有教研训一体化设计,解决教研、科研、培训之间彼此脱节、效率低下和资源浪费的问题。第二层面:教科室制订校本研修的年度计划、进程。项目申报时要根据学校的发展规划、学年计划,要与学校所倡导的课改方向、研究主题相吻合,要坚持为学校教育教学的重点目标服务。

(2)读·研·建——专项深研

读·研·建——专项深研主要解决学校专项突破与教师发展的融合问题。

读:课程标准,把握学科核心素养,理解学科育人价值。通过教材比对,明晰教材编排意图结构,把握内容要素、目标定位。

研:学情调研,对学生进行认知水平与需求水平的调研,统计分析,实现以学定教,教学共振。课堂诊断,采集信息辨析专业,寻求教学改进。

建:资源建设,研发、整合资源,满足多样化学习需求。课程开发,依据学校理念和规划,新编教学材料,实施教学,建立评价机制。

(3)二五式——循环实证

二五式——循环实证主要解决学科专题研讨与教师卷入研修融合的问题。

二元:专题研讨活动分为两个过程,一是独立备课、组内研磨、课堂展示、课堂观察、专家引领、反思修正,二是不同教师改课呈现、专家研讨培训。实现教师全员卷入,解决方案循环实证。

五环：整个过程分为两个角色，五个环节。教师：合作教学设计、课堂呈现、反思评估、改课接力、培训研修；专家：课前了解、聆听教学、研讨分析、再听执教、引领研修。

二五式进阶研修课让每一个角色都能参与，同时受任务驱动，处于紧张状态，容易取得研修活动的最大化效应。同时，普通教研课后更多的是专家和其他教师的点评，二五式进阶研修课更关注反思修正以后的再实践，让设计循环实证。

(4) 集·问·思——沉浸卷入

集·问·思——沉浸卷入主要解决学校重点学科重建的问题。

集：引导教师关注教学中的问题，提出学校学科建设的弱环，提出主题，"三长"和教学处对问题进行梳理，提炼符合学校、教师实际的学科重建课题。

问：首先是学科组内围绕课题进行理论学习，查找资料分享、邀请专家介入，然后分解主题进行专题研讨，开设教研课，设计课堂观察。

思：对课堂进行观察和反思，经过同伴讨论、专家引领，全面反思，切实解决学科教学问题，完成新的建构。

(5) 谋·导·行——成果孵化

谋·导·行——成果孵化主要解决教师研究不重过程，只重结果的问题。

学期初学校确定教师发展关键项目，引领教师研究主题。教师确定自主研究的小课题，本土专家立项前一对一指导，便于教师把握研究意义。教师课题立项后由学校专家团队进行面对面实施论证，帮助教师明确研究路径，督促实施。根据教师的主题成立微项目组，展开专题研讨，进行过程性孵化，避免教师课题研究流于形式。完成成果梳理，为教师搭建平台，组织专场研讨活动，邀请专家现场实证，成果推广。

四、研究成效

(一) 打破管理机制

教师发展"自我决定"管理模式它不是对教师外在行为的管理，而是对教师自我实现的管理，是由内而外的管理；它不是传统管理中的"你要我做"，而是由教师"自我实现"来唤醒"我自己要做"，是引导教师自我管理和发展；它不是靠外界的评价、监督来管理教师，而是由教师内在的动机来调节自我发展积极性，激发教师心理需要，推动教师自我发展。

(二)拓展培训样式

基于满足教师自主需要、能力需要、归属需要,达成自我实现。探索设计出学校校本培训新样式,促进教师自主发展。构建"双导三长制、三营学堂制、四阶科研制"培训体系,形成校本培训五样式,生发满足教师成长心理需要的举措。

(三)提升培训品质

学科重建是学校发展的必然追求,教师发展同样需要以学科建设为载体。探索教师发展与学科重建融合实施路径,着力进行"镜思学堂"构建形成教师发展多元平台,构建良好的校园软环境,既满足教师的心理需要,又促进学校教学方式的转变。

(四)满足心理需要

基于自我决定理论强调人不断发展的内部心理资源对人格发展与行为自我调节的重要性,个体良好发展要满足其基本心理需要(自主需要、能力需要、归属需要),教师发展"自我决定"管理模式,"双导、三营、四阶、五式"培训体系,满足各层次教师的发展需求。

参考文献:

[1] 刘海燕,闫荣双,郭得俊.认知动机理论的新进展:自我决定论[J].心理科学,2003(6).

[2] 杜卫斌.利用动机自我决定理论引导教师专业发展的实践探索[J].基础教育论坛,2019(27).

[3] 姚灶华.名誉管理:学校文化管理新视野[M].杭州:浙江人民出版社,2016.

新课标背景下教师专业发展学校支持体系的构建

成都教科院附属龙泉学校　罗婷婷　罗欣媛　巫林娟

摘　要：新课标提出要加强教师培训，强化专业支持。而目前学校教师培训还存在教师时间不宽裕、精力不足、内生动力不够、培训效率不高等问题。本文以具体实践为例，提出了构建教师专业发展学校支持体系的方案，即从组织、制度、文化层面多措并举，形成全方面服务教师专业发展的学校支持体系，强化专业支持，建设高素质教师队伍，为高质量教育体系奠定坚实基础。

关键词：新课标；教师培训；支持体系

一、教师专业发展学校支持体系提出的背景

（一）新课标背景下的时代需求

《义务教育课程方案（2022年版）》指出，强化专业支持是课程实施的有力保障。所谓专业支持，首要便是加强培训，明确国家、地方、学校的培训职责，建立健全培训工作体系。[1]对学校而言，还要组织教师参与各级各类课程、教材、教学、考试评价等培训，定期开展校本研修。[2]同时，新课标开创性地将"教学研究与教师培训"纳入各学科课程标准中，为学科教师培训指明了具体的路径。[3]

基于此，建立健全新课标背景下教师专业发展的学校支持体系是学校发展的必由之路，也是构建高质量义务教育体系的题中之义。

（二）教师专业发展的困境及学校支持体系的不足

近年来，国家陆续出台了一系列政策，大力促进教师职前培养和职后培训，为教师专业发展提供外部支持，提升教师发展的内生动力。然而受客观环境、培训体系等因素的制约，教师专业发展依然面临诸多阻碍。[4]

首先，客观条件导致教师投入专业发展的时间和精力不足。2021年《关于进一

步减轻义务教育阶段学生作业负担和校外培训负担的意见》颁布后,减负增效、课后服务、作业管理等措施纷纷出台,但同时也在无形中增加了教师负担。根据调查,80%以上的教师认为工作量增大、工作时间延长。[5]超负荷的工作使大多数教师难以有充分的时间投入个人专业发展,外出培训、校本研修等活动的空间受到严重挤压。

其次,评价制度、文化氛围存在问题导致教师内生动力不足。当前缺乏科学有效的评价机制,甚至存在以教学成绩为考核依据的单一评价模式,不规范的评价无法凸显教师教育贡献,因此教师职业成就感普遍较低,在专业发展上自然缺乏主动性、积极性。[6]此外,尊师重教思想的衰颓、教师地位的边缘化影响学校文化氛围,尤其是造成青年教师严重缺乏职业认同感。

最后,培训体系导致教师培训效率不高。一方面,培训内容缺乏针对性,往往偏重理论,与教学实际联系不紧密,因此不能满足教师教育教学实际需求。另一方面,培训的形式比较单一,自上而下的行政指令式发展模式流于形式。比如各级各类的在线培训,虽然对教师学习有一定约束,却难见实效。

教师培训中的现实问题重重,从学校的角度来说,建立高效的支持体系可以有效扭转教师队伍建设的困境,真正探索出一条以教师自身需要为动力、以激励性评价为支撑、以专业指导为保障的教师专业发展路径。

二、教师专业发展学校支持体系的构建

在新课标背景下,面对强化专业支持的任务,针对教师专业发展时间精力不足、内生动力不够、培训效率不高等问题,本研究从组织、制度、文化等多方面入手,积极探索教师专业发展的学校支持体系。

(一)组织构建

1. 建立专业职能机构

学校层面制定的制度,直接关系到本校教师专业发展。在充分发挥国家政策导向性作用的基础上,充分发挥学校的自主能动性,构建出一套适合本校教师专业发展的体系。我校从学校层面为教师提供制度支持,完善学校顶层设计。结合本校年轻教师占比较高的实际情况,学校成立了西江书院,为教师的专业发展提供专职服务,在保障教师专业化发展方面有清晰明确的路线和计划。同时,西江书院旨在营造学术研究氛围,促进对内对外的学术交流,提高教师的学术创新参与率,活跃学术思想,引发学术争鸣。在西江书院之下,特设立"西江讲坛",通过专题讲

座、研修工作坊、学术沙龙等方式,开展系列学术活动。

2. 成立学术指导机构

为规范本校教师专业发展,提高教师专业发展水平,学校专门设立学术委员会。学术委员会的产生及组成:学术委员会设主任一名,由校长提名,经学校党总支委员会审核批准后聘任;学术委员会成员由全校教师民主推选产生,由不同学科的校内教师组成。学术委员会依照学校有关规章产生和行使职权,统筹负责学术事务的决策、审议、评定和咨询等事项。学术委员会充分发挥在学校教学、科研等学术事务中的引领作用,强化学术研究氛围,提高教学科研质量,提升教师队伍整体业务水平,成为为教师培训提供学术支持的专门指导机构。

(二)制度构建

1. 建立健全教师培训制度

(1)职业成长规划

弗雷德里克·赫茨伯格(F. Herzberg)在双因素激励理论中指出,个体发展和自我实现是有利于提高工作积极性的激励因素。为了激发教师工作动力,入职之初,每位教师便根据学校发展规划,结合自身实际情况,制订个人职业成长规划,包括短期规划、中期规划和长期规划。学校设立的职能部门西江书院和指导机构学术委员会依据教龄,综合考虑教师自身发展需求,量身为每一位教师制订不同的职业成长方案。

(2)教师培训方案

教师的专业发展具有连续性和阶段性的特点,在不同的阶段教师会面临着不同的挑战和发展任务,故而不同阶段的教师对培训的需求亦不相同,因此我校为不同阶段的教师实施不同的培训方案。

对于新进教师,我校采用的是一种短期的校园文化培训,旨在帮助他们更快地了解学校教育文化理念,践行学校教学主张,提高新进教师的团队协作力,助力教师优化自我成长路径。

对于初入职场的新教师,他们对职场还比较迷茫,书院为他们制订青年教师三年培养计划。青年教师的成长过程划分为三个阶段:模仿期、发展期和成熟期。根据三个阶段的特征,书院制订青年教师专业成长阶段性目标:模仿期——合格;发展期——有扎实的教学基本功;成熟期——有先进的教育教学理念。

对已有自己教学风格的骨干教师,书院给予他们调查研究方面的培训,将他们"送出去",接受不同地域、不同方向的专家培训,帮助骨干教师找到新的职业定位和新的挑战。

（3）校本研修制度

校本研修是教师专业发展的重要突破口,常见形式是集体教研和师徒结对。

"教而不研则浅,研而不教则空"。为了有效地促进教师的自我成长,我校格外注重集体教研。集体教研每周两次,以学科组为单位开展,教师们围绕教学实践中的真问题进行研讨、辩论,并由课程质量中心进行考勤。若教师们在集体教研中需要帮助,学校亦会根据教师需求邀请专家进校指导。

此外,每年还会开展师徒结对活动,以老带新的形式帮助青年教师更好地成长发展。同时我校每学期都会有师徒结对展示月,对师徒结对的效果进行评价。

2. 完善评价激励措施

评价是教师培训中的重要组成环节之一,一个好的评价制度具有重要的导向作用。因此我校为激励教师向内生长、自主发展,分别在职称评审、评优选先和薪酬绩效三大板块布局,优先向教师专业发展倾斜。除对教师的常规考核外,我校对教师在科研方面的激励力度较大,如课题、论文、案例、优质课、交流讲座等,借此驱动教师的内生动力,从而实现"自我导向学习",达到教师自主发展的目的。[7]

此外,学校积极探索扁平化治理模式,为促进教师参与学校管理,面向全校教师实行项目制。以项目引导式管理代替行政命令,每位教师都可以成为项目负责人、项目经理,通过项目参与学校的建设和管理。不论是从年级教育教学工作出发,还是从社团建设或活动出发,以项目实施为突破口,开发创新项目,实现高效发展,建设多彩校园。项目制的实施不仅给教师带来实际收益,还增强了教师自我认同、职业认知,提高了教师职业成就感,这种方式也从学校管理的角度正向激励教师的成长。

（三）文化构建

1. 打造校园文化环境

为增强教师的文化认同感和获得感,校园文化环境的构建起着重要作用。在校园文化构建的过程中,我校充分发挥学校图书室的作用,结合本校实际,定时开展学术交流活动,让教师在交流中与其他教师进行思想碰撞,激发新的灵感。校内学术交流活动,有利于促进教师内生性的自我意识的觉醒,这种自我意识的觉醒是一种良性循环的开始。同时,学校还开设了教师茶话室,让教师在轻松愉悦的氛围中,用聊天的方式,去解决一些教师关于发展的困惑。我校注重关注教师精神层面的满足感以及自我获得感,在此基础上,可以更好地促进教师自身专业化成长。

2. 建设学习型团队

我校教师队伍年轻,且绝大多数教师为研究生学历,年轻教师学习、研究意愿较强,在此基础上,西江书院秉承着自愿与民主的原则,组建各类学科研讨读书会、学术研讨读书会、教育名著研读会、跨学科读书会等,通过有计划的、定时的读书会来促进教师综合素养的提高。随着时代的不断发展,教师专业发展的模式也面临着变革与转向,我校教师专业发展方式,注重教师自身的参与感、合作度及反思性,强调教师专业成长的可持续性和长久性。因此,本校立足自身实践,不断思考和探索各种适合本校实际的教师群体组建方式,为教师的发展提供全方位、多角度的支持。

三、小结

新课标背景下,针对学校教师培训中的现实问题,本文提出了构建教师专业发展学校支持体系的方案,即从组织、制度、文化层面分别发力,组织上建立为教师专业发展服务的职能机构和学术指导机构;制度上建立健全教师培训制度并完善评价激励制度;文化上要打造校园文化环境、建设学习型团队。多措并举,形成全方面服务教师专业发展的学校支持体系,强化专业支持,建设高素质教师队伍,为搭建高质量教育体系奠定坚实基础。

参考文献:

[1] 中华人民共和国教育部. 义务教育课程方案(2022年版)[M]. 北京:北京师范大学出版社,2022:15 - 16.

[2] 丁杰,惠兰. 义务教育一体化:基于全面质量提升的区域创新实践[J]. 江苏教育研究,2021(A2/A3):41 - 44.

[3] 白亮,王爽,武芳. 乡村教师发展支持体系研究[J]. 中国教育学,2019(1):18 - 22.

[4] 张淇茹,孙明娟. 中小学教师培训问题及对策[J]. 黑龙江教育(理论与实践),2019(Z1):114 - 115.

[5] 李镇西. 教师的解放与孩子的减负[J]. 陕西教育(综合版),2022(1、2):1.

[6] 谢小兰. 乡村教师专业发展支持体系的构建[J]. 中国成人教育,2019(20):80 - 83.

[7] 倪佳丽,蔡建中. 自我导向学习促进教师专业发展的认识与思考[J]. 广州广播电视大学学报,2016,16(5):36 - 40,108 - 109.

"双新"背景下教研训一体融合机制的实践路径

四川师范大学附属临枫小学 杨 艺 黄 珊

摘 要：在"双新"背景下小学语文教师如何适应教育变革,如何取得专业发展是值得思考的问题。因而,针对教师专业发展的教研训融合实践就显得非常关键。本校在理论与实践中发现了教师发展的困境,并通过开展教研训一系列活动探索语文教师专业发展的路径与策略,以期提升本校教师的专业能力。

关键词：双新背景；评价方式；教研训；专业发展

在"双新"背景下,传统的教师培养方式已经不再满足教师专业发展的需求。与传统培养方式相比,当下的培养更注重教师自主科研和解决问题的能力。通过教研训融合活动培养让教师通过自己的探索、反思和总结来获得提升,努力把教研训活动打造成发现问题、分析问题和解决问题的场域,这种方式不仅能够激发教师持续的学习力,还能够提高他们的创造力和创新能力。

一、知困境,明思路

(一)现存困境

"双新"的出台对教师专业素养提出了新的要求,基于此,各个学校高度重视教师队伍建设,使得教师培训项目日益增多,在一定程度上提高了教师队伍的整体素养,但从培训实效角度来看,教师教研训仍存在四个突出问题。

第一,高校专家多、身边专家少。无论是短期集中培训,还是网络远程培训,授课教师以高校专家居多,参训教师多处在"听中学"的被动地位,培训结束返校后,教师缺乏专家及时的跟进指导,培训专家犹如远水,难解近渴。

第二,固化资源多、生成资源少。现有的教师培训多数都是事先安排好的预设资源,呈现"普通通用""静态固化"的特点,缺乏基于当场培训教师所在学校的教学现场和真实情境的动态性、过程性、互动性、生成性。

第三，培训心动多、训后行动少。大量的教师培训仅仅止于观念或心理层面，培训讲师讲得有味有情、参训教师听得有理有感，但一阵热闹之后，无法真正内化成教育教学的实际行动。

第四，短期集中多、常态长效少。现有的教师培训成了教师阶段性的"福利"，甚至有的学校把教师集中培训安排在寒暑假线上，培训不能与教师日常教学和校本教研结合起来，脱离了学生，因而研修学习没有成为常态化的教师专业成长方式。

（二）解决思路

按照教师专业发展的教研训一体创新实践路径，我们对本次实践相关的文献进行研读，学习其中具有前瞻性、科学性、可操作性的观点，为学校教师专业发展的教研训之路提供了理论支撑。接着，对本校教师进行问卷访谈，了解在"双新"背

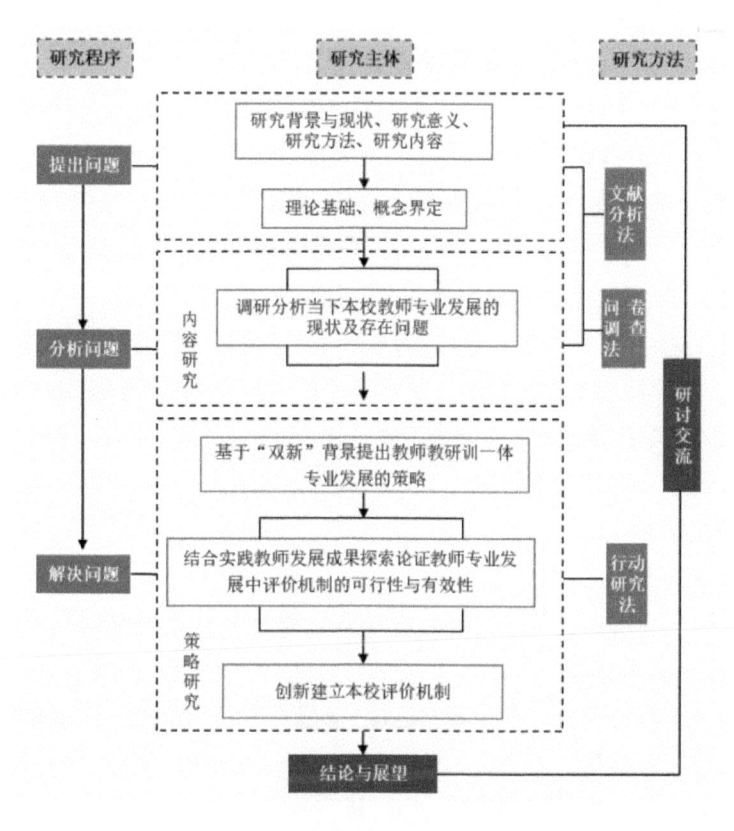

图1 教师教研训实践路径图

景下教师专业发展的困境以及产生的原因,根据教师的问卷和访谈资料,研讨如何通过教研训一体培养教师阶梯发展,如何通过评价促进教师精进发展,明确本次实践的目标和内容,并在去学科化教师实践中论证研究的可行性和预期成效,丰富理论认识,形成可推广、可借鉴的经验。教师教研训实践路径图如图1。

(三)解决策略

1. 深化教研训,提升教师专业发展的理性认识

通过教师访谈,我们得知学校青年教师对自己的职业规划没有清晰的认识,没有制订基于自身职业规划和职业情操的阶段职业目标。而成熟教师则进入了一个瓶颈期,他们的目标大多数是为了评职称,或者已经评上了职称,对下一个目标进入迷茫状态。这两种职业目标显然不符合"双新"背景下对教师的要求。我们利用全体教师例会、支部书记谈心谈话等方式向教师传达"双新"背景下国家对教师的新要求,及时掌握教师的职业思想动态,及时更新教师职业思想理念,提升教师对专业发展的理性认识。

2. 构建教研训一体评价机制新样态

学校以提升教师队伍整体素质、促进教师专业化发展为目标,以构建学校教师专业发展体系为抓手,以驻校专家领航、成熟型教师示范为形式,构建了"一体两翼"的学校教研训体系,在体系的基础上积极探索教师的评价机制以及训后的转化,"一体"即将教学教研、活动讲座、培训参赛等教师相关活动效能合为一体,以教研组为单位,专家驻校培训为平台,推动教研训一体化;"两翼"即统筹规划和实践赋能齐头并进,共抓共管。在这样的机制下进行教师分层培训,精准培养。

除此之外,学校还根据教师实情制定了评价机制,将科研课题、论文参赛、活动讲座、教学质量、学生成长、家长参评等纳入教师考核范畴,秉着"减量不减质"原则推动教师专业发展。

(四)解决路径

1. 课程体系要显化

教学部门扎实按照成都市义务教育课程计划开齐开足国家课程、地方课程和校本课程,加大基础课程的实施力度,促进学生思维及综合素质的发展。鼓励教师根据自己的兴趣特长大力开设校本选修课,形成具有特色的校本选修课程。

2. 常规管理要强化

教学管理部门严格遵循"双减"政策,执行教学八认真细则。学校以同年段同学科设立集体备课小组,间周一次集备活动,做到"四定"(定时间、定地点、定内容、定主讲人)。

3. 考核制度要量化

教学部门制定了学月工作考核制度,从备课、课堂、作业及听课四个方面对教师进行考核。教学部从教研组建设现状分析、教研组的功能、加强教研组的组织建设和管理、教研组工作考评细则四个方面制定了教研组工作实施意见。

4. 科研工作要固化

教学部门鼓励教师参与科研活动,做到"人人有课题"。

二、重过程,获成效

(一)统筹开展系统培训,更新教育理念

"我们是学者——是'古之学者必有师'中的学者。同时,又因我们是'师者',故而我们应该比一般人更善于学习。"[1]本校教师并非不学,他们很想学,且很善于学,于是学校思考选择"一科精品,多科并进"的思路优先发展语文学科,在多领域为语文组教师开辟了培训之路(表1)。每一次培训后,语文组教师会聚在一起讨论、吸收新鲜的教育理念,内化新鲜的教育方法;在赛课的过程中,语文组团队协同做课,以赛代培,以赛促研。经过一学年的系统培训,语文组教师的专业能力得到很大的提升。

表1 教师培训安排

形式	线上培训	线下培训	区域教研活动	赛课	专家讲座	引进课程
内容与理念	大单元做课、教材解读、项目式学习、整本书阅读、群文阅读、学习任务群	听名师课堂、校内研讨	学习区域先进教育理念"三性课堂""三课四学"等、听区域高质量课堂、学习优秀的做课思路	赛作业设计、赛上课、赛教材解读、赛教学设计	讲理论,而后手把手教实操	"万物启蒙"课程,学习问思辨课程模式

(二)组建语文教研领导团队,形成教研合力

新学期,通过"1+1+n"的模式组建了语文组教研团队。一个分管领导,为语文教研组的大方向掌舵;一个语文组教研组长,负责语文组教研工作的落地;n指语文组的成员及全体教师,语文组教研不仅邀请语文组成员,更邀请学校领导和其

他学科教师参加。在教研组领导团队的指导和组织下,教研组逐渐形成合力,往更好的方向发展。

(三)新理念下的课题研究,以研促发展

语文组教师在《关于深化教育教学改革全面提高义务教育质量的意见》的引领下,结合课程标准与教学实际情况,申请了区级规划课题"小学低段口语交际教学实践研究",成功立项,并完成了开题答辩与开题报告。此外,语文组成员还申请了区级微型课题"培养低段小学生写字兴趣的策略",成功立项。在课题研究的过程中,语文组教师的专业能力得到了提升。

(四)接轨区域理念,编制主题教研项目,形成校本培训阵地

"所谓校本培训,是指以教师所任职的学校为主阵地,以教师互教互学、在岗业余自学为主要方式的一种培训与进修模式。"[2]在学习了区域的"三课四学""三性课堂"后,教研组在分管领导的带领下,拟定了利于落实"双新"和区域理念的主题教研方案,编制了主题教研项目(表2)。在校内形成了此主题的校本培训阵地,用主题教研推动课堂变革,用课堂变革推动学生发展,而教师便在这个过程中得到发展。

表2 主题教研项目

主题	项目	责任人
小学低段口语交际教学实践研究	对小学低段口语交际教学实践研究的理性认识	
	对小学低段口语交际教学实践研究的问题分析	
	语文课口语交际指导	
	口语交际课课堂教学	
	课内与课外相结合的口语交际教学活动	
	口语交际能力评价	
	小学低段口语交际教学实践研究的成果成效	

(五)以"双新"为基,构建教研组活动框架

在分管领导及专家的带领下,语文组教研活动固定在每周二下午进行,教研框架如下:第一节课为分享新课标、新课程方案学习心得,活动形式有互动式、专题式、沙龙式;单周的第二、三节课集体备课,第四节课可进行语文组实践活动,如进入教室进行所备课文的试讲或进行学生训练;双周的第二、三、四节课内容进行听课辨课、听讲座、分享作业的设计等。教学部门还组织进行了教师见面课活动、校园学术节活动、学期教师汇报活动、阅读分享沙龙活动、外出参培活动等。在活动中,各位教师结合对新课标的理解,结合学校的教学主张,在个人充分准备和教研组的全体参与下,生成了精彩纷呈的课堂和教学作品。

创办教师成长研修室,细化教师成长细则。将语文组教师按教龄和教学经验分为成熟型教师和青年型教师开展研修室研修,青年教师研修室以"双新"为背景开展了教材与解读、发现课堂基本要素解读、作业设计基本要素解读等研修活动;成熟型教师研修室以课题研究为背景开展了如何选择课题、课题文献研究及核心概念界定、课题的研究目标及研究内容、如何提炼课题研究成果等研修活动。

(六)邀请教研员进校,引领教师发展

学校邀请了教研员在双周周二的教研时间到校指导,教研员或走进课堂,或开展讲座,用最专业、最前沿的理念指导教师发展,一学期有7—8次教研员手把手指导的机会,解决了教研组缺乏专家引领的问题,带领教师走出了发展困境。在学期校本培训中,学校邀请专家到校指导13次。

三、亮特色,展创新

(一)建立支持机制

建立语文组教师成长档案。学期初,学校为语文组教师初创了成长档案,在分管领导的带领下,教研组成员制订了自己的教师专业发展计划,学校根据这些发展计划,提供了力所能及的帮助。分管领导和教研组长组织大家开设"双新"分享讲坛,将自己的分享成果收录进成长档案。

(二)落实校本研修

教研类型分为常规型教研活动与发展型主题教研活动,各教研组在学期教研计划中明确本学期教研具体主题、开展形式。教学部门还组织了师徒结对、语文区级教研、各级各类的教育教学文章评选及投稿、校内外专项教师培训等活动,所有的活动都旨在为教师搭建展示的舞台。

(三)开拓课后服务

语文教师发挥自己的特长,为学生开设了20余种选修课。

四、结语

百年大计,教育为本;教育大计,教师为本。教师是教育的第一资源,教师培

训是提升教师专业素质的重要途径,基于教师专业发展的教研训一体化取得了一些成效,但是在培训中教师的主观能动性如何调动仍是值得我们深入思考的问题。

参考文献:

[1] 吴非.致青年教师[M].北京:中国人民大学出版社,2015:66.

[2] 郑杰.首席教师[M].上海:华东师范大学出版社,2015:33.

乡村九年义务教育学校教师科研培训探索
——以成都市新津区泰华学校为例

四川成都市新津区泰华学校　刘　维　李曦苗
陈　静　马小岚　周婉萍

摘　要：长期以来，乡村学校的科研力量相对薄弱。目标明确、引导性强的校内研究能力培训、教学能力培训，对乡村教师的科研成长会起到一定的作用。在乡村振兴的政策背景下，通过培训，增强教师科研能力，为乡村教育持续赋能，是时代要求。教学过程积累实践经验，科研促进教学理论提高，以教促研，以研兴教，二者相辅相成。

关键词：乡村学校；科研；培训；课题

一、问题起源

（一）助力乡村振兴，办好家门口的学校

2022年5月中共中央办公厅 国务院办公厅印发的《乡村建设行动实施方案》强调，乡村建设是实施乡村振兴战略的重要任务，也是国家现代化建设的重要内容。

学校通常被家长看作是孩子进入好大学、找到好工作的神圣通道，振兴乡村教育方能乡村振兴，办好家门口的学校，是广大乡民的切实愿望，也是乡村振兴的重要一环。乡村教师，不仅是乡村教育的主体，也是乡村振兴的参与者和主力军，提高乡村教师的能力，与振兴乡村教育密切相关。科研兴教，科研兴校，科研兴学，科研与教学关系密切，提升乡村教师科研水平是增强乡村教育力量的重要

途径。

(二)学校科研步履艰难

四川省成都市新津区泰华学校是一所乡村九年一贯制学校,2021年9月,原四川省成都市新津区安西中学全体学生及部分教师并入泰华学校,学生与教师都面临新的挑战。

合校后的泰华学校依然是一所典型的乡村学校,面临教师老龄化、大部分科目教师人数短缺等情况,较难以某学科、某学段为基础进行研究,加之学校科室配套并不齐全,教师科研起步艰难。

本校的学生包含大量留守儿童、单亲家庭或组合家庭子女,部分家长和学校配合度不高,经济困难、行为习惯不好、缺乏学习意识,是部分学生存在的问题。管理学生的难度加上日常教学和相关事务性工作的开展,导致部分一线教师科研积极性不高。

二、从"心"出发,建设"书香"泰华

(一)发挥科研室作用

2021年9月,学校对各功能室进行完善,新建科研室,任命科研室主任负责科研任务。校内教研、学科组教研在科研室组织下有序开展,教师也扩充了获得科研信息的渠道。

(二)强师德、正师风,组织师德培训

"师者,人之模范也",构建高质量教育体系,需加强师德师风建设。师德是教师行业的特殊道德要求,好老师应以德施教、立德树人。为强师德、正师风,泰华学校多次组织"师德"专题培训。近2年来,学校师德师风建设成效显著,多名教师被评为区级、市级"师德标兵"和"优秀德育工作者"。

(三)研究能力培训

教师科研能力提升需要师傅引领和展现平台,为有效提升教师科研水平,学校多次邀请《教育科学论坛》《教育导报》等报刊的编辑与各级科研专家到校进行科研指导。

在专家的指点下,教师了解了申报课题的流程,明白了真正的研究是要结合自己的学科教学实践,并结合教学中的实际问题与困惑开展。教师需要认真研读课

程标准,广泛阅读与课题相关的论文与专著,课题论文写作要在相关理论指导下,结合最新研究成果,避免写成一般的教学经验总结。教与研必须紧密相连,才能提高教学质量;研与写紧密相连,才能提高教师的研究能力。

"引进来"名家高手,开展专题培训讲座,向全校教师现场传授教学论文框架搭建、论文及课题选题小窍门等私家绝活,让许多教师受益匪浅。原本令乡村教师高山仰止的省级、市级平台,已搭建在眼前,原本令教师头痛不已的教学写作之路变得清晰起来。

(四)教学能力培训

1. 名校教师把脉课堂、提升实效

通过多次学科调研测评发现,学校的部分学科与城区学校差距较大,排除学生生源质量等因素,究其原因还是课堂实效的问题。为有效提升课堂教学的实效,2021年9月至2023年7月期间,学校多次邀请成都名校教师到校进行联合教研活动。经过多次听课、评课,在名校教师的指导下,我校部分教师转变了教学模式,课堂实效明显提高。

2. "常青树"导师进校园

成都市教育局搭建的"常青树"导师工作室为农村学校提供了更高更强的专业指导,名优退休教师陈铁生作为我校的"常青树"指导专家,开展了一系列的指导培训工作。学校教师加入工作室后,每月固定开展校级研修,定期开展区域内交流活动和各级专业培训。工作室成员通过一系列的研修培训,拓宽了视野,扎实了教育教学理论基础。

3. 借力专家引领,实施优教计划

成都市青羊区名校汇聚,教育质量领先成都。2023年3月,学校启动为期3年的"优教计划",特邀青羊区教科院叶剑副院长为指导教师。叶院长通过开展专题培训讲座和现场听评课等主题活动,有针对性地为学校薄弱学科教师开展指导工作,按"聚焦问题—有效的行动研究—再发现问题—再实践解决"的路径,循环往复,形成了一种良性的行动研究的方式。专业理论的引领为教师的实践活动注入了活力,切实提高了他们的教育教学能力和水平。

4. 且行且思,青年教师共成长

作为教育的中坚力量,青年教师的教学观念、教学能力应该与时俱进,紧随时代发展而进步。为提高青年教师的教学水平,学校每月举行青年教师培训会,力求让他们从"书中学"转向"做中学",从"教人做题"转向"教人做事"。"新课标解读""新时代优秀教师的成长之路"等专题培训会让青年教师真正体会到造就一支"勇立潮头、敬业爱生、拼搏奉献、开拓创新"的青年教师队伍是吾辈之责。

5. "津"彩泰华,讲出你的教育故事

2022年9月起,学校每周开展"津"彩泰华专题讲座。讲座分为两个阶段,2022年9月至2023年6月学年度上期为名师讲座,由学校"教坛新秀""优秀青年教师""学科带头人""优秀班主任"进行分享,下期为优教故事,由教学成绩优异的教师进行分享。

"津"彩泰华是属于教师自己的舞台,分享教学心得、教学方式的同时,让原本陌生的同事相互了解,增强了学校的凝聚力。优秀教师的经历,唤起了教师的教育情怀,也起到了激励同行的作用。

(五)班级管理培训及学生活动开展

1. 青蓝携手,做智慧班主任

为提升青年教师班级管理水平,学校开展了"班主任青蓝计划",让年轻班主任和有经验的班主任进行师徒结对,请经验丰富的班主任通过传、帮、带,指导青年教师开展工作,将自身的经验毫无保留地传授给年轻班主任。

学校定期召开青年班主任培训会,通过优秀班主任分享经验,学校德育处结合德育管理工作,就班主任工作方法、工作纪律、工作常规等方面进行要求,为青年班主任以后的工作指明方向,促进青年班主任的快速成长。

2. 家校联动促成长,关爱学生心理健康

"不放弃每一个学生,促进每一个学生的健康成长"是我校全体教师的教育宗旨。家校积极合作,把学生培养成学习勤奋、品质优良的人,为学生的终身发展打下坚实基础,学校多次通过公众号呼吁家长:要多陪伴孩子,重视家庭教育。

为帮助孩子从寒假、暑假顺利过渡到新的学期,关注、疏导学生的情绪,引导学生以积极的心态迎接新学期,学校通过主题班会课、班级家长会、校级家长会等形式,向学生和家长普及心理健康知识。每一朵花蕾的娇艳绽放,离不开园丁的精心照料,每一位学生的健康成长,离不开学校、家庭、社会的悉心呵护。泰华学校开展常态化的心理健康教育活动,用爱心呵护学生身心健康成长。

3. 研学旅行助成长,最美课程在路上

研学是行走的课堂,经历是最好的学习。学生在研学过程中不断探索、挑战自我,在团结合作中不断完善与成长,行中学、学中思,相得益彰。学生通过体验与实践、探索与思考、发现与创造,增长了知识和才干。

为提升学生的学习兴趣,促进五育全面发展,学校探索出宝墩遗址研学、中国天府农业博览园研学、新津纯阳观研学、成都市博物馆研学、成都市金沙遗址研学等多条研学线路。在力所能及的范围里,尽学校的力量,让农村的孩子以最小的花费,开拓视野。

(六)改善教师工作环境

学校为每个楼层增添书柜,建立阅读角,每层楼对应的班级轮流负责管理图书角的图书及卫生。学校多次对教师办公室进行整改,对墙面进行了装饰,同时联合太平场社区新建了教师阅读区,营造学术氛围。

合校之后,新领导团体及教代会成员立足校情,讨论和修改了学校部分方案,并在教师例会上予以公开,充分保障教师的各项合理权益。新的方案,对科研方面充分给予绩效上的肯定,激发教师的科研积极性。

三、学校科研进展

(一)教师成长

经历多次培训之后,教师科研积极性被调动,有教师计划筹备一项市级科研课题,依据学校区位优势,在有关专家指导下,成立课题小组。

2022年9月以来,学校教师的论文《乡村九义学校教师科研能力提升策略》《初中历史运用本土文化资源的教学设计》相继发表在省级刊物,十余篇论文获省、市级奖项;本校教师积极参与赛课:国家级获奖1人、省级获奖2人、市区级获奖6人。

(二)学生创佳绩

2022年和2023年,学校中考均取得佳绩,各科成绩均名列同类学校前列。2022年10月,三(1)班荣获"四川省优秀少先队集体"称号;2023年6月,四(1)班向阳花中队被命名为全国红领巾中队;2023年3月,学校10名少先队员获得成都市少先队"红领巾奖章"三星章个人;2023年6月,学校啦啦操队在成都啦啦操比赛中获佳绩,学生跳操的英姿被收录进《爱成都迎大运,锦城少年行》宣传片。

四、结语

开展科研培训,需要充分考虑教师的身心状态,立足学校的实际情况,通过打造特色培训模式来调动教师科研的积极性、主动性。提升乡村教师的科研意识,需从细节处抓起,从微小处入手。学校培训不能仅以教师为主体,更应该关注学生群体的需求,聆听学生群体的心声,以"生"为本。

在接下来的科研培训探索中,应继续加强理论学习,提高教师的信息技术运用能力,进一步提升教师科研水平,争取及时总结有效经验,形成更多富有实践价值的科研成果。

探索在线培训策略，
为语文新教师成长赋能[*]

——以海淀区高中语文新任教师培训为例

北京市海淀区教师进修学校　迟淑玲

摘　要：2020年年初，受特殊情况影响，许多培训都改为在线形式。面临新挑战，亟须突破传统做法，转变培训方式，构建在线培训课程，探索多种培训策略，精心统筹扎实推进，为新任教师专业发展赋能。笔者在实践中总结出高中语文新任教师在线学科培训的五个策略：优质课程是关键，精设任务是抓手，分享交互促生成，自我评估助推动，全程激励是赋能。

关键词：在线培训；有效策略；语文新任教师

2020年年初，教育部相继印发了《中小学幼儿园教师在线培训实施指南》《关于做好疫情防控期间教师培训工作的通知》，对教师在线培训提出了相关要求和指导意见。

一、面对特殊情况，开展在线培训

新任教师培训是教师专业发展中具有独立特性的阶段，它不同于职前培养，也不是传统意义上的在职培训，而是与职前培养和在职培训具有同等地位的重要学习历程。海淀区中小学新任教师入职计划于第二学期开学初，参加分学段、小班化40课时的学科培训。学科培训以提高学员学科教学基本功作为核心内容，为新任教师站稳讲台，奠定专业基础。依据上级文件，新任教师学科培训需要对原有培训方案进行调整。面对新形式的在线培训，笔者思考：如何设计在线培训课程？创新

---

[*] 北京市海淀区教育科学"十四五"规划课题（HDGH20210616）。

什么样的培训方式以满足特殊时期新任教师的学习需求？促进他们在线学习的有效策略有哪些？

通过文献学习与梳理，发现当前对教师学习、课程设计、促进交互、培育文化等方面有一定深度的研究。但是针对特殊时期新任教师学科培训，尤其在应急情况下在线培训的实践与研究还不够。基于以上思考、研究和笔者的在线培训实践，本文将以海淀区高中语文新任教师学科培训为例，梳理促进学员在线培训的有效策略。目的在于提炼培训经验，提升培训品质，促进新任教师专业成长。

二、探索有效策略，促进学习发生

笔者从事区域语文教师培训工作多年，用情用智全力激发教师学习内驱力。注重培训课程设计开发，更加注重学员教学智慧的生成与分享。基于这样的理念，研究在线学习特点，探索创新一系列策略，促进培训课程资源与学员实践智慧之间的碰撞与融合，促成学员深层收获的沉淀与在实践中运用。

笔者所带的25名高中语文新任教师来自海淀区17所中学，均是研究生及以上学历。面对起点高的学员，我们建构什么样的课程？如何短时间内开发在线优质资源？如何激发新任教师在线学习动机并让他们深度卷入培训之中？哪些策略可促进他们乐学并学以致用？梳理经验，笔者提炼本期新任教师培训取得良好效果有以下几个要素：优质课程是关键，精设任务是抓手，分享交互促生成，自我评估助推进，全程激励是赋能。

1. 优质课程是关键

教师学习变"要我学"为"我要学"，外部任务转化为内在动机并获得学习幸福感的前提是培训内容的适切性。培训课程的目的是支持新任教师的发展需要，针对需求精心筛选资源，在内容上吸引学员主动学习。为了满足学员需求，笔者在培训前、培训中都进行认真地调研，整合有针对性的课程资源。如选用以往优质课程录像，开发新的录播、直播课程。初期、中期以录播、录像课为主，中期录播、直播相结合，后期以开发直播课程为主。开发"新课"与精选"旧课"相结合，构建优质课程。具体内容见表1。

表1 高中语文新任教师学科培训课程

序号	培训课程	培训形式
第1次	语文新任教师专业成长与语文核心素养的具体落实 1. 高中语文新任教师专业成长 (1)培训第一课,谈专业成长 (2)讲座:专业阅读促进语文教师成长 2. 讲座:核心素养在语文教学中的承载与落实	录播 讲座录像
第2次	高中语文阅读教学设计与实施(一) ——以《雪,落在中国的土地上》《背影》《老人与海》为例	研究课、基本功展示微格教学的录像
第4次	高中语文在线整本书阅读教学设计与实施——以《红楼梦》为例 1. 微课:"彩线串珠"读《红楼梦》在线教学设计与实施 2. 线上直播课:《刘姥姥二进大观园专题探究》 3. 微课:基于网络课堂背景下的整本书阅读实施策略——以《红楼梦》为例	录播 录屏/录像
第7次	写作教学设计与实施 1. 讲座:写作教学的要素、操作和专业成长 2. 在线教学:作文讲评课《写一个历史人物》	在线直播 在线研究课录屏
第8次	高中语文阅读教学设计与实施(二) 1. 在线直播:研究课+听评课研讨+名师点评 2. 微讲座:关于文本解读——以《说"木叶"》为例	在线直播

2. 精设任务是抓手

精心设计学习任务,有效驱动学员在培训中沉潜思考,边倾听反思,边实践表达,这是学习成果的主动转化。笔者根据培训不同时段的具体目标、课程特点,设计不同的学习任务,激发学员深度走进课程。如笔者研究解构课程,设计7—8个问题,让学员任选3—4个进行书面回答,并辅以学以致用的问题。设计任务,既要彰显课程资源的内涵特点,又要对接学员的教学实际,还能以之为"钩子"引发学员的深思、经验与生发点。用以牵动学员全心投入、吸纳转化,并用文字固化分享,在线培训的深度学习得以真实发生。如第四次培训课程的学习任务单之一：

说明与动员：为了更好地服务于当前的在线教学，提高新任教师在线教学设计与实施能力，促进学生有效学习，现开发了在线教学的资源。希望大家认真学习，学人所长，敏悟以致用。结合自己线上教学实践进行反思，不断改进优化，切实提升教学效果。

大家可结合自己目前教学进度和个人所需而安排学习顺序。一旦确定，最好依据提供的单次课程顺序，集中时间完整地学习该次课程。建议先看学习任务单，带着问题，边看录像、录播微课，边做笔记。有的需要反复观看，方能发现课程资源更多的学习价值，希望大家高质量完成学习成果输出，扎实促进学习反思与专业成长！

观摩在线直播研究课录像《刘姥姥二进大观园专题探究》

任选一种，可用"焦点讨论法"梳理观摩的收获与思考，也可从以下角度梳理观摩所得：

1. 从教师教的角度：如何确定教学内容并设计整节课的学习任务？如何保障学生较高质量地完成学习任务并即时分享？教师在全程中如何体现整本书"整"的点拨与勾连？

2. 从学生学的角度：学生课前、课上都做了哪些事？效果怎样？请你逆推李老师的作用具体体现在哪些地方？

3. 师生、生生互动：有什么明显特点？为什么会产生这些特点？

4. 教师在评价、反馈、激赏学生发言，在捕捉并念读学生现场输出文字时具体如何做的？这些非有意设计而自然生成的教育教学元素，给学生带来了什么影响？给你带来什么样的触动与启发？请选出二三处进行简析。

5. 李老师对学生阅读名著的方法指导体现在哪些细节上？

6. 李老师基于学生的基础在作业设计上的特色是什么？

7. 关于在线教学如何开展更有效，平台选择的适切性也很重要，本节课主要使用 TIM、QQ 群和微信群。关于平台选择与教学实施，你有哪些更好的经验或建议？

说明：

1. 至少选四个角度进行分析。

2. 从整节课中，还获得了哪些具体启发？

深思考、细琢磨，形成文字，真实有用即好。最好不少于600字，全班分享。

学习任务单有具体要求、学法指导。学员表达充实，有的学员甚至每题都回应,深度输出,一次竟能输出一两万的学习成果。在设计学习任务时,笔者发现培训课程与学习任务咬合匹配程度对学员眼前深度参训、今后持续学习及专业发展的积极影响很大,笔者对课程与任务设计的理性认识与专业能力也显著提高。

3. 分享交互促生成

注重培训中的交互活动设计,学员与课程、同伴、培训者之间的互动任务需要精心设计,才能调动学员积极性,形成思维碰撞、智慧互促的培训文化。笔者非常重视学员反思和交流,培训伊始,就在微信群建立腾讯文档,学员随时将学习成果分享到文档里,全班同步分享互学。笔者带头撰写开场文,如一份文档开头写道:

老师们:

大家好!

第一次在线研修学习成果统计,除了两位老师暂时没有呈现,共计121349字,非常丰沛,远远超过以往新任培训班的第一次分享,质量也很棒。学习用心、表达真实、内容具体,链接实践深反思,琢磨改进有方向。第二次呈现的也有约50000字啦。

第二次在线学习有3个视频,70分钟。如果想深度学习,充分利用这些优质资源,还得像第一次那样,需要找个沉静的时间、干净的空间,反复观看,放放停停、写写记记,思一思、想一想,写关键词、画结构图、列提纲、再回视……然后整理思想,化为文字,输出表达。可率性而写、一气呵成,也可沉淀静思、梳理凝练;既可偏感性,也可偏理性。大家在这种观看、思考、欣赏、设疑的过程中,将自己的经验调出,即时反思、方法产生、视角丰富。用心学习,课程将调动我们的内存、唤醒我们的智慧、激活我们的思维……

在学习任务单引导下,在腾讯文档平台上,学员积极主动分享丰富的学习收获。同时,笔者也注重同伴交流,相继开展过"同伴互学,百字欣赏""选择阅读,批注交流"等活动。每一种活动,前有动员,伴有细则,全程跟进,后有小结。在浓郁的培训文化影响下,学员学习扎实,专注投入,成果输出远超预期。

4. 自我评估助推进

学科培训进入中期,为了更好地承前启后,以免学员学习倦怠,笔者设计了语文新任教师培训学习自我评估表,内容如下:

前言:自3月10日开始了为期3个月的在线学科培训。至今,完成了6次活动。为了检视与反思这50多天的学习之旅,促进收获的沉淀与行动的转化,也为了大家换一种方式回顾课程、梳理成果,完成阶段性的自我评估,特设计此表。

希望大家抽空依据培训课程,翻翻资源包,重读所写的学习成果,认真回想并填写自己参训的真实样貌,无所谓好或不好,真与诚最佳!

1. 目前6次录播、直播培训,您共完成了_____次。(若没完成,请说说真实原因及补学措施。)

2. 请简要描述给您印象最深的课程、环节、观点、策略、人物、话语等对您的影响或启发。

3. 您一共写了_____篇学习成果?一共大约_____字?(若撰写学习成果较少,请写出真实原因和跟进措施。)

4. 请提炼最满意的2—3篇学习成果的特色,并简述满意的原因。

5. 请简述学以致用的做法1—3个。

6. 您开始关注(将持续关注)哪些教育理念、教学概念、教学方式?

7. 学科培训匆匆走过了一半,后期您对自己有何具体期许或承诺?

5. 全程激励是赋能

教师培训应该营造互相尊重、彼此欣赏、安全信任的以"学习者为中心"的学习文化。把培训班营造成学习成长的共同体,坚信每一位学员都能融入和发展,培训过程实则是真诚陪伴、互相学习、彼此赋能的行动之旅。为此,笔者将培训者定位:课程资源的"调剂师",精心"勾兑"资源,促进供需"交融";教师成长的"啦啦队",发现学员闪光处,不吝欣赏激励。以一种独特的培训文字即"砖头文字"形式,全程跟进,真诚鼓励、启发学员,为个体与群体赋能。每次培训前中后均有诚恳朴素的文字及时告知、提示、表扬,有对课程内容的提炼及其背后故事、人物介绍的补充,也有对学员的欣赏与表扬。促进学员学习发生的"钩子"还有:"课前说""课后总结"、作业点评、一对一微信等。"砖头文字"呈现培训课程"来"路清晰,落实有"据"。给全班撰写的十几封长、短"砖头文字"共约9万字。培训者智情兼具、激发赋能的文字,有效促进学员深度参训,起到黏合、发酵之用。它们既是温暖有效的引导性文字,也是培训者专业助力的特色资源。

三、培训成果较丰实,反思优化再提质

特殊时期,迎接挑战,探索策略,培训自己和学员同步;建构课程,精设任务,促进交互,引领自己和学员共成长。新任教师开阔视野,获得知识,提升技能,在线培训取得良好效果,主要体现在:第一,新任教师成果输出远超往届各班,25位学员形成了百万字的学习成果,每人结集编制充实的《个人培训学习成果集》,实现培

训成果"作品化"。第二,基本功测评成绩普遍良好,学员在教学理念与基本技能方面有不同程度的收获与成长。选手们参加北京启航杯教学技能展示,均获一等奖。第三,开发了内容丰富质量很高的在线培训资源,探索了多种有效的实施策略。第四,研制了实用的流程、模板、小工具,如学习任务单、自我评估表、在线研讨规则、教学设计与反思模板、小组交流记录表、测评反思单、不同阶段需求问卷与培训评价反馈表等。课程优质,辅以具体任务,多种策略跟进,学员学习有动力,激发潜力生成新知,学以致用促进成长。

初次开展在线学科培训,也有需要改进和优化之处。如培训课程可进一步聚焦,成果输出任务设计可进一步精简,直播培训时给学员更多讨论与分享的机会等。新任教师在线培训,尤其要尊重学员的现实需要,真正促进他们在学习中深入反思与实践转化。努力通过培训让学员理念行为发生改变,职业情意变得浓厚,态度价值观得以培养。这需要培训者不断研究新任教师学习需求,利用网络信息技术,持续提升培训品质,更好地为语文新任教师专业发展助力赋能。

三问寻需、四方合力、五路践行
——幼儿园研训"精准化管理"模式实践研究

浙江省宁波市象山县西周镇华翔幼儿园　胡子轲

摘　要：针对幼儿园研训管理存在"重任务,轻差异"的问题。我园建立3WHY问题链，通过问题数据分析，分层分龄，让各年龄段教师需求与分层指导策略相匹配。并通过4WAY教研，自上而下、互通共享、实践优化、解决教师工作中的种种问题，同时，用"分项量化评估"的检验方式，了解教师四项重要研训能力所处层次，考查其能力指标。最后，通过5ONE工具落实教师研训操作，让学习落地。通过这样的"精准化管理"模式，我们可以有针对性地助推教师的成长，并优化解决师训研修各项问题。

关键词：研训；差异化；需求；数据分析；精准化管理

一、3WHY分析：链接需求

我园通过搭建问题链帮助不同教龄阶段的教师找到迫切想要提升的能力（图1）。以全员搜问、集问、归纳的方式，将问题分成了三大块，幼儿发展知识需求、通识知识需求、保教知识需求。并将教师分成了四个年龄阶段，分层对教师的知识需求进行调查，并通过调查问卷所收集的情况找到不同教龄的教师迫切想要提升的能力。

以教龄1—3年的教师为例：这个阶段的教师各类经验还不是特别充足，所以称之为扬帆起航组教师，通过调查发现，他们对于幼儿发展知识与通识知识的多项需求都比较大。主要缺乏幼儿发展知识中幼儿的教育方法与教育策略，以及教育计划和组织活动的能力。

我园根据教师教龄将教师分成四组，并配上与之对应的组名：1—3年扬帆起航组教师、4—6年激流勇进组教师、7—9年乘风破浪组教师、10年及以上运筹帷幄组教师。通过调查他们的职业认可度，发现认可度虽然随着教龄的增加而逐步

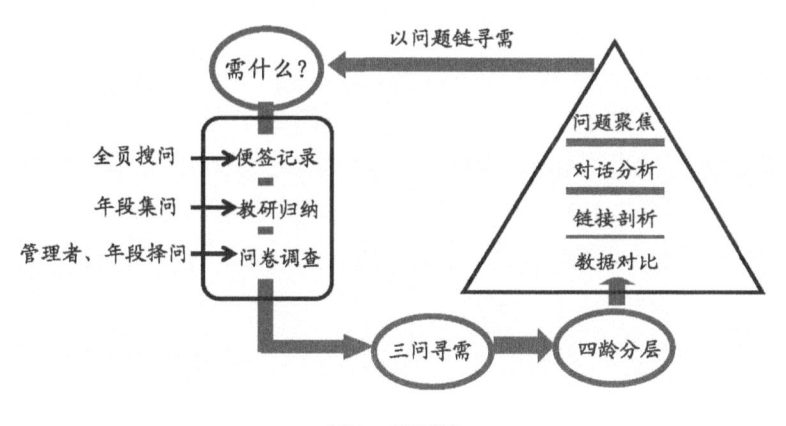

图1　问题链

提升,但想一直做幼儿教师的比例并不高。

这也反映园所的师训方式,存在诸多不足,优化改进迫在眉睫。因此我园根据问题链将师训内容做了如下的规划与调整。

二、4WAY 教研:助力实施

4WAY 教研,利用班级、年段、园级、专家四种方式进行教研。让教研工作扎实落地,落实到每个班级、每个教师,让教研管理一体化。

(一)共享式微研

教师在日常工作中往往埋头苦干,关注自身任务,而缺乏必要的提前规划。共享式微研是集中各年龄段的力量形成的一个研讨团队,集众家所长,在一日活动中,通过班级微研协作,解决一日管理、活动站位、任务分配等微研活动。而年段微研,是由年段组长负责活动的组织,各年段教师参与研讨,主要涉及节日活动、主题教育活动等需要提前规划方案,对方案进行设计讨论,确定活动内容。

共享式微研通过交流共享—分别实践—反思改进—再次实践的循环方式,不断使活动更科学、更适宜。

(二)主题式深研

主题式深研一般是幼儿园中的大教研活动,处理推进幼儿园工作中的共性疑难问题。包括教学活动、游戏活动、项目课程、班级管理、科研方向等。通过关键问题的提炼,核心目标的定位,找到解决问题的方式方法,并将方法付诸实践,回到课堂一线中,并在实践结束后,分享实施过程中的亮点与经验。

1. "聚"问题

主题式研修收集教师在以往工作中遇到的共性问题,予以分类提炼,通过讨论交流、专家讲座、线上观摩、实地调研等方式在全园进行形式多样的研修活动。例:

幼儿园户外活动有了更高目标要求后,以往的户外场地划分就不够合理,雨天的活动场地方案也要落实到位,各年段时间分配也要重新调整,户外自制器械数量也达不到标准,户外活动的创新自主性也存在不足。对于这些反馈上的问题,园级教研组长,通过分组重构人员进行对话讨论,对一个个问题进行头脑风暴,广纳建议,并出台一系列的实施措施,解决问题。

2. "践"反馈

当共性问题得以实践验证,教师的经验就获得了增长。深研组不仅要关注讨论后获得的策略方法,更要关注方案在实践中的真实反馈,并在遇到新问题时积极调整思路,随机应变,来获得更丰富的实践经验。例:

我园户外活动场地根据幼儿项目的场地需要进行划分,教师们研讨后将野战区安排在小山坡,让场地与项目更匹配,情境感更强。在跑跳区,增添了高低不同的跑酷垫、跑酷斜面,给予幼儿新鲜的跑跳体验。征集幼儿意见,制作各类自制户外器械,孩子们不仅爱玩,也不会造成争抢。面对部分户外活动游离在外的孩子,根据实际情况进行分类指导,先确定他们是没有喜欢的器械,还是不知道怎么玩,或者还有其他原因。而后予以解决,妥善处理了活动中出现的各种问题。

3. "亮"经验

在实践中取得的新经验,让教师内化了教研活动中理论性的指导,清晰了教研活动成功开展的关键经验。通过教研活动与自身实践相结合,真切地提升了自身教育水平,而教研组对于教师的成长与经验,也提供了相应的分享平台,"实践讲坛"让所有在实践中获得真知新识的教师,有一个推广经验的机会。

(三)陪伴式精研

陪伴式精研团队是园所经验丰富的管理者联系名师名园长工作室成员、高校专家、教科研专家,组成一个引领性的专家式指导组。在引领教师开展教研活动的同时,帮助解决园所出现的一些比较复杂、有难度的教研问题。比如幼儿园课程、课题层面。提供相应的资源、培训,间接参与并指导教师在主题活动、课程游戏、问题审议、文章撰写等方面的一系列工作。

1. 引领"落地"化

专家名师的理论型经验,通过落地介入自身实际问题变成自己真实的经验。

2. 指导"反思"化

在活动中,减少"提前预设",增加"自然生成",这需要教师具备很强的教育理解力,这种理解力如何培养?在教研中,我们根据不同教师的实际需求分时、分地、分次开展相应内容。

表1 精准研修分批培训计划表

"组织树"主体		教师人数	时间	地点	频率
陪伴式精研		部分教师 8—14人	每月月底	多功能厅	1次/月
专题式深研		全园教师 14—32人	每周一中午 2小时左右	多功能厅	1次/周
共享式微研	年段	年级组教师 4—14人	每周四中午 1小时30分钟	会议室	1次/周
	班级	班级 2—3人	每周五中午 50分钟	教室	2次/月

三、4POWER 评估:量化能力

(一)"研修方式评析"——评研修参与力

教研活动好不好,由参与者来评定。一方面是对教研活动质量的评价,一方面也是对自己在教研活动中出现的新认识、新经验做有效梳理。

(二)"课程方案剖析"——评课程架构力

在课程计划实施结束后,教师通过分析自己的课程目标、路径、内容等方面,判定所设计的课程是否合理,目标达成度如何,有哪些问题还有待改进,来评价自身课程架构力。

(三)"教学现场观析"——评教学实施力

教学实施力涉及教师工作的方方面面,针对每一个内容,都应该有明确的评价指标,评价以问题为导向,让评价者在现场观摩的过程中,能够根据问题,抓住评价重点,有效分析问题,找到改进方向。

(四)"论文案例互析"——评文本撰写力

通过阶段性的研讨与持续的实践反思,形成的经验策略、课程活动、案例分析都可以成为教师撰写评价文本的有力素材。为此,我们梳理出了文本撰写的几个评价内容,形成了教师互评文本撰写能力的关键要点。

四、5ONE工具:夯实操作

5ONE工具是由五个"一"组成的一系列教师研修工具,通过5ONE工具落实,让教师研修落地生根,回归教育本质。

(一)"一幅图":课程资源架构图

《3~6岁儿童学习与发展指南》中指出,运用幼儿喜闻乐见和能够理解的方式激发幼儿爱家乡、爱祖国的情感,激发幼儿的自豪感和热爱之情。以"家象"课程资源为例:

我园从多角度、多途径开发和利用本土资源,丰富活动内容,借由四名为引,转化出了名人故事、名人故里、象山节日、象山美食、象山风光、象山遗迹、象山工艺、象山美术等八大主题内容。让幼儿从小感知和了解身边的环境、文化、习俗等资源。

(二)"一张网":课程内容体系网

通过对八大主题内容的深挖分类,形成"家乡文化体验课程内容体系"。幼儿在此内容体系中逐步探秘家乡的各类文化,全面了解家乡,升华孩子们爱家乡的情感。

(三)"一堂课":主题领域精品课

在主题内容深度挖掘后,我园通过年段微研复审议,让教师对内容进行分析诊断,与本班幼儿的经验能力做比较,做了针对性地筛选,构建出相应的学习内容,确保内容可行并适宜本园幼儿实际情况,形成了主题内容下各领域的精品课程。

(四)"一份表":游戏观察记录表

课程开展的过程中,少不了各类活动,教师要通过专业的观察,来发现幼儿的能力水平与成长需求,在发现幼儿能力水平与游戏活动不匹配时要及时调整活动内容,当发现幼儿成长需求无法满足时要及时提供材料暗示或启发引导。为此我园为教师研讨生成了"幼儿游戏观察表",帮助教师找准观察点,更好地观察幼儿,理解幼儿,提升活动质量。

(五)"一组栏":线上家园沟通栏

家长工作也是教师工作的重要组成部分,而家园栏是架起家园沟通的桥梁,既是展示幼儿园保教工作的一个窗口,也是家园进行教育交流的一块活动空间,起到家园互动双赢的作用。例:

为发挥家园栏应有的作用，我们以此为契机，利用信息化手段，开启了多维度的线上家园沟通栏目。因为公众号覆盖面广、视频号生动性强、微信号针对性高，并且都能够双向互动，家长可以留言互动、点赞评论。以上三种线上沟通方式相结合，使线上家园沟通完全替代了之前的墙面沟通栏，既全面、生动又高效，家园互动更加紧密了。

通过 5ONE 工具计划，教师的培训逐一落到实处，反馈给了幼儿、家长及园所。利用多个实用工具做支架，教师不再任务式地成长了，而是系统化地进步，集中式地成长，解决了以往老手不出舒适圈、新手做事效率低而形成的"马太效应"。

人工智能时代的教育

——高中教师培训的新挑战与机遇

四川省双流艺体中学　何建军

摘　要：本文深入探讨了在快速发展的人工智能时代高中教师培训所面临的新挑战和机遇，分析了高中教师培训在技术融合和个性化教学方面所面临的挑战，揭示了利用数据驱动的方法优化教学，以及教师专业发展中的创新机遇，论文强调了设计适应人工智能时代的教师培训课程的重要性，并探讨了人工智能教育的伦理问题和未来发展方向。通过全面的探讨，本论文为教育决策者和教育工作者提供了应对人工智能时代教育挑战的建议和展望。

关键词：人工智能时代；高中教师培训；教育变革；技术融合

人工智能是研究、开发用于模拟和延伸人类智能的理论、方法、技术及应用系统的科学。[1]当前，人工智能技术已渗入人类生活的各个领域，社会对人才的需求正在发生改变，教育的变革也相应引发。[2]高中教育作为培养未来社会人才的重要阶段，必然需要适应这一变革，为教师提供创新的培训方法来更好地满足不断变化的学生需求。

一、人工智能与教育变革

（一）人工智能在不同领域的影响

人工智能技术的飞速发展正在深刻改变各个领域，它已经展现出了巨大的潜力，能够处理复杂的任务、分析海量数据、预测趋势等。这些应用不仅显著提高了效率，还开创了新的商业模式和服务方式。在教育领域，人工智能同样带来了前所未有的影响。

（二）教育领域中的人工智能应用

在教育领域，人工智能技术已经广泛而深入地渗透到诸多方面。智能教育软件和应用精准根据学生的学习情况,提供个性化的学习建议和定制化的练习极大地提升了学习效果;自然语言处理技术的运用,使得教师和学生能够更自然、流畅、便捷地与计算机进行交互,实现了教学方式的革新。此外,虚拟现实和增强现实技术为教学开辟了全新的沉浸式体验,极大地增强了学习的参与感和趣味性。

(三)人工智能对高中教育的影响

高中教育作为学生培养的重要阶段,也受到了人工智能技术的影响。个性化学习路径的实现使得教育更加精准地适应学生的个体差异,为他们提供更有效、更针对性的学习体验;教育数据分析的深入运用,能够深入挖掘并揭示学生的学习习惯和弱点,帮助教师更有针对性地进行教学。让海量的数据和资源为我所用,减负增效,教师领会、掌握资源搜索的基本方法[3]。同时,人工智能为教师提供了创新的教学方法和工具,促进了课堂的互动和参与度。

人工智能正以前所未有的力度和深度改变着教育领域。从智能教育软件到数据分析,从个性化学习到教学创新,人工智能为高中教育带来了前所未有的可能性和机遇,也为高中教师培训提出了更高、更具体的要求。在人工智能时代,高中教师培训必须紧跟时代步伐,积极适应这些变化,不断提升自身的专业素养和教学能力,以更好地服务于学生的学习和发展。

二、技术融合与个性化教学

(一)技术融合对高中教师培训的影响

人工智能的蓬勃兴起,如一股强劲的东风,带来了多样的技术工具,如虚拟现实、自然语言处理、大数据分析等,这些技术正在逐渐融入教育领域。在高中教师培训中,这种技术融合不仅为教学模式和方法的创新开辟了新路径,也对教师提出了新的要求,教师需要深入了解原理与应用,以更好地应用于课堂教学和培训实践,从而提升教学效果。然而,这也带来了教师在适应新技术时可能面临的挑战,包括技术培训的需求、教师技能的提升等。

(二)个性化教学的实现与挑战

个性化教学是人工智能背景下的重要趋势之一。通过先进的数据分析技术和智能算法,精准捕捉每个学生的学习习惯、能力水平和兴趣爱好,进而为每个学生提供量身打造个性化的学习内容和建议。然而,实现个性化教学也有不足之处,如教育数据的隐私保护、数据分析的准确性、学生反馈的及时性等问题都是个性化教学实施中亟待解决的问题。

(三)教师在技术融合与个性化教学中的角色

在技术融合和个性化教学背景下,高中教师的角色定位发生了根本性转变。教师不再仅仅是知识的传递者,更需要扮演指导者、促进者的角色,引导学生主动探索和学习。教师需要具备高度的教育敏感性和技术素养,学会利用技术工具和数据分析,为学生提供定制化的学习支持和策略指导,同时也要注重人性化的互动和情感交流。这些新的角色要求的高标准,对高中教师的培训提出了新的挑战和更高的要求,旨在培养教师的教育创新能力、技术应用能力和人文关怀精神。

三、数据驱动与教师发展

(一)数据驱动的教学优化与反馈

数据在人工智能时代成为宝贵的资源,也在教育中发挥着重要作用。通过收集、分析学生的学习数据,教师能够全面、准确地了解学生的学习进度和困难,从而有针对性地进行教学优化和个性化辅导。数据驱动的教学反馈机制可以帮助教师迅速响应学生的学习需求,灵活调整教学策略,从而显著提升学生的学习效果。

(二)教师专业发展的新机遇

人工智能时代为教师的专业发展带来了新的机遇。教师不再受限于地域和时间,可以通过在线教育平台、专业社交网络、虚拟研讨会等途径获取最新的教育理念、教学方法和技术工具等资源,不仅丰富了教师的知识库,也激发了他们的创新思维和实践能力,同时,人工智能技术还为教师提供了平台,分享教学经验,参与远程培训和研讨。此外,教师还可以利用人工智能技术开展教学创新,设计更具吸引力和高效的教学活动。

(三)教育创新对教师培训的影响

人工智能技术为教育平台和资源的创新提供了广阔的空间。虚拟实验室、在线模拟课堂、个性化学习平台等新型教育工具不断涌现,为学生提供更为丰富、多元的学习体验。这些创新对高中教师培训也产生了深远影响,一方面,培训课程可以借助先进的教育平台实现远程化、个性化教学,满足不同教师的个性化学习要求;另一方面,丰富的教育资源库为教师培训提供了大量教学案例和实践经验,有助于教师快速掌握新的教学理念和方法。此外,教育平台的智能化功能还能为教师提供定时反馈和评估服务,推动教师专业能力提升。

四、教师培训策略与实践

(一)培训课程的设计

随着人工智能技术的迅猛发展,教师培训需要重新思考课程内容,融入最新的教育技术和教学方法,以帮助教师更好地适应人工智能时代的教学。课程内容可以涵盖人工智能教育的理论基础、实际案例、技术应用等,具体可以表现为以下几个方面。

1. 人工智能教育的理论基础

理论基础课程可以深入解析人工智能的基本概念、原理、技术及其在教育领域的应用潜力,帮助教师了解人工智能如何影响教育领域。

2. 实际案例分析

精选国内外人工智能教育的成功案例,深入剖析,探讨其背后的设计理念、实施策略,教师可以了解人工智能在教育中的实际应用。例如,教师可以研究虚拟教学助手的设计和应用,以及数据驱动的个性化教学在不同学科中的应用效果。

3. 技术应用培训

教师需要掌握一些基本的人工智能工具和技术,如数据分析工具、虚拟现实平台等。培训课程可以提供实际操作指导,让教师能够灵活运用这些技术。

(二)培训形式与方法的调整

传统的培训模式可能不再适应教师培训的需求,需开发针对教师的人工智能培训课程,根据它的普通性、迁移性和渗透性的特点,提供多种发展的方向,结合教师自身的学习兴趣和需求,开展个性化培训。[4]在人工智能时代,教师培训可以采用在线教育平台、虚拟会议、网络研讨等多种形式。这些新形式不仅能够提供更灵活的学习时间和空间,还可以促进教师之间的交流和合作,扩大培训的影响范围。

1. 在线教育平台

借助在线教育平台,提供灵活的学习时间和空间,结合直播授课、录播回放、在线讨论等多种方式,形成线上线下相结合的混合学习模式,不仅节省时间和交通成本,还使得培训内容更容易被多个地区的教师接触和分享。

2. 虚拟会议和网络研讨

通过虚拟会议和网络研讨,教师可以与不同地区的同行交流,分享经验和见解。这有助于培养教师的合作精神和创新思维。

3. 实践操作和项目实战

培训课程可以设置实践操作环节，让教师亲自动手应用人工智能技术。同时，项目实战可以帮助教师将所学知识应用到实际教学中。

（三）成功案例分析与经验总结

成功案例的分析对于指导教师培训具有重要意义。通过定期举办经验交流会、发布案例集等方式展示人工智能技术在教育中的成功应用。教师可以从这些案例中学习到实际操作中面对挑战时的解决方案。例如，高中教师通过利用人工智能辅助教学软件成功实现了个性化教学，提高了学生的学习效果。这样的案例可以帮助其他教师了解如何在实际教学中应用人工智能技术。同时，教师还可以从失败的案例中吸取教训。例如，虚拟课堂项目由于缺乏足够的教师培训和技术支持，最终没有取得预期的效果。这些案例和经验提醒教师和培训机构在推广新技术时，要充分考虑培训和支持的问题。在人工智能时代，教师培训需要不断创新与变革，以适应新的教育需求和挑战。通过设计科学的培训课程，采用灵活多样的培训形式与方法，以及积极分享和总结经验，可以培养出一支具备创新能力和技术素养的教师队伍，为教育事业的发展注入新的活力。

五、伦理分析与展望

（一）人工智能教育的伦理问题

随着人工智能技术在教育领域的广泛应用，一系列伦理问题也逐渐浮现。[5]其中包括数据隐私与安全问题、人工智能偏见和歧视问题、人际关系的影响等。在教育中，确保学生数据的隐私和安全，避免人工智能系统对学生的不公平偏见，以及在技术工具使用中维护师生之间的正常互动，都是需要考虑的伦理问题。

（二）高中教师培训的发展方向

随着人工智能技术的不断演进，未来高中教师培训将在多个方向得到发展。首先，培训内容将更加注重伦理教育，帮助教师认识和解决人工智能教育中的伦理难题。其次，教师培训将更加强调跨学科知识的融合，培养教师的综合素质，使其能够更好地应对多元化的教育需求。最后，技术培训也将更加贴近实际教学，强调实际操作技能的提升。

结　　论

本文深入探讨了在人工智能时代，高中教师培训所面临的新挑战和新机遇。

通过分析人工智能在不同领域的影响,教育领域中的人工智能应用,以及人工智能对高中教育的影响,发现教育正在经历深刻的变革。技术融合、个性化教学、数据驱动的教学优化等是高中教师培训面临的新挑战,但同时也为教师提供了专业发展的新机遇。在人工智能背景下,教师的角色将更加多元化,需要不断适应新的教学模式和方法。

展望未来,高中教师培训将继续面临挑战和机遇。人工智能技术的发展不断推动着教育的进步,而教师培训则是实现这一目标的关键环节。通过持续的创新和改进,我们有信心在人工智能时代培养出更优秀的高中教育人才,为未来社会的发展做出贡献。

参考文献:

[1] 刘清堂,毛刚,杨琳,等.智能教学技术的发展与展望[J].中国电化教育,2016(6):8-15.

[2] 刘清堂,何皓怡,吴林静.基于人工智能的课堂教学行为分析方法及其应用[J].中国电化教育,2019(9):13-21.

[3] 黎加厚,邢星.如何用好数字化教育资源[J].人民教育,2022(10):35-38.

[4] 叶朱枫,蒋雨.人工智能与中小学教师个性化培训的融合[J].宁波教育学院学报,2021,23(4):37-39.

[5] 高婷婷,郭炯.人工智能教育应用研究综述[J].现代教育技术,2019,29(1):11-17.

后　记

华东师范大学在 2016 年联合多家单位发起了"中国教育学会教师培训者联盟"，2021 年更名为"中国教育学会教师培训者协作体"，成为国内首个教师培训者专业发展的学术组织。

受华东师范大学教师发展学院院长闫寒冰教授的委托，中国教育学会教师培训者协作体 2023 年年会于 2023 年 10 月在陕西师范大学举行。时任教育部教师工作司副司长翁波、中国教育学会常务副会长翟博、中国教育学会教师培训者协作体理事长尹后庆、陕西省委教育工作委员会副书记王海波、陕西师范大学校长游旭群及副校长陈新兵等领导出席了年会。本次年会以"实施分层分类精准培训，促进教师培训提质增效"为主题，包括 3 个主旨报告和"精准研训模式的创新""教师培训数字化转型发展""县级教师发展机构体系建设""人工智能助推教师队伍建设"等 7 个分论坛，全国 300 余名教师培训专家和同行齐聚年会，热烈交流，形成了很多典型案例和特色论文，经过专家多轮评议，从中挑选了 20 个优秀案例和 26 篇优秀论文汇编成这本《中国教育学会教师培训者协作体 2023 年度实践案例与论文集》。本书聚焦主题特色，与时俱进，并且首次集合了教育数字化转型的要求，收录了多篇有关数字化培训研修、人工智能技术发展和教师数字素养等方面的案例与论文，为新时代教师数字研训与专业能力发展提供了借鉴。这本书的出版也得到了全国教育科学"十三五"规划 2020 年教育部重点课题"高校混合教改背景下教师信息教学能力评价标准与测评工具研究"（课题号：DCA200305）的资助。

面对 2035 年"培养造就数以百万计的骨干教师、数以十万计的卓越教师、数以万计的教育家型教师"的宏伟蓝图，我们需要更加坚定地做好教师培训的专业化发展，为教育强国建设贡献教师培训之光！

2024 年 8 月